行业协会、企业、学校三元合作开发
“课、岗、赛、训”一体化教材

# 快递实务

（第2版）

主　编　杨国荣　徐　兰
副主编　李光华　周南伶
　　　　江世友　焦瑞勇

北京理工大学出版社
BEIJING INSTITUTE OF TECHNOLOGY PRESS

## 内容提要

本书在内容方面，用“基础知识”“运单”“包装”“操作术语解析”四个工作情境构建“模块一 概论”，用“收派员”“仓管与司机”“输单员”“中转场运作员”“客服人员”五个工作情境构建“模块二 岗位规范”，用“标准化形象”“规范化话术”两个工作情境构建“模块三 形象与话术”，用“快递业务员之快件处理练习题”“快递业务员之快件收派练习题”“快递业务员职业技能测试题”三部分构建“模块四 快递业务员技能训练”。

本书既可作为物流管理专业、快递运营管理专业及其他相关专业的教学用书，也可作为从事快递、电子商务工作的技术和管理人员的培训教材，以及物流企业及工商企业的物流管理人员的参考读物。



**图书在版编目（CIP）数据**

快递实务／杨国荣，徐兰主编．—2版．—北京：北京理工大学出版社，2017.7（2018.1重印）

ISBN 978-7-5682-4374-2

Ⅰ.①快… Ⅱ.①杨… ②徐… Ⅲ.①快递-高等学校-教材 Ⅳ.①F618.1

中国版本图书馆CIP数据核字（2017）第173043号

出版发行／北京理工大学出版社有限责任公司
社　　址／北京市海淀区中关村南大街5号
邮　　编／100081
电　　话／（010）68914775（总编室）
　　　　　（010）82562903（教材售后服务热线）
　　　　　（010）68948351（其他图书服务热线）
网　　址／http://www.bitpress.com.cn
经　　销／全国各地新华书店
印　　刷／三河市天利华印刷装订有限公司
开　　本／787毫米×1092毫米　1/16
印　　张／14.5
字　　数／341千字
版　　次／2017年7月第2版　2018年1月第4次印刷
定　　价／36.00元

责任编辑／周　磊
文案编辑／周　磊
责任校对／周瑞红
责任印制／李志强

# 第 2 版前言

我国快递业起步于 1979 年，经过 30 多年的快速发展，已经成为能够促进国民经济增长、创造社会就业、促进产业结构升级的新兴现代服务业。电子商务零售交易的高速增长产生了大量的快递需求，快递业全天候高效地服务于生产和消费，对促进产业转型发展、提高消费水平、增加就业等方面具有十分重要的作用。

与此同时，职业教育在我国也正面临着前所未有的发展机遇。2014 年 6 月召开的全国职业教育工作会议上，将职业教育上升为国家战略，明确提出要办“适应需求、面向人人、有机衔接、多元立交”的现代职业教育。

本教材是在“校企合作、工学结合”人才培养模式改革背景下，以实际快递工作过程为依据，与行业专家一起对快递领域所涵盖的岗位群进行职业能力分析，以企业的作业流程和基层管理能力的培养为目标，按照工作过程系统化的开发方法，形成了项目化的课程内容体系以及任务驱动的教学内容。在内容安排上充分遵从职业发展与认知规律，注重学生职业岗位能力的培养，有针对性地进行职业技能的训练，突出对学生分析问题、解决问题能力的培养，以期达到培养学生综合素质与职业能力的目的。

本教材第 1 版自 2013 年 12 月出版以来，得到教师、同学以及快递从业人员的厚爱，已多次加刷，在读者群中产生了强烈反响。

第 2 版仍保留第 1 版的架构和编写特色，《快递实务》以实用主义哲学为指导思想，干什么学什么，遵循“按需施教、学用一致”的原则，其着眼点是通过一个单元的训练，使学习者获得社会生产活动中所需的实际技能。

此次修订再版，在第 1 版的基础上，主要做了以下改进：增加了 1 个工作任务“熟悉快递服务与物流服务的区别”，意在甄别物流与快递的差异；增加了 1 个知识窗“不属于保价范围内的物品”，意在区分保价与非保价的快件；增加了 1 个工作场景“客户开发”，意在掌握客户开发人员基本能力、客户信息的收集和分析、制订客户开发计划的原则与方式等关键技能；还分别增加了“快递业务员职业技能测试题—2”、“快递业务员（高级）练习题”，意在帮助同学们、快递从业人员顺利考证；在“模块三。形象与话术”中，以表格的方式增加了一张“其他服务的规范话术”的补充文字。

在快递业飞速发展时代，我们将努力跟上时代的步伐，以不断提高教材质量为己任，不断地从理念、内容、方法与技能等方面对教材加以修订，使之日臻完善。限于编者水平和时间紧迫，本书在内容取舍、编写方面，难免存在不妥之处，恳请读者不吝批评指正。

感谢所有第 1 版的读者，谢谢你们对这本教材的厚爱；特别感谢北京理工大学出版社编辑为我提供的所有帮助。

杨国荣

# 前　言

接触快递是在2004年的秋天，当时笔者已在一家以运输为主业的上市公司工作了十多年，担任企业管理与战略策划部的副部长。由于工作关系，笔者发现有不少快递公司利用公司2~3立方米的大巴行李仓，进行两地之间物品的转移、整包运输、目的地分解、当地派送或再整合包裹二程运输。为此，笔者开始关注，四个月后，出炉了7万字的《快递市场分析与我司发展战略》，得到了公司董事长的高度认可。

2008年笔者萌发了编写快递业务相关书籍的想法，开始着手收集资料，学习同行的心得，并接触了申通、中通、圆通、汇通、国通、宅急送、远成、华宇、佳吉、德邦、新邦等物流公司；2011年11月，笔者赴德国学习“三元制教育法”；2012年4月，在聆听姜大源教授“以工作过程为导向的职业教育课程改革”的报告后，笔者对已几经“杀青”的初稿教材又进行了深度的、革命性的颠覆，数易其稿。

经过行业协会、校校合作、校企合作（与德邦物流公司）指导共同编写“行业协会、企业、学校合作，三元开发”“课、岗、赛、训”一体化教材。本教材根据“MES课程开发模式”，针对职业岗位规范，以实用主义哲学为指导思想，干什么学什么，遵循“按需施教、学用一致”的原则，采用以下编写策略：建立岗位工作描述表—确定岗位职能—划分工作任务—选择工作模块—编制学习单元。其着眼点是通过一个单元的训练，使学习者获得社会生产活动中所需的实际技能。

本教材有上百张图表，形象直观，以“模块—情境—场景—任务”为主线，属于任务引领型的项目课程教材。在学习内容的开发与编排上，跳出学科体系的藩篱，帮助学生获得最受企业关注的“工作过程知识”和基本工作经验，以满足企业和劳动力市场的需求；课程体系转向为工作体系，课程内容转向为行动导向，课程目标转向为能力本位，课程顺序转向为以职业活动为主线，课程环境转向为工作情境，课程实施转向为以学生为中心，课程价值转向为以实际应用为主；而由实践情境构成的以过程逻辑为中心的行动体系，是培养职业型人才的一条主要途径，可以解决“怎么做”（经验）和“怎么做更好”（策略）的问题。

本教材的编写成员中，两位主编都是“双师型”教师，均是江西旅游商贸职业学院专职教师；由在上市运输公司工作15年的杨国荣教授担任主编，由专职负责实训指导教师徐兰高级实验师担任第二主编，由南昌工学院李光华担任第一副主编；杨国荣负责编写大纲、编写体例、编写分工和全书统稿。具体编写分工如下：模块一由杨国荣、李光华编写，模块二由杨国荣编写，模块三由杨国荣、徐兰编写，模块四与附录由杨国荣编写；江西省交通运输与物流协会专家委员会主任周南伶、浙江省德邦物流有限公司快递招聘组高级经理江世友、京东物流江西公司经理焦瑞勇参与了书稿的审核工作。

本教材既可作为物流管理专业、快递运营管理专业及其相关专业的教学用书，又可作为从事快递、电子商务工作的技术和管理人员的培训教材，以及物流企业及工商企业的物流管理人员的参考读物。

本教材参考了国内外同行的许多著作和文献，引用了部分资料，特向这些作者表示诚挚的谢意。

由于编者水平有限，书中难免有不足之处，衷心地希望专家批评斧正！

**杨国荣**

# 目 录

# 模块一

# 认识快递

## 工作情境1　基础知识

工作场景1：快递入门
工作场景2：快递网络
工作场景3：快递流程与要求
工作场景4：运作之窗
工作场景5：快件保价
工作场景6：客户开发

### 学习目标

素质目标：认知快递的作用、分类、基本特征、快递流程四大环节以及如何下单

知识目标：熟悉快递的概念、快递网络、信息传输网络、快件传递网络

技能目标：掌握快件传递网络的层次划分、快递流程基本要求、称重量方的方法、运费的计算

拓展目标：了解快件保价与快件保险的区别、国内主要城市航空代码、月结客户的管理

### 工作场景1　快递入门

中国快递业的发展历史

知识点：快递的概念、快递的作用

关键技能点：快递的分类、快递的基本特征

#### 工作任务1：熟悉快递的概念

知识窗1：快递业是20世纪60年代末在美国诞生的一个新的行业。

知识窗2：美国国际贸易委员会2004年报告对快递业定义如下：① 快速收集、运输、递送文件、印刷品、包裹和其他物品，全过程跟踪这些物品并对其保持控制；② 提供与上述过程相关的其他服务，如清关和物流服务。

知识窗3：从表面上看，快递业和传统邮政业，都是通过网络提供文件和物品的递送服务。它们的递送对象都是文件和物品，都含有信息传递和实物递送的成分，似乎属于同一行

业。在国民经济分类中，交通运输、仓储和邮电通信业为同一大类，但又有很大的不同。

知识窗 4：根据中华人民共和国邮政行业标准 YZ/T 0128—2007《快递服务》的定义，快递是指快速收寄、运输、投递单独封装的、有名址的快件或其他不需储存的物品，按承诺时限递送到收件人或指定地点、并获得签收的寄递服务。

### 工作任务 2：认知快递的分类

知识窗 1：按照运输的空间距离远近，快递业务可分为国际快递业务、国内异地快递业务和同城快递业务。通常可以把国内异地快递业务和同城快递业务统称为国内快递业务。

知识窗 2：不同的公司内部有不同的划分方法，例如有的企业根据物品的重量和形状，将快递划分为小件和大件两大类。小件是指长+宽+高≤100 厘米，且重量≤10 千克的物品；大件则是指长+宽+高>100 厘米，或重量>10 千克的物品。此外，还根据客户要求送达时间的不同，分为快件和普件，一级城市快件一般只要一天就可以送达，通常采用的是航空运输；普件采用的是班车运输和铁路运输。

### 工作任务 3：认知快递的基本特征

知识窗 1：服务性。快递需求是衍生需求，快递产业属于第三产业中的服务行业。服务性是快递产业的基本特征，因此服务质量直接决定了快递企业的运营状况。

知识窗 2：网络性。网点的增加对业务量的影响有两个：一是由于新增网点的快递业务直接增加业务总量；二是由于便利性提高及公司影响的扩大，原有网点的业务量也间接增加。但网点增加会带来成本的增加，增加网点是否能够使整体盈利增加，以及网点覆盖面扩大到什么程度能够实现利润最大化，值得已经具有较大规模的民营快递企业思考。

知识窗 3：时效性。在全球都讲究效率的前提下，时效性更是快递的本质要求，时效性是信息、物品类传递服务的基本要求。快递的实物传递性，决定了在保证安全、准确的前提下，传递速度是最重要的服务质量衡量标准之一。

知识窗 4：规模经济性。规模效应是所有企业都追求的，当然也包括快递业。当快递的数量达到一定规模时，无论是分拣还是运输效率都会得到很大的提高。

### 工作任务 4：认知快递的作用

知识窗 1：在当今世界，快递作为一种先进的运输服务方式越来越受到社会各阶层客户的普遍欢迎，并得到蓬勃发展。早在 1993 年，全球十大运输企业排名中，第二及第九位均为主要从事快递服务的公司，这一事实足以证明快递业在运输业中不可低估的地位。近 20 年的发展，快递业在发达国家的地位更加稳固，在发展中国家，快递业必将随着社会、经济的发展而得到更大的发展。

知识窗 2：快递是国际、国内贸易环节中的重要组成部分。在许多国内贸易和国际贸易中，快递起到不可替代的作用，是不可替代的环节。此外，快递还可以促进贸易的交易。

知识窗 3：快递可以促进企业的商务效率与生产效率的提高、成本优化、竞争力增强。以德国公司为对象的调查结果表示，2/3 的企业通过与快递公司合作已经实现了成本的节省，1/3 的企业使用快递服务能够降低他们的生产成本。

知识窗 4：快递业对就业的影响。预计在未来的十年内，快递业将会给中国增加 300 万～500 万个就业岗位，将解决大量农村剩余劳动力的就业问题，促进劳动力的合理分工。

知识窗 5：快递业对 GDP 的贡献。快递业是全球增长最快的经济领域之一，据《牛津经济观测》报告称，2003 年快递业对世界 GDP 的直接贡献为 640 亿美元；2005 年中国的快递业对国内的 GDP 贡献大约在 350 亿美元，且还将继续增长。

《快递市场管理办法》　解读新《快递市场管理办法》

## 工作场景 2　快 递 网 络

知识点：快递网络、信息传输网络

关键技能点：快件传递网络、快件传递网络的层次划分

### 工作任务 1：熟悉快递网络

知识窗：快递服务是通过网络实现的，快递网络可分为快件传递网络和信息传输网络。

### 工作任务 2：熟悉快件传递网络

知识窗 1：快件传递网络是由快递呼叫中心（客服）、收派处理点或营业网点、处理中心（分拨中心或中转场）、运输线路，按照一定的原则和方式组织起来，并在调度运营中心的指挥下，按照一定的运行规则传递快件的网络系统。

知识窗 2-1：呼叫中心（客服）。

呼叫中心，也称为“客户服务中心”，是快递企业普遍使用的、提高工作效率的应用系统。它主要通过电话、网络系统负责受理客户委托、帮助客户查询快件信息、回答客户有关询问、受理客户投诉等业务工作。

知识窗 2-2：收派处理点或营业网点。

收派处理点或营业网点是快递企业收寄和派送快件的基层站点，其功能是集散某个城市某一地区的快件，以及按派送段进行分拣和派送。

收派处理点或营业网点的设置，应依据当地人口密度、居民生活水准、整体经济社会发展水平、交通运输资源状况、公司发展战略等因素来综合考虑。从我国快递企业目前的设置情况看，城市网点多于农村、东部地区多于中西部地区、经济发达地区多于经济欠发达地区。收派集散点是快件传递网络的末端，担负着直接为客户服务的功能。

知识窗 2-3：处理中心。

快件处理中心是快件传递网络的节点，主要负责快件的分拣、封发、中转等任务。企业根据自身业务范围及快件流量来设置不同层级的处理中心，并确定其功能。在我国，一般全国性快递企业设置三个层次的快件处理中心，区域性快递企业设置两个层次，同城快递企业设置一个层次。

以全国性快递企业为例，第一层次是大区或省际中心，除完成本地区快件的处理任务外，主要承担各大区或省际的快件集散任务，是大型处理和发运中心，一般建于地处全国交通枢纽城市，如北京、上海、广州等大城市；第二层次是区域或省内中心，除完成本地快件的处理任务外，还要承担大区（省）内快件的集散任务，一般建于省会城市；第三层次是同城或市内中心，主要承担本市快件的集散任务。大区或省际中心对其他大区或省际中心及其所辖范围内的区域或省内中心、同城或市内中心，建立直封关系；区域或省内中心对其大区或省际中心、本大区内的其他区域或省内中心、所辖的同城或市内中心，建立直封关系。

处理中心的设置方式和位置，对快件的分拣、封发和运输等业务处理和组织形式，以及快件的传递速度和质量起着决定性的作用。

知识窗 2-4：运输线路。

运输线路，是指快递运输工具在快件收派处理点、处理中心之间，以及所在地区车站、机

场、码头之间，按固定班次和规定路线，进行运输快件的行驶路线。运输线路按所需运输工具可分为航空运输线路、铁路运输线路、公路运输线路。

运输线路和运输工具是保证快件快速、准确送达客户的物质基础之一，是实现快件由分散（各收寄点）到集中（各处理中心），再到分散（各派送点）的纽带。

知识窗 2-5：调度运营中心。

调度运营中心是控制并保证快递网络按照业务流程设计要求有序运行的指挥中心。它需要按照预定业务运营计划和目标实行统一指挥，合理组织、调度和使用快递网络的人力、物力和财力资源，纠正或排除快件传递过程中出现的偏差或干扰，确保快递网络迅速、高效地良性运转。

### 工作任务3：掌握快件传递网络的层次划分

知识窗 1：快件传递网络是企业按照快递业务流程及快递业务实际运营的需要设立的，一般而言，全国性企业的网络分为三个层次，即大区或省际网、区域或省内网，以及同城或市内网。

知识窗 2-1：大区或省际网。

大区或省际网主要承担省际的快件传递任务。它连接各大区或省际处理中心，通过公路、铁路和航空运输，组成一个复合型的高效快递运输干线网络。

由于大区或省际网是整个快件传递网的关键环节，又最容易出现堵塞和其他问题，因此必须建立统一有序的指挥调度系统，及时进行信息反馈，以确保网络的畅通无阻。

知识窗 2-2：区域或省内网。

区域或省内网是大区或省际网的延伸，与同城或市内网联系密切，在快件传递网络中起着承上启下的作用。区域或省内网以区域或省内处理中心为依托，是通过以汽车、火车运输为主的运输线路，与和其有直封关系的上级、同级及下级处理中心相连接构成的。区域或省内网按快件运输的方式，可划分为以公路运输为主的公路网络、以铁路运输为主的铁路网络以及由多种运输方式相结合的综合网络。

在区域或省内网中，根据快件的流向和流量以及交通条件等因素，形成不同的网络结构。从其运输线路看，一般常见的有辐射型、直线型和环线型。辐射型运输线路是指区域或省内处理中心与其所辖的同城或市内中心形成点对点的关系，各同城或市内中心的快件直接与区域或省内中心进行交换。直线型运输线路是指快递运输工具从区域或省内处理中心出发，由近及远依次经过各同城或市内中心，并卸载到站快件，然后原车按原线路返回，由远及近依次装载待发送快件后，回到区域或省内中心。环线型运输线路是指运输工具从区域或省内处理中心出发，依次经过各同城或市内中心卸载到站快件，然后回到区域或省内中心。混合型运输线路是指以上三种基本运输线路的组合。

知识窗 2-3：同城或市内网。

同城或市内网是由同城或市内处理中心与若干个收派处理组组成的，负责快件的收取、派送、分拣、封发等工作。

同城或市内网的设置，更多需要考虑的是本地的具体因素，比如市政发展规划、土地征用政策、基本建设投资成本，经济发展水平、产业布局、运输条件，人口结构与密度，文化传统特点，以及快件的流向和流量等因素。

### 工作任务4：熟悉信息传输网络

知识窗 1：在快件传递的过程中，始终伴随着快递相关信息的传输，这些信息包括单个快件运单的信息、快件总包的信息、总包路由的信息，以及快件传递过程中每个节点产生的信息等。传输这些信息的网络被称为信息传输网络。

知识窗 2：快递信息网络主要具有以下作用：第一，实现了对快件、总包的信息等的实时传递；第二，实现了企业快递信息资源最大限度地综合利用与共享；第三，便于企业运营管理，提高工作效率，规范操作程序，减少人为差错；第四，便于企业为客户提供更优质的服务，包括为客户提供快件查询；第五，有利于增强企业竞争能力，促进企业可持续发展。

知识窗 3：快递信息网络由硬件系统和软件系统两大部分组成。硬件系统系统主要包括信息采集和处理设备、信息传输线路、信息交换控制与存储设备；软件系统包括操作系统、数据库管理系统和网络管理系统。

### 工作任务 5：熟悉快递服务与物流服务的区别

知识窗 1：快递服务与物流服务，表面上看都是对物品空间位置的一种转移，但又有明显的不同。特别是快递服务属于邮政业，受到国家邮政监督管理部门的监管，具有实物通信性质，而物流服务是与生产活动相关物资的供应、与物品运输相关联，不具有实物通信性质。除此之外，在服务形式、封装要求、内件性质、受理方式、规格要求、作业方式、时限要求、市场准入、标准体系、政府管理等方面均有明显区别，如表 1-1 所示。

表 1-1 快递服务与物流服务的比较

| 项目 \ 类别 | 快递服务 | 物流服务 |
| --- | --- | --- |
| 服务形式 | 门到门、桌到桌 | 形式不限 |
| 封装要求 | 带有本企业标识的封装品，单独封装 | 符合运输要求 |
| 内件性质 | 严格执行禁限寄物品的规定 | 符合运输要求 |
| 受理方式 | 填写、确认快递运单 | 签订运输委托合同 |
| 规格要求 | 单件长度不超过 150 厘米，长、宽、高之和不超过 300 厘米 | 符合运输要求 |
| 作业方式 | 收寄、运输、分拣、派送，且无需存储 | 运输、存储、配送、加工等 |
| 时限要求 | 快速及时，一般要求在 3 天以内 | 双方约定 |
| 市场准入 | 经营邮政通信业务许可 | 经营道路运输业务许可 |
| 标准体系 | 执行《快递服务》标准（编号：YZ/T0128—2007） | 执行物流标准化相关规定 |
| 政府管理 | 邮政管理部门 | 交通、流通与综合管理部门 |

知识窗 2：快递与现代物流关系密切，它是第三方物流的重要组成部分。实践中最先开展配送业务和第三方物流的，正是快递企业。原因在于：① 现代物流最重要的标准之一，就是安全、周到和准时，这正与快递服务的基本特征相吻合；② 在运输业和物流业中，只有快递企业最广泛地应用了最先进的信息技术；③ 国际快递企业的通关（报关、清关）效率最快，它们拥有“最能与海关默契合作”的丰富经验，这是从事第三方国际物流的先决条件；④ 国际快递企业在全球（各个国家和地区）拥有自身网络，有统一的指挥（预报、查询、调度、分拨和转运），这是综合利用全球资源的最优越条件。所以快递服务实质上是一种跨界服务业，它兼具邮政服务与物流服务的特点。

## 工作场景 3　快递流程与要求

知识点：快递流程四大环节

关键技能点：快递流程基本要求

### 工作任务 1：认知快递流程四大环节

《快递服务》标准

知识窗 1：快递流程是指快件传递过程中，逐渐形成的一种相对固定的业务运行与操作顺序与环节。按照快递业务运行顺序，快递流程主要包括快件收寄、快件处理、快件运输和快件派送四大环节。

知识窗 2：在快递流程四大环节中，不仅每个环节存在大量的作业运转工作，而且各个环节之间也需要密切配合、有效组织，从而保证快件传递的动态过程科学、高效。

知识窗 3：快递流程四大环节的具体内容，如图 1-1 所示。

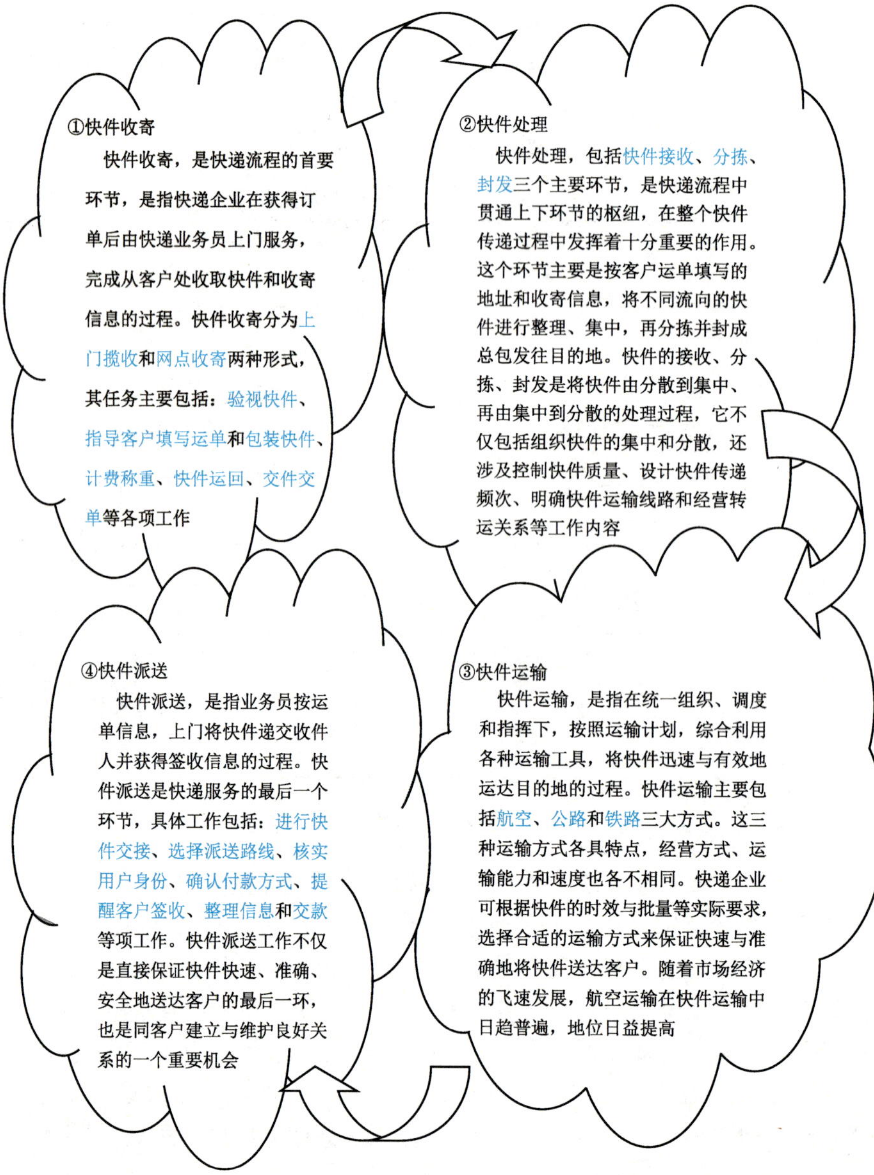


图 1-1　快递流程四大环节的具体内容

工作任务 2：掌握快递流程基本要求

**知识窗 1**：为了保证以最快的速度、安全、准确、优质、以尽可能少的成本和尽可能便捷的方式，将快件从寄件人送达收件人，快递作业整个流程必须遵循相关要求与原则。

**知识窗 2**：快递流程的基本要求，如图 1-2 所示。

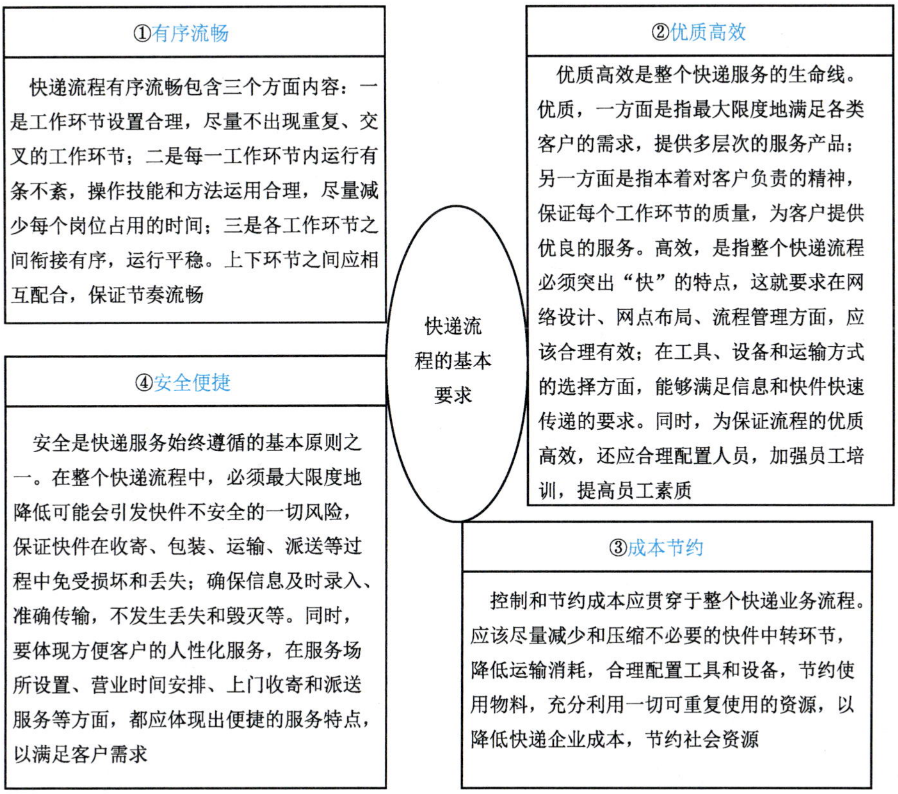


图 1-2　快递流程的基本要求

## 工作场景 4　运 作 之 窗

**知识点**：如何下单、国内主要城市航空代码

**关键技能点**：称重量方、计算运费、月结客户的管理

工作任务 1：认知如何下单

**知识窗 1-1**：客户可以拨打全国统一服务热线 4008×××××进行下单、查询和投诉，如图 1-3 所示。

**知识窗 1-2**：客户拨打其所在地的客户寄件热线，将有客服员为其服务。

**知识窗 1-3**：客户须告知客服员：取件地址、联系方式、快件的种类、快件的目的地（如果其到件地暂时没有开通，客服员会征求客户的意见，看是否改用其他的方式投递）、付款方式（月结 / 现付 / 其他方式）。

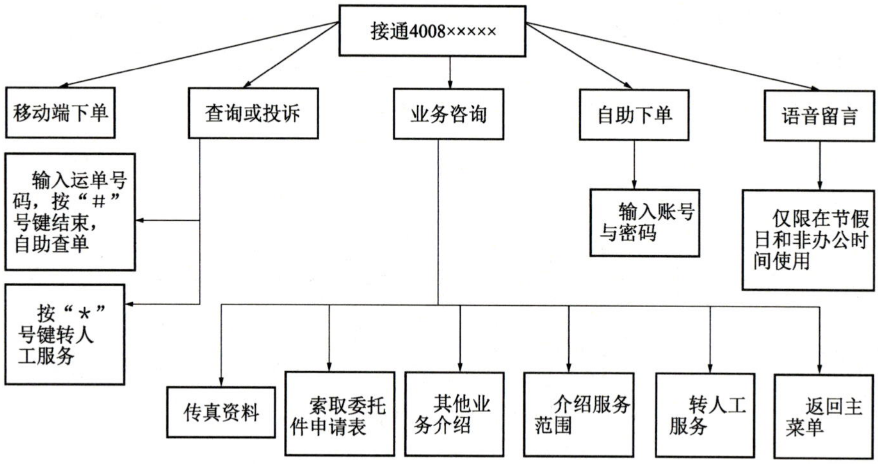


图1-3 拨打服务热线进行下单、查询和投诉

知识窗1-4：请客户记住客服员的工号，方便其及时更改寄件信息。

知识窗2：客户也可以选择登录公司网站www.×××××××.com进行网上自助下单。第一次使用时，需要用月结账号（非月结客户可使用客户编号）进行注册；注册成功以后，即可以使用注册的用户名和密码，进行网上自助下单了。使用网上自助下单，在保证收件时效的同时，节约了打电话的时间和费用，方便快捷。

### 工作任务2：掌握称重量方的方法

知识窗1：常规件：一般只对重量进行计量，将包装（封装）好的快件放在电子秤上计量，计量单位为千克。

知识窗2：轻抛件：比较体积重量和实际重量，体积重量大于实际重量的快件，称为轻抛件。对于轻抛件，要取体积重量作为计费重量。

轻抛件要依照国际航空运输协会规定的轻抛物计算公式折算体积重量。

国际航空运输协会规定轻抛快件重量计算公式为：

长（厘米）×宽（厘米）×高（厘米）÷6 000=体积重量（千克）

非航空快件的轻抛快件重量计算公式为：

长（厘米）×宽（厘米）×高（厘米）÷12 000=体积重量（千克）

知识窗3：对不规则物品的体积测量：取物品的最长、最高、最宽的边进行量取。

知识窗4：快件重量的误差控制标准，如表1-2。

表1-2 快件重量的误差控制标准

| 重量段的范围 | 允许误差范围 |
|---|---|
| 20千克以内（含20千克） | ±0.5千克 |
| 20.1千克~50千克 | ±1千克 |
| 50.1千克以上 | ±总重量的2% |

### 工作任务3：掌握运费的计算

知识窗1：快件运费价格计算的方法是：分段计价，逐段累加。其计算公式为：

运费=首重运费+第一段续重单价×第一阶段续重+
第二段续重单价×第二阶段续重+…

知识窗2：普遍快递公司的首重为1千克；不超过1千克的快件，均按照首重运费计价；1千克以上按照续重计费。

知识窗3：计费重量在100千克以内的快件，最小的重量计量单位为0.5千克，尾数实行二退三进，七退八进。

知识窗4：计费重量在100千克以上的快件，最小的重量计量单位为1千克，尾数实行四舍五入。

### 工作任务4：了解月结客户的管理

#### 工作任务4-1：了解月结协议的签订

知识窗：客户要求月结时，符合公司月结条件的，可与之签订月结协议。比如5号（日）前签订的月结协议，当月生效；5号（日）后签订的月结协议，次月生效。协议签订后，要注意月结客户的情况变动，如地址、电话、联系人等。

#### 工作任务4-2：了解月结客户的条件

知识窗：以下三个条件必须同时符合：① 业务关系的保持已连续 $n$ 个月以上；② 平均每月营业额达到×××元以上；③ 结算信用良好，配合本公司财务制度。

#### 工作任务4-3：了解月结账款的收回

知识窗1：收回办法：

月结款在隔月5日前收齐，如3月份的月结款，在5月5日前收回。

月结款也可以分期收回。例如：本月15日前，收齐上月的30%；本月25日前，收齐上月的60%；本月30日前，收齐上月的90%；次月5日前，将未结款全部收回。

知识窗2：说明事项：

由于快递公司存留的运单底联要提供给税务局，因此，只能向客户提供财务对账单，请客户留好运单的“收件方存根联”，以便对账。

无论分期或全部结算，月结款收回后，应及时上交财务部。不得隐瞒不交，或扣押一段时间再交。否则，将按“侵吞公司财产或挪用公款”行为论处。

#### 工作任务4-4：了解月结协议的中止

知识窗：如果有以下情形之一的，快递公司有权中止月结协议：

（1）经多次催促，无理拒付或搪塞拖延的。

（2）以月结款相要挟，提出无理要求的。

（3）月结客户有违法行为，或濒临倒闭的。

（4）其他可能导致月结款无法收回的情况。

### 工作任务5：了解国内主要城市航空代码

知识窗：航空的城市三字代码是国际航空运输协会制定的，国际航空运输协会在编排三字代码的时候一般是按照该城市的英文发音来进行缩写（如北京市为PEK），也有的是按照机场的英文名进行缩写。国内主要城市机场三字航空代码见表1-3。

表 1-3　国内主要城市机场三字航空代码

| 省份 | 城市 | 城市代码 | 机场名称 | 省份 | 城市 | 城市代码 | 机场名称 |
|---|---|---|---|---|---|---|---|
| 海南省 | 海口 | HAK | 美兰机场 | 北京市 | 北京 | PEK | 北京首都机场 |
| | 三亚 | SYX | 凤凰机场 | | 北京南苑 | NAY | 北京南苑机场 |
| 广东省 | 广州 | CAN | 白云国际机场 | 浙江省 | 杭州 | HGH | 萧山机场 |
| | 珠海 | ZUH | 三灶机场 | | 温州 | WNZ | 龙湾机场 |
| | 深圳 | SZX | 宝安机场 | | 宁波 | NGB | 栎社机场 |
| | 汕头 | SWA | 外砂机场 | | 义乌 | YIW | 义乌机场 |
| | 梅州 | MXZ | 梅县机场 | | 舟山 | HSN | 普陀山机场 |
| | 湛江 | ZHA | 湛江机场 | | 台州 | HYN | 路桥机场 |
| | 韶关 | SHG | 韶关机场 | | 衢州 | JUZ | 衢州机场 |
| | 兴宁 | XIN | 兴宁机场 | 江苏省 | 南京 | NKG | 禄口国际机场 |
| 广西壮族自治区 | 南宁 | NNG | 吴圩机场 | | 连云港 | LYG | 白塔埠机场 |
| | 桂林 | KWL | 两江国际机场 | | 南通 | NTG | 兴东机场 |
| | 柳州 | LZH | 白莲机场 | | 常州 | CZX | 奔牛机场 |
| | 梧州 | WUZ | 长州岛机场 | | 徐州 | XUZ | 观音机场 |
| | 北海 | BHY | 福成机场 | | 盐城 | YNZ | 盐城南洋机场 |
| 湖南省 | 长沙 | CSX | 黄花国际机场 | | 无锡 | WUX | 硕放机场 |
| | 张家界 | DYG | 荷花机场 | 重庆市 | 重庆 | CKG | 江北机场 |
| | 常德 | CGD | 桃花源机场 | 山东省 | 济南 | TNA | 遥墙机场 |
| | 衡阳 | HNY | 衡阳机场 | | 威海 | WEH | 大水泊机场 |
| | 怀化 | HJJ | 怀化芷江机场 | | 青岛 | TAO | 流亭机场 |
| | 永州 | LLF | 永州零陵机场 | | 烟台 | YNT | 莱山机场 |
| | | | | | 济宁 | JNG | 济宁机场 |

续表

| 省份 | 城市 | 城市代码 | 机场名称 |
|---|---|---|---|
| 湖北省 | 武汉 | WUH | 天河机场 |
| | 宜昌 | YIH | 三峡机场 |
| | 襄樊 | XFN | 刘集机场 |
| | 荆州 | SHS | 沙市机场 |
| | 恩施 | ENH | 许家坪机场 |
| 福建省 | 福州 | FOC | 长乐国际机场 |
| | 厦门 | XMN | 高崎国际机场 |
| | 南平 | WUS | 武夷山机场 |
| | 泉州 | JJN | 泉州晋江机场 |
| | 龙岩 | LCX | 冠豸机场 |
| 黑龙江省 | 哈尔滨 | HRB | 太平国际机场 |
| | 齐齐哈尔 | NDG | 三家子机场 |
| | 牡丹江 | MDG | 海浪机场 |
| | 满洲里 | NZH | 满洲里西郊机场 |
| | 佳木斯 | JMU | 东郊机场 |
| | 黑河 | HEK | 黑河国际机场 |
| 四川省 | 成都 | CTU | 双流国际机场 |
| | 泸州 | LZO | 蓝田机场 |
| | 宜宾 | YBP | 五粮液机场 |
| | 绵阳 | MIG | 南郊机场 |
| | 九寨沟 | JZH | 黄龙机场 |
| | 攀枝花 | PZI | 保安营机场 |
| | 达州 | DAX | 河市机场 |
| | 甘孜 | KGT | 康定机场 |
| | 西昌 | XTC | 青山机场 |
| | 南充 | NAO | 高坪机场 |
| | 梁平 | BPX | 梁平机场 |
| | 广汉 | GHN | 广汉机场 |
| | 广元 | GYS | 盘龙机场 |
| 吉林省 | 长春 | CGQ | 龙嘉国际机场 |
| | 吉林 | JIL | 二台子机场 |

| 省份 | 城市 | 城市代码 | 机场名称 |
|---|---|---|---|
| 山东省 | 潍坊 | WEF | 潍坊机场 |
| | 东营 | DOY | 东营机场 |
| 江西省 | 南昌 | KHN | 昌北国际机场 |
| | 景德镇 | JDZ | 罗家机场 |
| | 九江 | JIU | 庐山机场 |
| | 井冈山 | JGS | 井冈山机场 |
| | 赣州 | KOW | 黄金机场 |
| 贵州省 | 贵阳 | KWE | 龙洞堡机场 |
| | 遵义 | ZYI | 遵义机场 |
| | 安顺 | AVA | 黄果树机场 |
| | 铜仁 | TEN | 铜仁凤凰机场 |
| | 兴义 | ACX | 兴义机场 |
| 安徽省 | 合肥 | HFE | 新桥机场 |
| | 黄山 | TXN | 屯溪机场 |
| | 阜阳 | FUG | 西关机场 |
| | 安庆 | AQG | 天柱山机场 |
| 河南省 | 郑州 | CGO | 新郑机场 |
| | 南阳 | NNY | 姜营机场 |
| | 洛阳 | LYA | 北郊机场 |
| | 安阳 | AYN | 安阳机场 |
| 河北省 | 石家庄 | SJW | 正定机场 |
| | 秦皇岛 | SHP | 山海关机场 |
| | 邯郸 | HDG | 邯郸机场 |
| 陕西省 | 西安 | XIY | 咸阳国际机场 |
| | 延安 | ENY | 延安机场 |
| | 安康 | AKA | 五里铺机场 |
| | 榆林 | UYN | 西沙机场 |
| | 汉中 | HZG | 西关机场 |
| 上海市 | 上海 | PVG | 浦东国际机场 |
| | | SHA | 虹桥机场 |
| 天津市 | 天津 | TAN | 滨海国际机场 |
| 甘肃省 | 兰州 | LHW | 中川机场 |

续表

| 省份 | 城市 | 城市代码 | 机场名称 | 省份 | 城市 | 城市代码 | 机场名称 |
|---|---|---|---|---|---|---|---|
| 吉林省 | 延吉 | YNJ | 朝阳川国际机场 | 甘肃省 | 敦煌 | DNH | 敦煌机场 |
| 山西省 | 太原 | TYN | 武宿机场 | | 嘉峪关 | JGN | 嘉峪关机场 |
| | 大同 | DAT | 怀仁机场 | | 酒泉 | CHW | 酒泉机场 |
| | 长治 | CIH | 王村机场 | | 庆阳 | IQN | 西峰镇机场 |
| 新疆维吾尔自治区 | 乌鲁木齐 | URC | 地窝铺机场 | 云南 | 昆明 | KMG | 巫家坝机场 |
| | 喀什 | KHG | 喀什机场 | | 丽江 | LJG | 三义机场 |
| | 伊宁 | YIN | 伊宁机场 | | 景洪（西双版纳） | JHG | 嘎洒机场 |
| | 库尔勒 | KRL | 库尔勒机场 | | 大理 | DLU | 大理机场 |
| | 阿克苏 | AKU | 阿克苏机场 | | 思茅 | SYM | 思茅机场 |
| | 和田 | HTN | 和田机场 | | 保山 | BSD | 保山机场 |
| | 阿勒泰 | AAT | 阿勒泰机场 | | 临沧 | LNJ | 临沧机场 |
| | 哈密 | HMI | 哈密机场 | | 昭通 | ZAT | 昭通机场 |
| 青海省 | 西宁 | XNN | 曹家堡机场 | | 元谋 | YUA | 元谋机场 |
| | 格尔木 | GOQ | 格尔木机场 | 内蒙古自治区 | 呼和浩特 | HET | 白塔机场 |
| 辽宁省 | 沈阳 | SHE | 桃仙国际机场 | | 包头 | BAV | 包头机场 |
| | 大连 | DLC | 周水子国际机场 | | 锡林浩特 | XIL | 锡林浩特机场 |
| | 丹东 | DDG | 浪头机场 | | 乌兰浩特 | HLH | 乌兰浩特机场 |
| | 鞍山 | IOB | 鞍山机场 | | 海拉尔 | HLD | 东山机场 |
| 宁夏回族自治区 | 银川 | INC | 河东机场 | | 乌海 | WUA | 乌海机场 |
| | | | | | 赤峰 | CIF | 玉龙机场 |
| | | | | | 通辽 | TGO | 通辽机场 |

## 工作场景5 快件保价

知识点：快件保价

关键技能点：快件保价与快件保险的区别

### 工作任务1：了解快件保价

知识窗1：不属于保价范围内的物品：

（1）国家法律明令禁止流通或寄递的物品，如军火武器、烟草、货币、古董、金银珠宝、贵重金属等；

（2）公司规定不能在快递网络流通的物品，如有爆炸性、易燃性、腐蚀性、毒性、强酸性或放射性的各种危险品，如雷管、火药、爆竹、汽油、酒精等；

（3）易腐烂的物品，如鲜肉、鲜鱼等，各类活体动物、液体及动物尸体标本；

（4）显示器半成品，如显示屏、显像管等，玻璃制品以及各类票据；

（5）各类盆景、植物，如花卉、草木；

（6）工艺品及艺术品，如玉类、石雕、石膏雕塑、模型等；

（7）文件、印刷品以及使用文件袋、防水袋包装的快件不得使用保价面单寄递；

（8）所有木制品，以及古筝、古琴、吉他等乐器，因音色、音质方面无法鉴定其是否损坏，故不予做保。

知识窗 2：快件保价的相关操作规范，见表 1-4。

表 1-4 快件保价的相关操作规范

<table>
<tr><th>项目</th><th colspan="2">操作规范</th></tr>
<tr><td rowspan="2">概念</td><td colspan="2">快件保价是指客户向快递企业声明快件的价值，快递企业与客户之间协商约定，由寄件人承担基础资费之外的保价费用，快递企业以快件的声明价值为限，承担快件由于在例如收派、处理和运输过程中的相关环节所发生的遗失、短少、损坏情况的赔偿责任</td></tr>
<tr><td colspan="2">快件保价是快递企业直接向客户做出的承诺，如果发生问题，由快递企业承担理赔责任。部分快递企业为转移赔偿风险，通过向保险公司购买快件保险的方式，由保险公司承担快件遗失、损坏、短少等的赔偿责任</td></tr>
<tr><td rowspan="2">作用</td><td colspan="2">快件保价有利于开发和满足客户中高端服务需求。客户对快件的安全高效要求越来越高，尤其是中高端客户，如果将保价服务作为快递领域的增值服务项目，且费率合理，可提高客户对快递企业的满意度，是快递企业争取客户资源、应对竞争的一项重要举措</td></tr>
<tr><td colspan="2">快件保价是快递公司收入增加的渠道。快递企业开展保价业务，在快件全程处理中给予特殊的保护操作，降低快件发生损失、丢失的概率，提高了快件的安全性。从而使得保价快件安全性高、赔付概率低。因此保价快件业务已经成为公司收入增加的一个渠道</td></tr>
<tr><td rowspan="5">注意事项</td><td>声明价值</td><td>对快递企业来说，快件价值越高，遗失、损毁所产生的风险越大。为规避风险，快递企业一般都规定保价物品的最高赔偿价值。业务员在收取快件的时候需要注意，客户填写的快件声明价值不得超出本企业规定的最高赔偿价值限制。如果超出，则建议客户对快件进行投保</td></tr>
<tr><td>标识</td><td>保价快件普遍都是价值较高或客户非常重视的物品，因此须妥善包装快件，并使用特殊的标识，提醒各操作环节注意保护快件。例如采用保价封签，在快件包装封口的骑缝线上粘贴保价封签，并请客户在封签及包装的交接处签名，确保只有破坏封签方能打开快件包装</td></tr>
<tr><td>快件称重</td><td>为能够及时发现保价快件是否短少，并进行相应处理，快递企业一般对保价快件重量精确度有较高要求。例如某快递企业规定保价快件的重量必须精确到小数点后两位，且各交接环节须进行重量复核，以确保从收取到派送整个过程的快件安全</td></tr>
<tr><td>运单</td><td>出于保价快件自身的特殊性，有些快递企业使用专门印制的保价运单，有些企业则直接在普通运单的某一位置显著标记“保价”。对于有专门或特殊标记保价运单的，业务员在收取保价快件时，须使用这些运单寄递快件，同时注意严格遵循填写规范</td></tr>
<tr><td>赔偿上限</td><td>保价快件最高赔偿额，不超过客户投保的声明价值</td></tr>
</table>

**工作任务2：了解快件保价与快件保险的区别**

知识窗1：快件保险，是指客户在寄递物品之前，直接向保险公司对物品购买保险，快件从始发地到目的地的运输、装卸搬运、储存、处理、派送的任意环节，快件如出现遗失、短少、损坏时，保险公司都会按照承保规定给予客户赔偿。目前，一些快递企业也为客户提供代办快件保险手续。

快递金条莫名失踪

知识窗2：保价与保险的异同，见表1-5。

表1-5 快件保险与快件保价的异同比较

| 项目 | 子项目 | 快件保险 | 快件保价 |
|---|---|---|---|
| 相同点 | 形式 | 客户均在基础资费以外额外支付了费用，或是保价费用，或是保险费用 | |
| | 过程 | 客户的物品发生了遗失、损坏或短少 | |
| | 效果 | 客户均因物品损坏获得了赔偿 | |
| | 金额 | 客户物品的声明价值均不得超过物品的实际价值 | |
| 不同点 | 制度设计目的 | 风险从个人和快递企业转移到保险公司的一种风险防范机制 | 风险由个人转移到快递企业的一种风险防范机制 |
| | 涉及当事人 | 客户、快递企业、保险公司、第三方评估机构 | 客户、快递企业 |
| | 风险范围不同 | 快递企业责任、第三人侵权行为、不可抗力等 | 快递企业责任，非快递企业过失，如不可抗力、第三人侵权导致的快件损失免责 |
| | 所“保”范围 | 承保的损失必须是可确定和可计量的 | 对于不易确定和计量实际价值的快件允许办理保价运输，但一般设置最高限额 |
| | 费用性质 | 保险条件下支付的是“保险费”，不属于快递公司营业款 | 保价运输条件下支付的是“保价附加服务费”，属于快递公司营业款 |
| | 风险承担者 | 保险公司 | 快递企业 |
| | 索赔程序 | 要求提供相关单证，程序相对烦琐 | 要求提供单证较少，理赔程序较为简便 |
| | 其他 | 快递企业可集中大量客户，争取优惠的保险费率 | 所有理赔自行消化，投入量大，价值界定难度大，容易导致多赔、不赔或少赔等情况，甚至引发诉讼 |

## 工作场景6 客户开发

知识点：客户开发

关键技能点：客户开发人员基本能力、客户信息的收集和分析、制订客户开发计划的原则与方式

**工作任务1：了解开发客户的意义**

知识窗1：影响使用快递服务行为的主要因素有：客户对快递服务的整体印象、快递服

务的价格与寄递速度、快递服务的便利性、客户的兴趣和爱好。

知识窗 2：现在很多快递销售人员在拜访客户的时候，显得很盲目，见了面不知道该说什么，该怎么样说，只是很简单的介绍下自己，然后就极力向客户推销产品，被客户拒绝后，便灰溜溜地走了，灰心丧气，拜访下家就没有激情。今天这样，明日还是如此，日复一日，没有多大成绩，便想着改行，结果在其他行业做的也是不尽如人意。最后还弄不明白，为什么现在的社会客户这么难开发？客户关系这么难维护？其实不然，不是没有市场，也不是没有客户，关键是在于做销售的人员。你是否是合格的销售员？有许多东西你是否注意了？有许多方面你是否做到了？如果能够多去思考，善于复制别人成功的方法、善于行动、善于总结，那么搞定客户也很轻松。

**工作任务 2：熟悉客户开发人员基本能力**

知识窗：客户开发人员基本能力，见表 1-6。

**表 1-6　客户开发人员基本能力**

| 能力 | 内　容 |
|---|---|
| 观察力 | 敏锐的观察力是深入了解客户心理活动和准确判断客户特征的前提；观察不是简单的看看，很多销售人员的第一堂课就是学会“看”市场，这个看不是随意的浏览，而是用专业的眼光和知识去细心地观察，通过观察发现重要的信息，透过表象，看出问题的实质 |
| 沟通表达力 | 沟通表达力是营销员必备的核心能力之一；表达力指快递业务员使用有声语言及行为语言等多种表达方式传达信息与客户沟通的能力；表达力分为口头表达力，文字表达力和其他表达力，如眼神、表情、肢体语言等 |
| 忍耐力 | 营销是从求人开始的，求人必先忍；销售人员往往是从零开始，忍受焦急、寂寞；拜访客户时，忍受冷眼、拒绝。调查结果显示：如果你陌生敲门拜访，20% 的人对你的敲门极端反感，门没开就要你“滚”；40% 的人不是很耐烦，开门告诉你“快走”；30% 的人反应平淡，说“我不需要”，只有 10% 人能够有耐心听你介绍完你的产品，而且还不一定购买 |
| 执行力 | 快递业务员的主要职能是执行，执行能力体现的是快递业务员的综合素质，是一种不达目标不罢休的精神，你必须想尽办法达到结果。结果才是你的领导们最关心的，也是你能力的体现 |
| 学习力 | 学习力是指一个人或一个组织学习的动力、毅力、能力的综合体现，学习力是学习型组织的根基 |
| | 学习动力是指自觉的内在驱动力，主要包括学习需要、学习情感和学习兴趣 |
| | 学习毅力，即学习意志，是指自觉地确定学习目标并支配其行为克服困难实现预定学习目标的状态。它是学习行为的保持因素，在学习力中是一个不可或缺的要素 |
| | 学习能力，是指由学习动力，学习毅力直接驱动而产生的接受新知识、新信息并用所接受的知识和信息分析问题、认识问题、解决问题的智力，主要包括感知力、记忆力、思维力、想象力等。相对于学习而言，它是基础性智力，是产生学习力的基础因素 |
| 自控力 | 自控力，即自我控制，指对一个人自身的冲动，感情，欲望施加的控制；自控力是一个人成熟度的体现，没有自控力，就没有好的习惯；没有好的习惯，就没有好的人生，最有力量的是那些能掌控自己的人，缺乏自控力很难取得成功 |

续表

| 能力 | 内　容 |
| --- | --- |
| 应变力 | 应变力是指遇到事情，要懂得随机应变，不能只会依照原计划进行，对新事物或事物环境的变化具有较好的判断和转化能力 |
| 创新力 | 创新力按主体分，最常提及的有国家创新能力、区域创新能力、企业创新能力，且存在多个衡量创新能力的创新指数的排名。创新原指科技上的发明、创造。后来意义发生推广，指在人的主观作用推动下产生所有以前没有的设想、技术、文化、商业或者社会方面的关系，也指自然科学的新发现 |

## 工作任务3：掌握客户信息的收集和分析

**知识窗1**：客户信息的收集和分析的步骤，见图1-4。

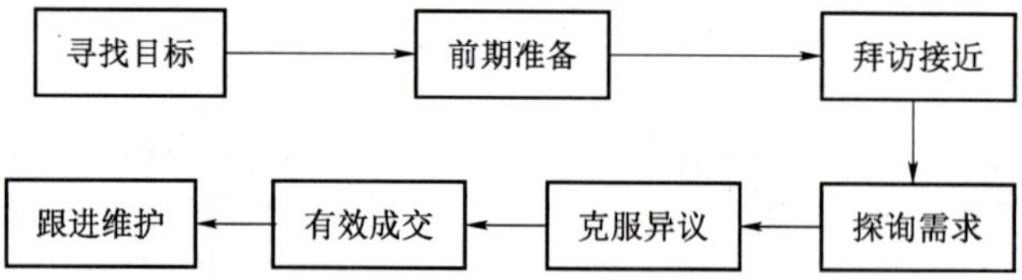


图1-4　客户信息的收集和分析的步骤

**知识窗2**：目标客户的寻找

基本思路：明确业务的功能定位，进行市场细分！

各主要快递业务的功能是什么，使用者对其有何期望？

**知识窗3**：收集客户信息的类别与方法，见表1-7。

表1-7　收集客户信息的类别与方法

| 类　别 | | 内　容 |
| --- | --- | --- |
| 单位客户信息内容 | 单位客户基础信息 | 单位客户的组织机构、领导人 |
| | | 上级主管部门 |
| | | 各种形式的通信方式 |
| | | 单位的财务状况、信誉 |
| | | 客户的业务情况（主要产品和服务） |
| | | 客户所在的行业基本状况等 |
| | | 客户的竞争地位和主要竞争对手 |
| | 针对该客户的竞争对手情况 | 针对该客户的竞争对手是谁，他们的关系怎样 |
| | | 客户使用竞争对手产品的情况 |
| | | 客户对竞争对手产品的满意度 |
| | | 竞争对手的客户代表的名字、销售的特点 |
| | | 该客户代表与客户的关系 |

续表

<table>
<tr><th colspan="2">类　别</th><th>内　容</th></tr>
<tr><td rowspan="10">单位客户信息内容</td><td rowspan="3">客户有关的年度重大事件</td><td>厂庆、店庆、业务周年庆等庆典</td></tr>
<tr><td>新产品推出、上新产品线、调整经营政策等重大事件</td></tr>
<tr><td>获得重大奖项等喜讯</td></tr>
<tr><td rowspan="7">关键客户个人资料</td><td>相关重大节日</td></tr>
<tr><td>关键个人的姓名</td></tr>
<tr><td>关键个人在客户单位的情况：任职情况、在机构中的作用、与客户机构其他同事之间的关系、工作目标、个人发展计划和志向等</td></tr>
<tr><td>个人喜好：喜欢的运动、餐厅、食物、宠物（喜欢宠物吗？是什么？）、阅读偏好（喜欢的书和杂志是什么？）</td></tr>
<tr><td>个人经历：家乡、求学经历、毕业的大学和专业、从军经历（部队）</td></tr>
<tr><td>家庭情况：有爱人吗？有孩子吗？他们在做什么？有车吗？住在哪？</td></tr>
<tr><td colspan="2" rowspan="5">单位客户信息搜集途径方法</td><td>经常走访客户</td></tr>
<tr><td>通过客户的内部职员、网站、热线电话、服务电话、客户企业的广告、宣传册、产品介绍、POP 广告、技术刊物、产品目录、商业新闻报道等搜集信息</td></tr>
<tr><td>通过企业的营业记录、前台信息记录、服务电话、投递信息等搜集信息</td></tr>
<tr><td>通过企业的员工等搜集信息</td></tr>
<tr><td>通过大众传媒等公开渠道</td></tr>
<tr><td colspan="2" rowspan="8">分析单位客户的信息、寻找快递商机</td><td>大的环境变化（政策、自然、竞争）对客户带来的压力和机会</td></tr>
<tr><td>现有服务提供商的不足、失误</td></tr>
<tr><td>客户的发展战略</td></tr>
<tr><td>客户的优劣势分析</td></tr>
<tr><td>重大的节日的活动</td></tr>
<tr><td>与政府的各项活动</td></tr>
<tr><td>当地的资源优势</td></tr>
<tr><td>快递业务的连带关系</td></tr>
</table>

续表

<table>
<tr><th colspan="2">类　别</th><th colspan="2">内　容</th></tr>
<tr><td colspan="2" rowspan="10">个人客户信息收集</td><td colspan="2">姓名、性别、年龄、联系方式</td></tr>
<tr><td rowspan="6">家庭生命周期</td><td>青年单身期：参加工作—结婚，一般1～5年，收入低，财力弱，支出大主要是投资自己</td></tr>
<tr><td>家庭形成期：结婚—新生儿诞生，一般1～5年，收入增加，为提高生活质量的开支增加</td></tr>
<tr><td>家庭成长期：小孩出生—高中毕业，一般为9～15年，收入增加，费用增加</td></tr>
<tr><td>子女教育期：小孩上大学时期，一般4～8年，教育开支大，财务负担重</td></tr>
<tr><td>家庭成熟期：子女参加工作—家长退休，一般15年左右，工作能力和经济达到高峰</td></tr>
<tr><td>退休养老期</td></tr>
<tr><td colspan="2">经济状况</td></tr>
<tr><td colspan="2">性格</td></tr>
<tr><td colspan="2">使用快递业务情况</td></tr>
<tr><td rowspan="15">散户信息搜集方法</td><td rowspan="7">观察什么</td><td colspan="2">衣着配饰</td></tr>
<tr><td colspan="2">体貌特征</td></tr>
<tr><td colspan="2">行为习惯</td></tr>
<tr><td colspan="2">面部表情</td></tr>
<tr><td colspan="2">交通工具</td></tr>
<tr><td colspan="2">通信工具</td></tr>
<tr><td colspan="2">随行人员</td></tr>
<tr><td rowspan="8">判断顾客的角度</td><td colspan="2">年龄</td></tr>
<tr><td colspan="2">所处家庭生命周期</td></tr>
<tr><td colspan="2">性格特征</td></tr>
<tr><td colspan="2">文化程度</td></tr>
<tr><td colspan="2">职业、职位</td></tr>
<tr><td colspan="2">收入水平</td></tr>
<tr><td colspan="2">消费类型</td></tr>
<tr><td colspan="2">对快递的态度</td></tr>
</table>

续表

| 类别 | | 内容 |
|---|---|---|
| 散户信息搜集方法 | 表情判断/怎样从对方的状态，表情，动作，看透一个人 | 当你与对方滔滔不绝地讲述某事时，而对方并没有答复，心不在焉，甚至突然转移无关的话题，说明他对你说的不感兴趣，你应该顺着他说的话题继续交流 |
| | | 当你与对方，面对而坐，交谈时，对方神情不定，手无处摆放，双腿成紧靠的紧张状态，你可能涉及个人隐私的内容，需应立即停止话题 |
| | | 当你与对方，谈话时，从对方的表情，上扬的嘴角，一直保持微笑，脸部表情显得夸张，说明他并没有很认真倾听你讲的话 |
| | | 倾听他人叙述与谈话时，可以的话尽可能看着对方的眼睛，有两个作用：① 可以从对方的双目细微的变化，判断他所讲述事情的真实性和重要性；② 可以让人感到你十分认真地倾听和尊重他所讲述的事情。这样也会减少对方对你说谎言的概率，因为看着你的眼睛，对方很难说出谎言 |
| | | 在谈话时，如果对方不断打断你且语言犀利，可以看出他的性格有点强势；如果他刻意钻牛角尖，打断你的话，而无实际可靠信息与内容，则可以判断他应该只是在加强他的存在感 |
| | | 当你与对方交流时，对方手抱胸，面无表情，对你的话题不给予回答，说明他对此话题并不感兴趣 |

### 工作任务 4：熟悉制订快递客户开发计划

**知识窗 1：选择客户群体**

客户的选择或者说目标客户的定位，是快递客户开发工作的基础。在不同阶段，快递企业选择的客户群是不一样的。在快递企业发展初期，往往先选择中、小型客户；而企业发展到一定规模时，则将中、高端客户群或大客户作为开发对象。

**知识窗 2：选择沟通的方式**

当积累了一定数量的客户后，快递企业需要确定与客户取得联系的方式并取得客户的信任。与客户取得联系的方式可采用电话联系、上门拜访、直邮广告（DM）、派件服务等形式。

**知识窗 3：制订相应时间表**

时间表可以规范快递开发工作的进展。时间表的好处在于有规定的期限，使业务人员能够更好地把握自己的工作进度。在制订时间表时，需要有一定弹性，力求能够严格按照规定时间完成规定的客户开发工作。时间表虽然是根据不同的客户来制订的，并不一定适合每一位客户，应根据工作的进展适时调整。时间表主要包括：计划的制订与总体时间安排；计划施行的具体时间段，如准备工作（材料的搜集整理等）时间、客户的沟通与反馈整理时间、效果评估时间等；阶段总结与开发效果评估的时间等。

**知识窗 4：制订客户开发的策略**

客户开发策略一般有以下三种。

1. 分两步走策略。

分两步走策略指的是对于那些刚进快递业的客户，在客户成员的选择上不必固守一步到位的原则，允许市场上客户对快递企业以及快递业务员有个认识、接受、欣赏的过程。第一步，在与客户交易初期，接受所有客户的交易合作；第二步，待到时机成熟，与客户多次接触、交易后，与客户从陌生到认识再到熟悉，进而逐渐把客户转变为忠诚的客户的策略。

2. 亦步亦趋策略。

亦步亦趋策略指的是快递企业采用与某个参照公司相同等级的快递业务，而这个参照公司多为该企业所在的行业的市场领先者。行业中的市场领先者通常是快递业务中的领先者，所推广的业务必定有其特色之处，应是快递业务员需要学习的。

3. 逆向拉动策略。

逆向拉动策略指的是从有需求的客户开始，通过高效的快递和优质的服务，实现客户更高的满意度，通过良好的客户口碑拉动客户周围群体的策略。在一般情况下，实力强的快递企业适合采取这一策略。

企业可以根据自己的实际情况选择客户开发战略，而客户开发战略的拟订和选择需要根据快递企业竞争情况、自身资源状况而定。

知识窗 5：效果的评估

效果评估主要包括：对客户反馈的意见加以分析并找出企业存在的问题；客户是否愿意进行电话交流；客户是否打电话询问更详细的问题或提出更多的要求；客户是否要求企业做出快递服务预案等。

客户开发工作不可能一蹴而就，需要逐步推进。快递客户开发计划的目标要适度，否则会造成两大弊端：一是业务人员产生急功近利的思想；二是任务过重完不成，会损害业务人员的积极性，不利于客户的开发。客户开发计划制订的步骤，可以根据客户开发计划表总结相关内容，采用潜在新客户开发计划制订的模板，见表 1-8。

**表 1-8　新客户开发计划制订的模板**

| 类别 | 考核指标 | |
|---|---|---|
| 确定目标客户 | 确定目标客户的行业、类型、规模及业务偏好 | |
| | 为现有的快递产品寻找新的客户 | |
| | 满足现有客户对新产品的需求 | |
| | 开发新的快递产品满足新的客户需求 | |
| 制订客户开发计划 | 分析客户需求 | 客户需要的快递产品和要求 |
| | | 客户目前使用的同类快递产品的分析，包括快递产品的种类、特点、价格等 |
| | | 客户状况分析，包括快递业务量、财务状况、信用分析等 |
| | 分析企业自身能力，包括服务水平、服务范围、信息网络技术、运营能力等 | |
| | 确定开发过程 | 制订具体的开发步骤和时间 |
| | | 指定开发关键行动措施的实施负责人 |

### 工作任务5：掌握制订客户开发计划的原则

知识窗1：在开发客户之前，要确定好开发对象的范围，也就是要进行市场细分，提高寻找潜在客户的效率，要使细分后的市场对企业有用，应遵循以下原则。

知识窗2-1：实用性。快递客户开发计划方案必须保持其实用性。为使客户开发计划具有实用性，必须围绕经营目标确定工作方针，根据方针来制订快递客户开发方法。

知识窗2-2：创新性。创新是民族进步的灵魂，是快递企业兴旺发达的不竭动力。随着经济社会的发展，客户对快递服务的要求不断提升，快递市场的竞争态势不断变化，快递企业营销人员开发客户的难度也在不断增加。制订客户开发计划要适应新形势变化的需要，不断创新，与时俱进。

知识窗2-3：效益性，是指企业所选定的快递市场部分的规模必须足以使企业能获得更多利益。如果细分的快递市场的规模很小，不能给企业带来足够的经济利益，一般就不值得细分和开发。

知识窗3：随着市场竞争的日趋激烈，业务员要想发掘更多的客户，就必须注意身边的人和事，想办法接近关键人物，成为他们的朋友。选好目标客户，才能从中甄选出潜在客户。要学会通过老客户发展新客户，它的作用往往比广告更有效。对正在开发中的客户，必须建立潜在客户的资料档案，并对潜在客户进行市场细分，列出重点，以便有计划、有步骤的开展营销活动。

### 工作任务6：掌握客户开发的方式

知识窗1：建立良好的服务体系。良好的服务体系是开发快递客户的基本途径。没有良好的服务体系作为基础，再好的客户开发途径也不可能有效展开。

知识窗2：进行市场定位。快递服务市场竞争日趋激烈，客户的需求不断发生变化。运用产品或服务的特征吸引客户，建立起一支适合企业发展、能与企业长期合作的客户群，是市场定位的最终目的。

知识窗3：用优质产品或服务吸引客户。在现实生活中，潜在的客户很多，需要用优质的产品或服务去开发。业务人员要做到善于观察和总结，树立企业的形象，提高客户的信任程度。

知识窗4：建立长期稳定的客户群。稳定的客户群是企业利润和可持续发展的最为重要的保障。为客户提供持续的、个性化的解决方案并优先保证大客户的服务。可以定期组织企业高层主管与大客户之间的座谈会，听取他们的意见和建议，加深感情，增强客户对企业的忠诚度。

### 工作任务7：熟悉制订客户开发计划应注意的相关事项

知识窗1：快递客户开发计划要明确所需要的支持。客户开发过程中必然会遇到很多困难，单靠个别业务人员的个人能力是无法完成的，需要整个团队协同作战。这就要求企业不仅要提供人力支持，同时还要有资金和政策上的支持，应明确人员分工、资金投入、策略运用等，使客户开发工作不是无源之水、无本之木。

知识窗2：快递客户开发计划要有目标、可预见效果及对客户的后期影响评估。用具体可量化的数字，能够使决策者直观地了解所要开发客户的状况；通过对客户开发计划的可预见效果分析及对客户的后期影响评估，便于决策者做出切实可行的决定。

知识窗3：制订快递客户开发计划应准备相应的材料，包括一份详细的企业简介；企业的基本快递物料材料（如文件袋和文件封、安全包装材料等），详细的信息反馈卡等，以确定快递客户的价值取向，完善快递客户开发的相应流程。

知识窗 4：制订一个好的快递客户开发计划，还需要业务部门深入客户调查研究，结合快递市场的发展以及企业的实际情况适时调整完善计划，及时总结创新。

# 工作情境 2　运　　单

工作场景 1：运单相关描述
工作场景 2：运单填写操作
工作场景 3：运单等的粘贴

## 学习目标

素质目标：认知运单的组成、运单的类型、长途区号中容易混淆的常见代码
知识目标：熟悉运单各联的功能、运单不规范填写带来的问题
技能目标：掌握运单填写规范，数字、字母书写规范与常见错误，运单与标识的粘贴
拓展目标：了解运单常识、运单的图例

## 工作场景 1　运单相关描述

知识点：运单常识、运单的组成
关键技能点：运单各联的功能、运单的类型

### 工作任务 1：了解运单常识

知识窗 1：运单是填写客户信息以及快件信息的单证，每一联运单代表不同的意义与用途，是公司业务的标志。

知识窗 2：无论采用哪种方式进行分拣作业，都要根据客户填写的快件运单信息和操作人员输入的客户信息进行分拣。运单的填写是否准确、快件包装规格是否符合标准，这两者都决定快件能否准确和快速地进行分拣。

知识窗 3：快递运单，又称快件详情单，是快递企业为寄件人准备的，由寄件人或其代理人填写并签发的重要运输单据，是快递企业与寄件人之间的寄递合同，其内容对双方均具有约束力。当寄件人以物品所有人或代理人的名义，填写并签署快件运单后，即表示接受和遵守本运单的背书条款，并受法律保护。

### 工作任务 2：认知运单的组成

知识窗 1：运单是一种格式合同，由正面寄递信息和背书条款两部分组成。

知识窗 2：运单正面内容是对快件涉及信息的详细描述，主要包括寄件人信息、收件人信息、寄递物品性质、重量、资费、数量、寄件人签名、收件人签名、寄件日期、收件日期、付款方式、业务员名称或工号等内容。每一份运单正面都有一个条形码，通过将条形码与运单内容绑定，可以在快件运输途中方便地查询和操作。

知识窗 3：运单背书条款是确定快递企业与客户之间权利、义务的主要内容。背书条款由快递企业和寄件人共同承认、遵守，具有法律效力，自签字之日起确认生效。

### 工作任务 3：熟悉运单各联的功能

知识窗 1：快递运单的正本一式多联，通常包括寄件人存根联、快递企业收寄存根联、收件人存根联、快递企业派件存根联等。由于各种类型的快件所经过的递送环节不完全一致，因此相对应的运单联数也不一致。目前，市场上普遍采用的有一式三联、一式四联、一式五联、一式六联等几种运单。

知识窗 2：常见的运单联及其功能，见表 1-9。

表 1-9　常见的运单联及其功能

| 运单联 | 功　能 |
|---|---|
| 寄件人存根联 | 业务员将该联运单交给寄件人保存，它是收取寄付费用的依据，也是寄件人查询快件状态的依据 |
| 快递企业收件存根联 | 为寄件分点部存根，业务员成功收取客户寄递的快件后，将该联运单取下交给收寄处理点的工作人员。快递企业须将该联运单内容录入信息系统，以便客户通过网络查询快件状态。它是快递企业收寄快件的记账凭证，是营业收入的原始依据、业务员收件票数统计的依据，同时也是客户寄件信息录入系统的源头 |
| 收件人存根联 | 快件派送成功后，业务员将该联运单交给签收快件的客户保存。该联运单是客户签收快件的证明，是快递企业收取到付费用及记账款的依据，是快件出现问题时投诉和理赔的依据 |
| 快递企业派件存根联 | 为派件分点部存根，该联运单随快件同行，在快件到达目的地派送成功后，业务员将其取下交给收寄处理点的工作人员。该联运单是签收客户（收件人）核收快件的依据，也是快件派送企业统计派送票数和派送营业收入的统计依据 |
| 其他运单联 | 各快递企业根据业务实际需求所设计的、用作其他用途的运单联 |

### 工作任务 4：掌握运单的类型

知识窗：

- 国内件运单：以各个区的原寄地区号代码开头的运单，用于收取国内的快件，该类运单一般有四联。
- 香港件运单：以各个区的原寄地区号代码开头的运单，用于中国内地寄往中国香港地区的快件。由于出口报关的需求，该类运单一般有六联。
- 回单：是指应寄件客户需求，需快递公司在派送快件时，出具的由该寄件客户提供并需快件收件方客户签名的收条或收货单之类的单据。
- 签收单：指客户已经签收的派件单（“本公司派件存根”联）。

## 工作场景 2　运单填写操作

知识点：运单不规范填写带来的问题

关键技能点：国内件运单填写规范、数字字母书写规范与常见错误、长途区号中容易混淆的常见代码

运单填写规范

### 工作任务 1：掌握国内件运单填写规范

知识窗：国内件运单填写规范，见表 1-10。

**表1-10　国内件运单填写规范**

| | | |
|---|---|---|
| 运单填写的总体要求 | 填写内容要求 | 每份运单各联所填写的内容必须保持一致，运单内容填写规范、完整。原始运单信息尽可能完整、准确 |
| | | 使用蓝、黑色笔书写或打印，禁止使用铅笔或红色笔书写。书写、打印的运单信息要保证最后一联的字迹都能清晰辨认。不得使用潦草字体、汉语拼音、同音字、不规范的简化字代替。如果使用少数民族文字，应当加注汉字；用外文或汉语拼音写的，也应当加注汉字名址 |
| | | 运单每联填写字迹工整，刚劲有力，确保运单各联内容清晰可见，数字栏填写不能过大，不能压底线或超出运单方框的范围 |
| | | 运单上不得写有“秘密”“机密”“绝密”以及部队番号、代号和暗语等 |
| | 填写人员要求 | 客户填写：寄件公司资料栏、收件公司资料栏、托寄物详细资料栏、寄件日期栏、派件日期栏、寄件人签名或盖章栏、收件人签名栏、附加业务类型栏内保价栏中的“声明价值”<br>注意：针对客户填写的资料，收派员须引导客户正确填写，并检查资料填写的规范性 |
| | | 收派员填写：自取件栏、目的地代码栏、原寄地代码栏、收件员工号栏、派件员工号栏、付款方式栏、运费重量栏、附加业务类型栏（除保价栏中的“声明价值”） |
| | | 备注栏：由需要的人员填写 |
| 国内件运单填写具体要求 | “寄件人信息”栏 | 客户编码：寄件时填写。填写寄件方客户的唯一标识。月结客户的客户编码直接填写月结账号，作为唯一标识（说明：客户编码与结算方式无关）；散单客户编码以呼叫中心系统保存的客户资料中第一个电话号码自动生成客户编码，根据订单中已体现的客户编码，指引客户填写。如无法确认寄件方客户编码，此栏可留空，不可随意填写，同时提醒客户致电服务热线或登录公司网站查询获取客户编码，以便下次使用 |
| | | 寄件公司：填写寄件公司的全称，如为个人寄件则“寄件公司”一栏留空；不得虚拟公司名称 |
| | | 联络人：填写寄件人全名，字迹工整、不许简写 |
| | | 地址：必须填写寄件人单位、居所或者收件时的详细地址；如为流动客户，可以填写其居所地址，同时引导客户填写到详细的区、街道、门牌等 |
| | | 区号：填写寄件所在城市的区号，根据分拣编码查找 |
| | | 联系电话：必须填写可联络到寄件人的固定电话或手机号码 |
| | | 寄件日期：原则上由寄件人填写收件日期，如果寄件人没有填写，由收派员填写 |
| | | MSG：在MSG前面的框内打“√”，同时在“联系电话”一栏填写手机号码，就可享受短信免费提醒服务 |
| | “收件人信息”栏 | 客户编码：派件时填写。填写收件方客户的唯一标识。其他内容同“寄件人信息”栏中的“客户编码” |
| | | 收件公司：填写收件公司的全称，如为个人收件则“收件公司”一栏留空；不得虚拟公司名称 |

续表

<table>
<tr><td rowspan="15">国内件运单填写具体要求</td><td rowspan="7">“收件人信息”栏</td><td colspan="2">联络人：填写收件人全名，不允许出现“×小姐”“财务科王收”“李先生”等字样，要求字迹工整、不许简写</td></tr>
<tr><td rowspan="3">地址：必须填写收件人单位、居所的详细地址或者寄件人指定的交付快件地址</td><td>按“××省××市××镇××村××工业区××栋（大厦）××楼××单元××室”或“××省××市××区××街道（路）××号××大厦××楼××单元××室”先后顺序详细填写，可方便快件分拨和收派员派送</td></tr>
<tr><td>因各地区的购物广场、大型商城、超市、集贸市场等地点楼层复杂且专柜较多，凡寄往此类地址的快件，需注明专柜名称及号码</td></tr>
<tr><td>对于自取件，原则上与非自取快件的“收件公司地址栏”填写要求一致。客户提供至少详细到区（镇、乡、村）一级的行政地址</td></tr>
<tr><td colspan="2">区号：正确填写收件所在城市的区号，根据分拣编码查找</td></tr>
<tr><td colspan="2">固定电话：必须填写可联系到收件人的固定电话或者手机号码，固定电话有分机号的写上分机号，数字填写要清晰</td></tr>
<tr><td colspan="2">收件日期：原则上由收件人填写收件日期，如果收件人没有填写，由收派员填写</td></tr>
<tr><td rowspan="2">“托寄物详细资料”栏</td><td colspan="2">托寄物内容：必须填写详细、准确的快件内容，须确保运单上填写的内容与实际托寄物品一致。不允许笼统字眼描述，如“样板”“零件”“纸品”“塑料”等。出口件的寄递物品需根据物品性质、材料来详细申报，例如衫、裤要注明为针织、棉、毛、皮、人造皮革、化纤等，玩具要注明为布、塑料、毛绒等，以保证快件发运过程中，安全检查正常及通关顺利</td></tr>
<tr><td colspan="2">数量：运单填写数量必须与托寄物实际数量相符，并按照最小计量单位进行计量，且需标明单位“个、件、只、把、片”等</td></tr>
<tr><td>“体积重量”栏</td><td colspan="2">体积重量：该栏只针对轻抛物（指实际重量小于体积重量），非轻抛物不需填写。在对应的空格内填上长、宽、高（不规则物品，包括圆锥体、圆柱状等，按长、宽、高三个方向的最大尺寸进行计量），并根据运输方式计算重量；一票多件轻抛物，若每件轻抛物的尺寸不一样，则逐件列出计算，然后相加；若每件轻抛物的尺寸一样，则只需要计算一件后乘以件数即可；具体计算方法：①航空件：长（厘米）×宽（厘米）×高（厘米）÷6 000；②非航空件：长（厘米）×宽（厘米）×高（厘米）÷12 000</td></tr>
<tr><td rowspan="2">“业务类型”栏</td><td colspan="2">业务类型：业务类型只能选择一种，在对应的业务类型方框中打“√”选择，此项必须填写，不得遗漏</td></tr>
<tr><td colspan="2">修改业务类型：在正确的业务类型方框中打“√”，并画圈；且须在各联运单业务类型栏加盖“更改确认章”，修改内容各联运单必须保持一致。如一份运单存在两次（包含）以上业务类型更改，则需重新填写一份新运单</td></tr>
<tr><td rowspan="3">“附加业务类型”栏</td><td colspan="2">在运单对应业务“□”打“√”确认，同时填写各项附加业务规定的内容</td></tr>
<tr><td colspan="2">代收货款：“卡号”栏填写代收货款客户的代收货款卡号；“金额”栏填写小写的代收金额，并标明货币符号</td></tr>
<tr><td colspan="2">签回单：将回单运单的单号贴纸贴在运单“本公司收件存根”联的左上角</td></tr>
</table>

续表

<table>
<tr><td rowspan="18">国内件运单填写具体要求</td><td rowspan="8">“附加业务类型”栏</td><td colspan="2">夜晚收件：填写夜晚收件服务费</td></tr>
<tr><td colspan="2">指定派送时间：填写指定派送的时间</td></tr>
<tr><td colspan="2">等通知派送：付款方式为寄付时才可选择此项业务，派送时间栏先不需要填写</td></tr>
<tr><td colspan="2">包装：按照客户的包装要求填写（如：纸袋、纸箱、木箱、无）</td></tr>
<tr><td colspan="2">其他：根据相关业务规则填写</td></tr>
<tr><td rowspan="3">保价：无论客户是否选择保价，收派员必须引导客户如实填写单票货物的“声明价值”</td><td>如客户选择保价，在“是否保价”的选择栏内勾选“是”，根据声明价值计算“保价费用”，将“保价费用”填写在“费用”一栏</td></tr>
<tr><td>如客户不选择保价，在“是否保价”的选择栏内勾选“否”，“费用”栏用横线画掉</td></tr>
<tr><td>保价业务的修改：若仅对是否保价选项进行修改，则修改要求参照付款方式的更改要求。<br>若需对保价费用进行修改，则不得修改费用栏内的数值，需在备注栏进行说明，填写要求：更改保费为××元。如果因为声明价值的修改而导致保费更改，则填写要求：更改声明价值为××元，保费为××元。在运单各联备注栏的右上角加盖“更改确认章”，印章不得覆盖数字</td></tr>
<tr><td rowspan="10">“费用”栏</td><td colspan="2">件数：“件数”栏应填写该票快件单独包装的数量；对一票多件的快件运单件数的填写，应注明总件数和本件的流水序号</td></tr>
<tr><td colspan="2">实际重量：将货物称重重量填入运单“实际重量”栏内（精确到小数点后一位数），1千克以上快件必须填写实际重量</td></tr>
<tr><td rowspan="4">计费重量：填写计算运费的重量</td><td>计费重量单位为千克</td></tr>
<tr><td>若货物实际重量大于体积重量，则以货物的实际重量确定为计费重量</td></tr>
<tr><td>若货物体积重量大于实际重量，则以货物的轻抛重量确定为计费重量</td></tr>
<tr><td>如为子母件时，则遵循“取大优先、大大相加”的原则，即计费重量栏填写的重量为各单件最大重量之和</td></tr>
<tr><td colspan="2">运费：填写由计费重量计算得出的数值，无须加填任何货币符号，运费按照“四舍五入”计算</td></tr>
<tr><td colspan="2">费用合计：填写运费与“附加业务类型”中所产生的所有附加服务费用的总和，即：费用合计=运费+附加费用</td></tr>
<tr><td rowspan="2">重量、运费、费用合计的修改：若需对计费重量、运费或费用合计进行修改，原则上要求更换运单；如遇特殊情况无法更换，则不得直接更改原填写栏内的数值，须按要求进行修改</td><td>若仅需对计费重量、运费、附加服务费或费用合计其中一栏进行修改，则直接在备注栏注明正确的信息即可。填写格式为“更改××为××”，并在每一联运单备注栏的右上角盖“更改确认章”，印章不得覆盖数字</td></tr>
<tr><td>若对计费重量、运费、附加服务费或费用合计的其中两栏及以上内容进行修改，则须将修改的内容在备注栏全部详细说明，填写格式为“更改××为××，更改××为××”，并在每一联运单备注栏的右上角盖“更改确认章”，印章不应覆盖数字</td></tr>
</table>

续表

<table>
<tr><td rowspan="12">国内件运单填写具体要求</td><td rowspan="3">“地区代码”栏</td><td colspan="2">原寄地：寄方收件员填写其所在分点部的详细代码</td></tr>
<tr><td colspan="2">目的地：寄方收件员填写目的地城市代码。快件到达目的地派送后，派件员必须补充填写派件分点部详细代码</td></tr>
<tr><td colspan="2">自取件：在征得客户同意自取后，由寄方收件员在“自取件”栏内打“√”，客户需在备注栏注明“同意自取”，并签名</td></tr>
<tr><td rowspan="9">“附款方式”栏</td><td rowspan="6">付款方式填写：由客户确定具体的付款方式</td><td>寄付现结：在“寄方付”方框内打“√”</td></tr>
<tr><td>寄付月结：在“寄方付”方框内打“√”，并在“月结账号”栏内填写完整有效的 10 位数字的月结账号</td></tr>
<tr><td>寄付转第三方付款（含转区内月结付款）：在“寄方付”“第三方付”两个方框内打“√”；在“月结账号”栏写上完整有效的第三方付款月结账号；在“第三方付款地区”栏填写由寄件客户提供的第三方付款客户的公司名称、联系人、联系电话及第三方公司所属的城市或网点代码</td></tr>
<tr><td>到付：寄件时，只需在“收方付”方框内打“√”即可</td></tr>
<tr><td>到付月结：收方收派员在派件时，如收方客户为月结客户，且选择月结方式结算，则需在“月结账号”栏内补充填写完整有效的 10 位数字的月结账号。不允许寄件时选择到付月结或到付转第三方付款</td></tr>
<tr><td>到付转第三方月结付款：收派员在派送到付快件时，如收方客户要求转第三方付款，则在“第三方付”方框内打“√”；在“月结账号”栏写上完整有效的第三方付款月结账号；在“第三方付款地区”栏写上由收件客户提供的第三方付款客户的公司名称、联系人、联系电话及第三方付款公司所属的城市或网点代码</td></tr>
<tr><td rowspan="3">付款方式更改</td><td>收派员发现快件付款方式标识错误，须在运单各联更正后的付款方式标识框内打“√”标识，并在最终的付款方标识框上打“○”，进行最终确认，并在“付款方式”处盖“更改确认章”；印章不得覆盖运单上原有及更改后的付款方式信息</td></tr>
<tr><td>派件方发现付款方式不清晰或需更改付款方式时，如原付款方式中未画圈标示，则在正确的付款方式方框内画圈确认，并在“付款方式”处盖“更改确认章”；加盖的“更改确认章”不得覆盖运单上原有及更改后的付款方式信息。如付款方式处已有画圈确认的付款方式但派件方无法判断付款方式，在确认付款方式后需要修改时，不能在原付款方式栏修改；须在备注栏中注明更改信息，填写要求：更改付款方式为“×付”。如，更改付款方式为“寄付”，并在备注栏右上角盖“更改确认章”</td></tr>
<tr><td>如需将月结更改为现金付款，收派员对运单各联更改后的付款方式进行确认，同时在已填写的月结账号数字或第三方信息中加画横线，以示删除；并在每一联运单的“付款方式”处盖“更改确认章”</td></tr>
</table>

续表

<table>
<tr><td rowspan="16">国内件运单填写具体要求</td><td rowspan="2">“附款方式”栏</td><td rowspan="2">付款方式更改</td><td>对于更改过付款方式的运单（包括客户高级代表通知更改的问题件），收派员须在相关运单联的“付款方式”处加盖“更改确认章”进行确认，加盖的“更改确认章”不得覆盖运单上原有及更改后的付款方式信息</td></tr>
<tr><td>如修改付款方式时涉及运费变动，须在“备注”栏中注明“更改运费为××元”，如因问题件产生需要修改时，则在“备注”栏中注明：“客服××通知应收运费为××元”，并在运单每一联备注栏右上角及付款方式处盖“更改确认章”</td></tr>
<tr><td rowspan="2">“收派员信息”栏</td><td colspan="2">收件员：收件时填写收件人员的工号，逐格填写</td></tr>
<tr><td colspan="2">派件员：派件时填写派件人员的工号，逐格填写</td></tr>
<tr><td rowspan="3">“寄件人签署”栏</td><td colspan="2">必须有寄件人本人或者代寄交付人的真实签名，必须由客户亲笔签字，或者盖寄件人所在公司的印章。若盖章，须在运单的每一联上都加盖，并且清晰可辨</td></tr>
<tr><td colspan="2">如客户签名无法辨认，收派员须询问客户姓名，在签名旁边用正楷注明客户姓名，允许客户以英文签名；收派员不得替代客户签名</td></tr>
<tr><td colspan="2">日期：根据实际的寄件时间，按××月××日××时××分（24小时制）准确填写，必须由寄件人填写，收派员不得替代填写寄件日期与时间</td></tr>
<tr><td rowspan="4">“收件人签收”栏</td><td colspan="2">派件时必须由收件人本人填写。如果是收件人指定代收人收件，则必须写上“代收”字样，如为公司盖章，须清晰可辨</td></tr>
<tr><td colspan="2">如客户签名无法辨认，收派员须询问客户姓名，在签名旁边用正楷注明客户姓名，允许客户以英文签名；收派员不得替代客户签名</td></tr>
<tr><td colspan="2">日期：根据实际的派件时间，按××月××日××时××分（24小时制）准确填写，必须由收件人填写，收派员不得替代填写派件日期与时间</td></tr>
<tr><td colspan="2">如为自取件，还需要客户出示有效证件，并在收件人签名旁边注明证件号码</td></tr>
<tr><td rowspan="2">“备注”栏</td><td colspan="2">如果是自取快件，在自取栏内打“√”，由寄方客户在备注栏中注明“同意自取”字样，并亲笔签名确认；如果是自寄件，须在备注栏注明“自寄”</td></tr>
<tr><td colspan="2">填写客户对此份快件的特殊要求或运单内容修改的说明等</td></tr>
<tr><td rowspan="3">免费件的规范填单</td><td colspan="2">所有免费快件必须按运单填写的要求，在各联运单上完整、规范地填写运单内容，其中在件数栏、重量栏、运费栏、合计栏里必须如实填写完整，并在备注栏里注明“免费件”及免费原因</td></tr>
<tr><td colspan="2">如因损坏或遗失造成的免费件，须在免费原因旁注明原单号</td></tr>
<tr><td colspan="2">分部所有的免费件，必须由寄件分部的经理在各联运单的备注栏内签名确认；区部所有的免费件，必须由区营运部高级经理在各联运单的备注栏内签名确认</td></tr>
</table>

续表

| | |
|---|---|
| 其他要求 | 收派员必须严格按照以上规范进行操作 |
| | 对于运单修改，不得对运单上同一内容进行两次及以上修改，如确实需要对已作过修改的内容进行再次修改，收派员必须重新填写运单 |
| | 对快件重量、费用及付款方式的修改，须在运单各联加盖更改确认章，且印章不得覆盖数字，并确保运单各联修改内容保持一致 |
| | 收件地址栏：收派员必须在收件现场，对地址填写是否详细进行检查，若发现地址不详，必须当场指导客户，填写详细的地址，严禁虚拟或伪造地址 |
| | 件数、计费重量、运费、实际重量及其他数字栏的填写：必须填写在方框内，不得压线或超出方框范围，需注意数字与数字的区别，确保书写的工整清晰 |

## 工作任务2：熟悉运单不规范填写带来的问题

**知识窗**：运单不规范填写带来的问题，见表1-11。

表1-11　运单不规范填写带来的问题

| 栏目名称 | 填写规范要求 | 不规范填写带来的问题 |
|---|---|---|
| 原寄地代码 | 明确详细的分点部代码，清晰工整 | 1. 不能体现分点部的业务状况<br>2. 账务信息不准确<br>3. 影响运单信息录入的准确，无法通过网络代码的校验 |
| 目的地代码 | | |
| 付款方式 | 清晰工整有力，如果有更改，需要按运单填写规定打“○”确认，并且加盖确认的印章 | 1. 输单员不能明确正确的付款方式，运单录错的概率会增大<br>2. 会导致输单员录错运单的资料<br>3. 账务部门会收错营业款 |
| 月结账号 | 准确、清晰、工整填写公司规定的若干位数字的账号 | 1. 录入过程中无法通过月结账号的校验，会影响及时录入、限时扫描<br>2. 影响客服正常的查询<br>3. 导致在客户之间“串账”，造成款项无法回收或回收延误 |
| 收件员工号 | 清晰、工整、无遗漏 | 1. 影响运单准确信息的录入<br>2. 录入过程中无法通过工号的校验，会影响及时录入、限时扫描<br>3. 影响财务部门收缴营业款<br>4. 影响客服正常的查询<br>5. 影响员工奖金计提 |
| 派件员工号 | | |

续表

| 栏目名称 | 填写规范要求 | 不规范填写带来的问题 |
|---|---|---|
| 寄件日期 | 规范、清晰、工整、用力，按24小时制填写 | 1. 影响财务账期<br>2. 影响客服正常的查询<br>3. 影响限时派送，以及公司的服务承诺 |
| 收件日期 | | |
| 件数 | 清晰、工整、无遗漏 | 影响快件的正常分拨 |
| 计费重量 | 规范、清晰、工整、用力 | 1. 导致错误计算运费<br>2. 导致系统中的运费错误<br>3. 影响财务部门收缴营业散单的款项，以及月结款<br>4. 增加其他岗位人员的核对工作量<br>5. 影响公司形象 |
| 运费 | | 1. 影响财务部门收缴营业散单的款项，以及月结款<br>2. 造成增加了交叉验证报表的内容<br>3. 增加其他岗位人员的核对工作量<br>4. 影响公司形象 |
| 寄件栏 | 清晰、工整，无遗漏 | 1. 无法录入完整的运单信息和客户信息<br>2. 影响客服正常的查询 |
| 收件栏 | 清晰、工整，无遗漏，尤其是客户的联系电话清晰、准确、不多位少位 | 1. 影响快件的正常派送<br>2. 影响客服正常的查询<br>3. 影响手持终端与扫描枪的正常操作<br>4. 影响自动化、半自动化分拣基础数据的准确性 |
| 寄件人签署 | 不可代签、冒充或伪造客户的签名；尽量要求客户使用正楷字体；如客户签名字迹潦草，收派员应该在旁边用正楷字进行注明 | 1. 影响公司的声誉<br>2. 影响客服正常的查询<br>3. 影响理赔事宜 |
| 收件人签署 | | 1. 影响公司的声誉<br>2. 影响信息的准确录入<br>3. 影响客服正常的查询<br>4. 影响理赔事宜 |
| 托寄物内容 | 清晰、工整，内容正确 | 1. 影响客服正常的查询<br>2. 影响理赔事宜 |

### 工作任务3：掌握数字字母书写规范与常见错误

**知识窗1**：原寄地与目的地的代码、员工的工号、月结的账号，都是重要的运单信息，数字与字母书写的随意性，是导致运单信息错误的主因之一。书写的数字字母必须工整清晰，尤其要注意数字与数字之间、字母与字母之间的区别，也要避免由于数字填写过大、超出各栏的方框线而造成输单错误。

**知识窗2**：数字书写规范，见图1-5。

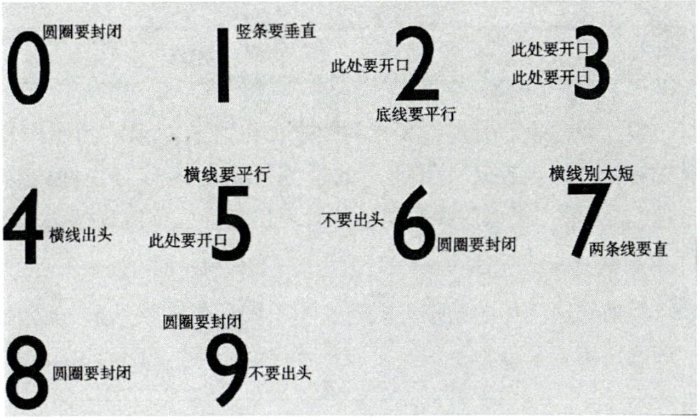


图 1-5 数字书写规范

数字书写要求字迹工整，刚劲有力，不可连笔书写。

- “1”与“2”“7”要区分：“1”连笔书写容易像“2”，上面如有拐角，则像“7”。
- “2”与“7”要区分：“2”后面不带拐角像“7”，“7”下面带拐角，则像“2”。
- “3”“5”“8”要区分：“3”左封口像“8”，右出头像“5”；“5”与“8”连笔书写，容易混淆，“8”上面尽量封口。
- “4”与“9”要区分：“4”要棱角分明，右边笔画书写要出头。
- “6”与“0”要区分：“6”上面如出头不明显，像“0”；“0”如有出头，像“6”。

字母应规范书写，须注意以下几点：

- “B”与“E”要区分：“B”右边要封口、圆润，否则像“E”；“E”如封口，像“B”。
- “F”与“E”要区分：“F”如连笔书写，像“E”；“E”最后一笔要清晰。
- “A”与“H”要区分：“A”如上面不封口，像“H”；“H”上面如靠拢，像“A”。
- “P”与“D”要区分：“P”的底部如不明显，像“D”；“D”如连写，像“P”。

### 工作任务 4：掌握长途区号中容易混淆的常见代码

知识窗：长途区号中容易混淆的常见代码：

| | | |
|---|---|---|
| 常州 519——福州 591 | 保定 312——苏州 512 | 扬州 514——黄石 714 |
| 惠州 752——河源 762 | 清远 763——揭阳 663 | 汕头 754——余姚 574 |
| 湖州 572——厦门 592 | 郑州 371——长沙 731 | 湛江 759——东莞 769 |
| 江门 750——中山 760 | 芜湖 553——烟台 535——秦皇岛 335 | |

## 工作场景 3 运单等的粘贴

知识点：运单的图例

关键技能点：运单的粘贴、标识的粘贴

### 工作任务 1：掌握运单的粘贴

知识窗：在粘贴快件运单时，要安全牢固、醒目平整、便于分拣等，具体的操作要求，见表 1-12。

**表 1-12　运单粘贴的操作要求**

<table>
<tr><th colspan="2">项目</th><th>操作要求</th></tr>
<tr><td colspan="2">运单粘贴位置</td><td>根据快件表面美观、大方的要求，以及从左到右的操作和阅读习惯，运单应粘贴在快件外包装最大平面上的适当位置（运单与快件边缘留出 5 厘米的距离为佳），且要把表面的四个角落位置留出来，以备进行标识、随身携带单证的粘贴</td></tr>
<tr><td colspan="2">运单粘贴方法</td><td>目前普遍使用的粘贴方式有：不干胶运单直接粘贴、借助透明运单袋粘贴两种。透明运单袋又分为不带不干胶的普通运单袋、带不干胶的透明运单袋两种</td></tr>
<tr><td colspan="2" rowspan="6">运单粘贴注意事项</td><td>使用不干胶运单直接粘贴时，应尽量避开骑缝线，以防箱子被挤压时骑缝线裂开，导致运单破损或脱落</td></tr>
<tr><td>运单应粘贴在快件的最大平整的表面，避免运单粘贴皱褶等</td></tr>
<tr><td>使用胶纸时，不得使用有颜色或带文字的透明胶纸覆盖运单内容；胶纸不得覆盖条形码、收件人签署、派件员姓名、派件日期栏的内容</td></tr>
<tr><td>运单粘贴须保持平整；运单不能有皱褶、折叠、破损</td></tr>
<tr><td>挤出运单袋内的空气，再粘贴胶纸，避免挤破运单袋</td></tr>
<tr><td>运单要与内件一致，避免运单错贴在其他快件上</td></tr>
<tr><td rowspan="6">不规则快件的运单粘贴</td><td rowspan="2">圆柱形快件的运单粘贴</td><td>如果圆柱底面足够大（能平铺粘贴运单），可将运单粘贴在圆柱形物体的顶面，注意运单不得架在顶面边缘，避免快件叠放时把运单磕破</td></tr>
<tr><td>如果圆柱物体较小，顶面、底部无法平整粘贴运单，则将运单环绕圆柱面粘贴，注意运单号码不得被遮盖；为了运单粘贴得牢固，运单粘贴好之后，须加贴透明胶纸环绕两底部粘贴运单，确保运单不会顺着罐身滑落</td></tr>
<tr><td rowspan="2">锥形物体的运单粘贴</td><td>体积较大的锥形物体，选择能完整粘贴运单的最大侧面，平整粘贴运单</td></tr>
<tr><td>体积较小的锥形物体，如果单个侧面无法平整粘贴运单，可将运单内容部分粘贴在不同的两个侧面，但运单条码必须在同一个侧面上，不能折叠</td></tr>
<tr><td>小物品快件的运单粘贴</td><td>体积特别小、不足以粘贴运单（即运单环绕一周，才能把整个快件包裹起来）的快件，通常称为小件。为了保护小件的安全，避免遗漏，建议将其装在文件封或防水胶袋中寄递。运单粘贴在文件封或防水胶袋的位置</td></tr>
<tr><td>特殊包装快件的运单粘贴</td><td>特殊包装快件的运单粘贴要求是：运单的条码不得被覆盖，包括不得被物品覆盖和不得被颜色覆盖；运单条码不得有褶皱，即运单的条码须在同一表面展示，不得折叠或在两个及两个以上的表面上展示</td></tr>
</table>

## 工作任务 2：掌握标识的粘贴

知识窗：具体的操作要求，见表 1-13。

表 1-13　标识粘贴的操作要求

| 项目 | 操作要求 |
|---|---|
| 正面粘贴 | 与分拣处理有直接相关的标识，为便于分拣操作，宜将其与运单粘贴在同一表面，例如国际件贴纸、自取件贴纸等 |
| 侧面粘贴 | 防辐射等标签，应粘贴在快件侧面，便于在搬运、码放时能够很容易地识别，例如向上标志贴纸、防辐射贴纸等 |
| 三角粘贴 | 需要多面见到的贴纸，可以贴在包装箱的角上，包住快件角落的三个方向。例如易碎件贴纸，应斜贴在快件粘贴运单的正面角落，另外两个角粘贴在其他两个侧面 |
| 沿骑缝线粘贴 | 封箱操作时，每件快件至少粘贴两张有密封作用的贴纸，要求每个可拆封的骑缝线都得粘贴。例如，保价贴纸应粘贴在每个表面的骑缝线上，起到封条的作用，并提醒在运输过程中不允许拆开包装 |

## 工作任务 3：了解运单

知识窗：具体的图例，见图 1-6 至图 1-15。

图 1-6　EMS 国内特快专递详情单

EXPRESS 顺丰速运

4008 111 111

www.sf-express.com

701 090 141 520

第四联：寄件公司存根 4th copy: Shipper

① 寄件人信息 Shipper information

② 收件人信息 Consignee information

地址 北京市海淀区中关村南大街5号北京 [redacted]

③ 托寄物详细资料 Shipment Information

④ 体积重量 Dimensional Weight

⑤ 业务类型 Shipment Type

⑥ 附加业务类型 Additional Service Type

⑦ 费用 Charge

⑧ 地区代码 Area Code

⑨ 付款方式 Payment of Charge

⑩ 收派员信息 Courier Information

⑪ 寄件人签署 Shipper's Signature

⑫ 收件人签收 Consignee's Signature

图 1-7　顺丰速运详情单第四联：寄件公司存根

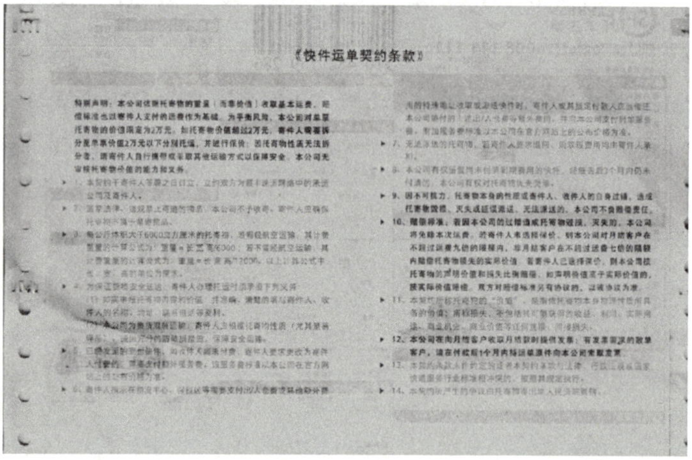
《快件运单契约条款》

图 1-8　《快件运单契约条款》（顺丰速运详情单背书）

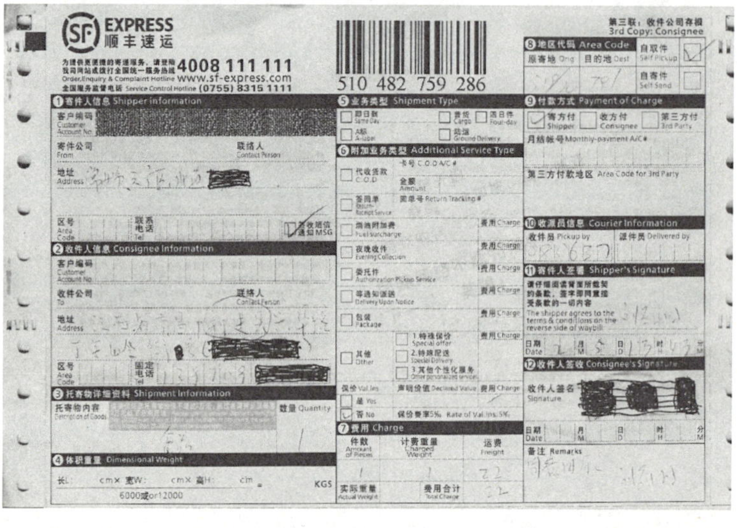
EXPRESS 顺丰速运

4008 111 111

www.sf-express.com

(0755) 8315 1111

510 482 759 286

第三联：收件公司存根 3rd Copy: Consignee

① 寄件人信息 Shipper information

② 收件人信息 Consignee information

③ 托寄物详细资料 Shipment Information

④ 体积重量 Dimensional Weight

6000或or12000

⑤ 业务类型 Shipment Type

⑥ 附加业务类型 Additional Service Type

⑦ 费用 Charge

⑧ 地区代码 Area Code

⑨ 付款方式 Payment of Charge

⑩ 收派员信息 Courier Information

⑪ 寄件人签署 Shipper's Signature

⑫ 收件人签收 Consignee's Signature

备注 Remarks

图 1-9　顺丰速运详情单第三联：收件公司存根

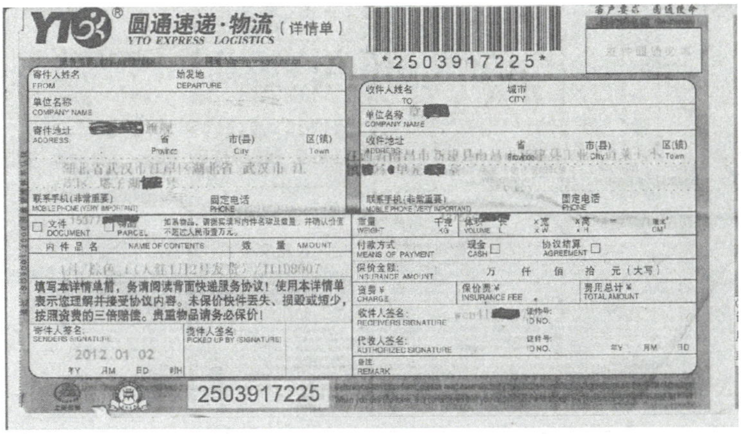


图 1-10　圆通速递 · 物流详情单

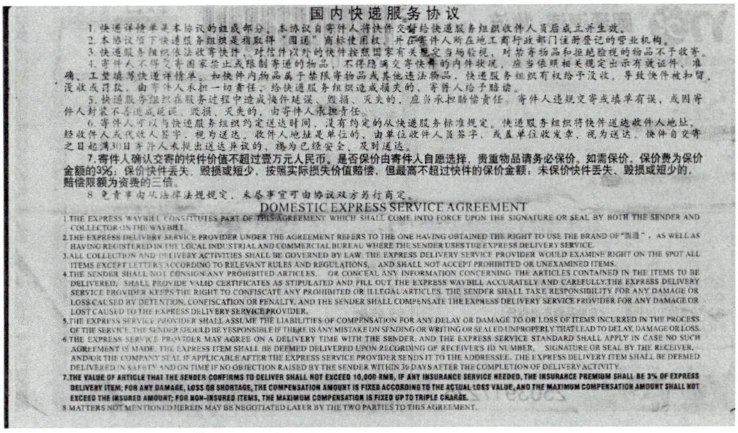


图 1-11　《国内快递服务协议》（圆通速递 · 物流详情单背书）

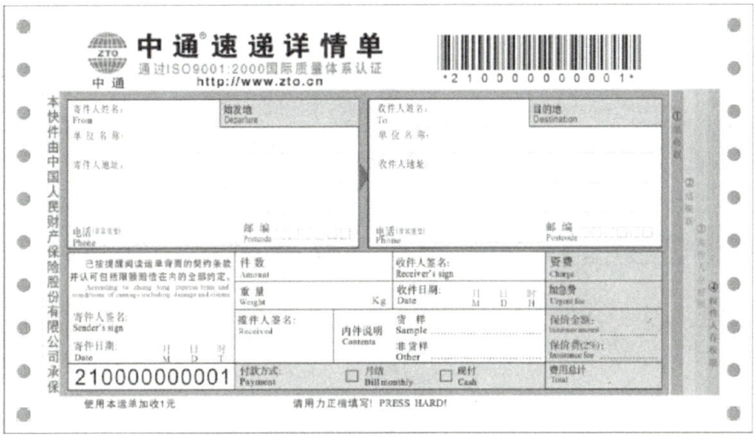


图 1-12　中通速递详情单

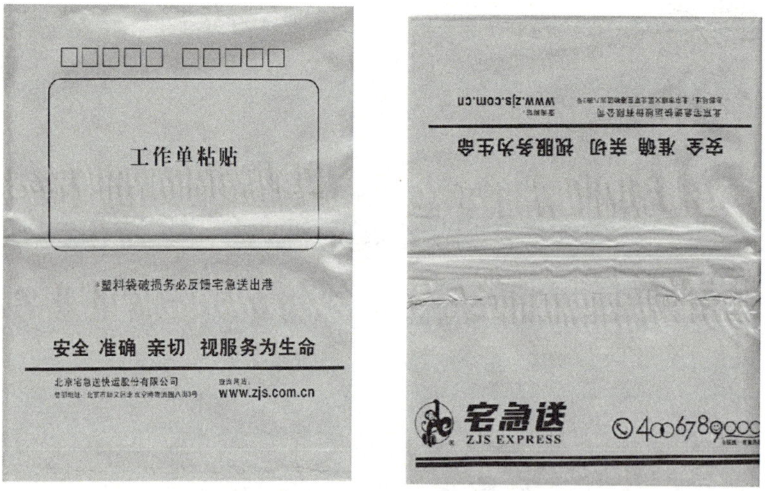


图 1-13　宅急送快件的塑料外包装一览

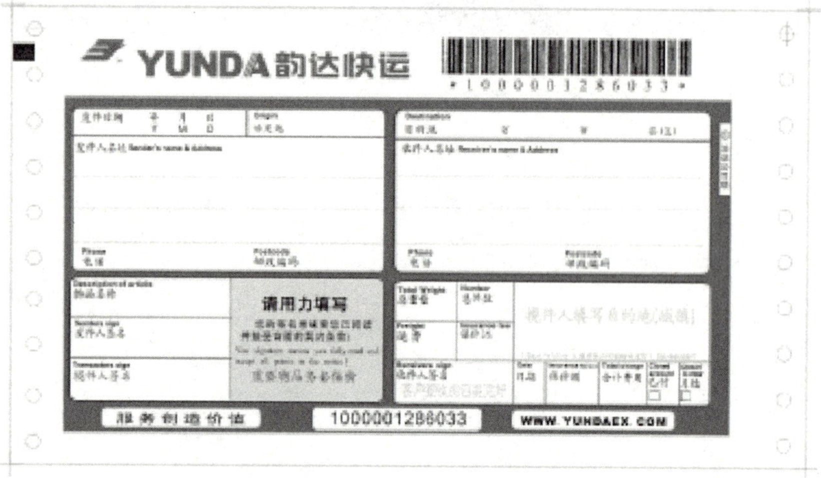


图 1-14　韵达快运详情单

## 国内快递详情单

快递服务组织名称、标识
Express Service Provider Name & Logo　　　　　　　EXPRESS WAYBILL

<table>
<tr><td colspan="2">寄件人姓名<br>FROM</td><td colspan="2">联系电话（非常重要）<br>PHONE（VERY IMPORTANT）</td><td colspan="2">收件人姓名<br>TO</td><td colspan="2">联系电话（非常重要）<br>PHONE（VERY IMPORTANT）</td></tr>
<tr><td colspan="4">单位名称 COMPANY NAME</td><td colspan="4">单位名称 COMPANY NAME</td></tr>
<tr><td colspan="4">寄件地址 ADDRESS<br>用户代码 CUSTOMER CODE<br>邮政编码 POSTAL CODE □□□□□□</td><td colspan="4">收件地址 ADDRESS<br>城市 CITY<br>邮政编码 POSTAL CODE □□□□□□</td></tr>
<tr><td rowspan="2">文件□<br>DOCUMENT</td><td rowspan="2">物品 □<br>PARCEL</td><td colspan="2">如系物品，请据实填写内件名称及数量。如需保价，请据实申报保价金额并交纳保价费。<br>PLEASE SPECIFY THE CONTENTS AND AMOUNTS OF THE PARCEL. IF YOU WANT YOUR PARCEL INSURED, PLEASE SPECIFY THE VALUE OF YOUR PARCEL AND PAY THE INSURANCE FEE.</td><td rowspan="2">重量<br>千克<br>WEIGHT<br>KG</td><td rowspan="2" colspan="3">体积　长　×宽　×高　=　厘米$^3$<br>VOLUME　L　×W　×H　=　$CM^3$</td></tr>
<tr><td>保价□<br>INSURANCE</td><td>保价金额：　万　仟　佰　拾　元（大写）<br>INSURANCE AMOUNT</td></tr>
<tr><td colspan="2">内件品名<br>NAME OF CONTENTS</td><td colspan="2">数量<br>AMOUNT</td><td colspan="4">付款方式 MEANS OF PAYMENT<br>现金 CASH □　　协议结算 AGREEMENT □</td></tr>
<tr><td colspan="2" rowspan="2"></td><td colspan="2" rowspan="2"></td><td>资费<br>CHARGE<br>¥</td><td>加急费<br>EMERGENCY SURCHARGE<br>¥</td><td>包装费<br>PACKAGIN GFEE<br>¥</td><td>保价费<br>INSURANCE FEE<br>¥</td></tr>
<tr><td>费用总计<br>TOTAL</td><td colspan="2">¥</td><td>1%□　2%□<br>3%□<br>商定 AGREEMENT<br>□</td></tr>
<tr><td colspan="2" rowspan="2">特别声明<br>SPECIAL<br>STATEMENT</td><td colspan="2" rowspan="2">非禁寄品　□　易碎　□<br>加急　□　其他　□<br>ARTICLES SENT DO NOT FRAGILE EMERGENCY OTHERS BELONG TO PROHIBITED ONES</td><td colspan="2">非保价快件赔偿限额<br>COMPENSATI ON LIMITS FOR UNINSURED ITEMS</td><td colspan="2">资费 2 倍　□　资费 5 倍　□<br>商定 □________<br>CHARGE × 2　　CHARGE × 5<br>AGREEMENT</td></tr>
<tr><td colspan="2">收件人签名<br>RECEIVER'S SIGNATURE<br>Y 年　M 月　D 日　H 时<br>证件：　证件号：<br>ID　ID NUMBER</td><td colspan="2">代签人签名：<br>COLLECTED BY：<br>Y 年　M 月　D 日　H 时<br>证件：　证件号：<br>ID　ID NUMBER</td></tr>
<tr><td colspan="2">寄件人签名：<br>SENDER'S SIGNATURE<br>Y 年　M 月　D 日　H 时</td><td colspan="2">收寄人员签章：<br>ACCEPTED BY<br>（SIGNATURE）</td><td colspan="2">收寄单位业务专用章<br>Business Seal of the express service provider</td><td colspan="2">备注 REMARKS</td></tr>
</table>

WAYBILL NO.　填写本单前，务请阅读背面快递服务协议！您的签名意味着您理解并接受协议内容。

PLEASE READ THE "DOMESTIC EXPRESS SERVICE AGREEMENT" BEFORE FILLING THIS WAYBILL. YOUR SIGNATURE MEANS YOU FULLY UNDERSTAND AND ACCEPT THE AGREEMENT.

| 请正楷用力填写！ | 服务电话： | 查询电话 | 网址 |
|---|---|---|---|
| PRESS HARD | HOTLINE | INQUIRY LINE | WEBSITE： |

图 1-15　国内快递详情单内容详览（示例）

# 工作情境3 包　装

工作场景1：包装原则
工作场景2：包装物料说明
工作场景3：各类快件包装方法及标准
工作场景4：节绳方法及其变化

## 学习目标

素质目标：认知包装操作指引
知识目标：熟悉包装原则
技能目标：掌握各类快件包装方法及标准
拓展目标：了解包装物料说明

## 工作场景1　包装原则

知识点：包装操作指引
关键技能点：包装原则

### 工作任务1：认知包装操作指引

知识窗1：包装是否符合要求，对保证快件安全、准确、迅速的传递，起着极为重要的作用。尤其是流质和易碎物品，如果包装不妥，不但快件自身容易遭受损坏，而且会污损其他快件，危及工作人员的安全。

知识窗2：判断包装是否牢固，主要要看经过包装后的快件是否能够经受长途运输和正常碰撞、摩擦、震荡、压力以及气候变化，而不致损坏。因此，一定要按照物品性质、大小、轻重、寄递路程以及运输情况等，选用适当的包装材料对快件进行妥善包装。

### 工作任务2：熟悉包装原则

知识窗1：包装箱合理：需根据快件的尺寸、重量和运输特性，选择大小合适的外包装及填充物，因未装满的包裹容易塌陷，而包裹装得过满容易胀裂。对未满的包装，须使用足够的填充物，避免包裹内物品的晃动及相互碰撞。不足包装和过度包装都不可取，不足包装容易造成快件损坏，过度包装造成包装材料浪费。操作中不能使用各种有色垃圾袋、较薄的类似垃圾袋的袋子包装快件，以防止包装破损。

知识窗2：便于装卸原则：包装材料除应适合快件的性质、状态和重量外，还要整洁、干燥、没有异味和油渍；包装外表面不能有凸出的钉、钩、刺等，要便于搬运、装卸和摆放。

知识窗3：外包装平滑：包装外表面不能有突出的钉、钩、刺等，以便于摆放并避免划破其他快件。

知识窗4：包装加固：不使用玻璃纸的带子或绳子封箱托运货物，所有货物都必须用强力胶带（最好用封箱胶带）密封，以加固包装，在运输过程中能防止包装破裂、内物漏出、散失；防止因摆放、摩擦、震荡或因气压、气温变化而引起货物损坏或变质；能够防止伤害操作人员或污染运输设备、地面设备及其他物品。

知识窗 5：除某些特殊的货品可用透明包装，其他货品请不要使用透明材料包装。可用透明包装的货品，如大圆柱形物品或原材料；适合用胶袋装的物品，如布匹、皮料鞋材、泡沫等。

知识窗 6：捆扎货物所用的打包带，应能承受该货物的全部重量，并保证提起货物时不至于断开。

知识窗 7：为保证物品在运输过程中的安全、完整，应该根据其性质和需要，选用防震、防压、防潮、防盗、防雨、防锈、防漏等防护包装。包装内的衬垫材料（如防震板、气垫膜等）应填充满实，不能晃动，不能外漏。

知识窗 8：重心平衡：快件重心在一条直线上，以防止货物在运输过程中由于车辆起动、转弯和刹车给货物带来的碰撞及晃动，不要将物品分散放在箱内，务必填满空隙以保护物品。

知识窗 9：易碎物品应以个别包装分隔，并以适当填充固定。

知识窗 10：每份快件为一个独立包装，外部不能附插其他物品。尽量不要将多件捆绑成一件；箱、包、袋、零散物品及外包装破损后缝合或粘贴的物品，都必须另加外包装或装入编织袋内，捆扎牢固。

知识窗 11：多件操作规范：一票多件的进出口货物，由于海关限制，严禁托寄物多件捆扎寄递，必须按照子母件操作规范进行操作；国内的一票多件货物，原则上按子母件操作规范操作，但单票重量不超 1 千克，且每件货物外包装形状相同、体积最大的快件一侧面积小于运单的，可以多件捆扎寄递，同时必须在连体快件上批注运单号码，并将连体快件捆扎牢固。

知识窗 12：包装材料重复使用：重复利用的旧包装材料（含同行的旧包装），须清除原有旧包装表面的运单号、运单及同行 Logo 等标记后方可使用。

知识窗 13：特殊禁忌：不能使用报纸杂志类物品作为快件的外包装。

打包装封胶带全程视频

## 工作场景 2　包装物料说明

知识点：包装物料说明

关键技能点：包装物料说明

工作任务：了解包装物料说明

知识窗：具体包装物料说明见表 1-14。

表 1-14　包装物料说明

| 包装材料类别 | 物料说明 |
|---|---|
| 包装袋 | 包装袋的封口为一次性粘胶，密封后防水、安全，适用于样品及不易破碎、抗压类的物品 |
| 包装筒 | 包装筒是圆柱形的包装材料，材质有塑料、PVC、纸质多种，用于包装不可折叠、不可挤压的物品，例如：墙纸、地图、图画作品、圆柱形的布匹等 |
| 防震板 | 防震板俗称泡沫，为内填充材料，当快件受到震荡或坠落地面时，防震板能起到缓冲、防震的作用。在特殊情况下，防震板还可以提高快件的表面密度，来承受较大的荷载，在防震、防破碎包装中起重要作用 |

续表

<table>
<tr><th>包装材料类别</th><th colspan="2">物料说明</th></tr>
<tr><td>编织袋</td><td colspan="2">编织袋适用于建总包或者用于对不易碎、抗压、不易损坏物品的包装</td></tr>
<tr><td>打包带</td><td colspan="2">中、大号纸箱、编织袋、木箱包装的快件，封口后用打包带捆扎货物，进行二次加固，单件重量在30千克以上的快件，要用手动打包器，以确保牢固程度</td></tr>
<tr><td rowspan="2">纸箱</td><td>纸箱制作选用的纸板通常包括挂面纸、博汇纸、三联纸、牛皮卡纸等</td><td rowspan="2">适用于规则快件的包装，不同材质和规格的纸箱具有不同的承重和承压能力。在使用纸箱包装快件时，需要根据快件的重量和尺寸，选择合适的纸箱，以确保快件的安全</td></tr>
<tr><td>从纸板的横截面上看，又分为3层瓦楞纸和5层瓦楞纸</td></tr>
<tr><td rowspan="2">文件封、<br>牛皮纸袋</td><td>文件封是用硬纸板制作的，文件封的表面分为自带运单袋、不带运单袋两种。在文件封的表面刷了一层防水光油，可以防止细小雨水的渗透</td><td rowspan="2">两种包装材料都有一次性自粘封口，简单易用，适用于在运输、中转操作等过程中易发生褶皱、划花的重要单据和文件类快件或具有复写功能的文件类快件</td></tr>
<tr><td>牛皮纸袋的外层是牛皮纸，里层有内衬气泡，有不容易撕烂、坚韧、防震、良好保护性的特点</td></tr>
<tr><td>封箱胶纸</td><td colspan="2">封箱胶纸是最普遍的包装材料之一，主要用于对寄递物品的封固包装操作。在封箱胶纸上面印刷快递公司的标志或广告，可起到宣传作用，也可以作为责任界定的依据</td></tr>
<tr><td>防雨膜</td><td colspan="2">防雨膜用于防止水渗透包装而浸湿快件。雨雪雾天气时，包裹一层防雨膜，可以有效保护快件不被淋湿损坏，并且能够保证快件的整洁</td></tr>
<tr><td>缓冲材料</td><td colspan="2">缓冲材料也称填充塑料，包括气泡膜、珍珠棉、泡沫缓冲材料、缓冲纸条、海绵、废旧报纸和碎布片等，能够有效缓冲或者减轻快件在运输过程中与箱体发生碰撞而引起的损坏，还可以有效缓解其他快件对该快件的挤压。适合于易碎的快件、表面易划伤的快件</td></tr>
<tr><td>打包带</td><td colspan="2">打包带用于体积较大纸箱、编织袋、木箱包装的快件，封口后再用打包带捆扎快件，进行二次加固，以保护快件</td></tr>
<tr><td>木箱</td><td colspan="2">木箱主要用于大型贵重物品、精密仪器、易碎物品、不抗压物品的包装。木箱厚度及打板结构要适合快件安全运输的需要</td></tr>
<tr><td>木格</td><td colspan="2">木格包装的物品与木箱的包装种类相似。对于不能密封的物品，可用木格子包装。木格厚度及结构要适合快件安全运输的需要，间隔空隙要匀称适度，以不漏出快件为准，可用于包装需要透气的大型重型设备、石材等</td></tr>
<tr><td>条筐、竹篓</td><td colspan="2">条筐、竹篓的外形尺寸以不超过50厘米×50厘米×60厘米为宜，单件毛重以不超过40千克为宜，内装货物及衬垫材料不得漏出，可用于包装需要透气的时令产品、食品</td></tr>
<tr><td>铁箱、铁桶</td><td colspan="2">铁箱、铁桶厚度应与内装货物重量相对应，25～100千克的中小型铁桶，应使用0.60～1.00毫米的铁皮制作；单件毛重在101～180千克的大型铁桶，应使用1.25～1.50毫米的铁皮制作，铁箱、铁桶适用于需要严格保护的托寄物，如油漆、奶粉等</td></tr>
</table>

快递打包时的视频

## 工作场景 3　各类快件包装方法及标准

知识点：各类快件包装方法及标准

关键技能点：各类快件包装方法及标准

**工作任务：掌握各类快件包装方法及标准**

知识窗：具体包装方法及标准，见表 1-15。

表 1-15　各类快件包装方法及标准

| 序号 | 货品类型 | 包装方法及标准 |
|---|---|---|
| 1 | 纸质类托寄物 | 厚度不超过 1 厘米的纸质物品，使用文件封包装；厚度超过 1 厘米且不易破碎、抗压类的书刊、样品等托寄物可选择小件袋包装 |
| 2 | 质脆易碎货物，如玻璃、光碟、灯饰、陶瓷类的货物 | 多层次包装，即货物—衬垫材料—内包装—衬垫材料—运输包装（外包装） |
| | | 对于玻璃器皿类物品，应使用足够厚度的泡沫或其他衬垫材料围裹严实，外加材质坚固的纸箱、木箱或其他包装，并使用填充材料填充严实，使箱内物品不产生晃动。同时使用易碎标签，易碎标签应粘贴在与工作单同一平面的货物的右上角 |
| 3 | 形状不规则，超大、超长快件 | 此类货物应以气泡垫等材质较软的材料进行全部或局部包装。细长快件还应尽可能捆绑加固，减少运输过程中折损的可能性 |
| | | 易折货物应在快件明显位置粘贴易碎标签 |
| 4 | 体积较大的圆柱形或原材料物品，如：布匹、皮鞋、泡沫等 | 此类货物可以先使用透明的防水膜（塑料薄膜）进行包裹，然后使用胶纸对其进行缠绕包装 |
| | | 严禁使用各种有色的垃圾袋包装 |
| 5 | 时令特产类物品，如：水果、大闸蟹、月饼等 | 此类货物必须进行保护性包装，具体包装方法可因物而异，以既能防止破损变质，又不污染其他快件为原则 |
| 6 | 液体货物的包装 | 此类货物，必须采用纸箱或木箱，对容器进行加固包装，且箱内应使用缓冲材料填实，防止晃动或液体渗出污染其他快件，并在外包装上粘贴易碎标签 |
| 7 | 粉状货物（难以辨认成分的白色粉状物品除外） | 若货物的外包装是塑料袋包装的情况，使用塑料涂膜编织袋作外包装，保证粉末不致漏出，单件货物毛重不得超过 50 千克 |
| | | 若货物的原包装用硬纸桶、木桶、胶合板桶盛装的情况，要求桶身不破、接缝严密、桶盖密封、桶箍坚固结实，桶身两端应有钢带打包带 |
| | | 若货物的原包装用玻璃器皿包装的情况，每瓶内装物的重量不得超过 1 千克。如容器本身的强度不够，则须用铁制或木制材料外包装，且箱内应用缓冲材料填实。单件货物毛重以不超过 25 千克为宜 |

续表

| 序号 | 货品类型 | 包装方法及标准 |
| --- | --- | --- |
| 8 | 服装、被褥、羽绒制品、毛线等 | 对于此类货物可采用布袋、麻袋、纸箱包装，布袋的材料应使用坚固结实的棉布；麻袋的坯布应无破洞，具有一定强度，封口处应用封口机一次性封口 |
| | | 若使用纸箱包装，必须对箱角及边缘用胶纸加固，确保不会在运输过程中破裂，凡纸箱任何一边超过60厘米，还需用打包带加固。若纸箱质量较差，还可在其外面套编织袋，以防止在搬运、拖拽过程中造成部分遗失或损坏 |
| 9 | 精密产品、摄影机、精密仪器、仪表等 | 对于此类货物应采用纸箱或全木箱包装，货物与箱壁应预留2厘米的空隙，用缓冲材料填充 |
| | | 若使用纸箱包装，箱体表面不允许粘贴任何非本公司的胶纸；客户自备纸箱的情况，在检查完托寄物后，清除原客户使用的胶纸，并用××快递公司专用胶纸封口。若原客户使用的胶纸无法清除干净，在体积允许的情况下，还应将纸箱装入快递公司装袋内；或用快递公司包装箱重新进行包装 |

## 工作场景4　节绳方法及其变化

知识点：节绳

关键技能点：节绳的变化技巧

### 工作任务1：了解节绳

知识窗：最简单的结就是单结，因为它的结很像一个人两手环着的样子，所以将它称为交腕结（Over Hand），这在日本称为止结，在日常生活中使用的情况相当多。这个结最单纯的使用法是在绳子上打一个结，但也不要因为它的单纯而太小看它。它可以被用来作为绳栓防止物品滑动，或是绳子末端绽线时可用来暂时防止其继续脱线等，在意外的情况下使用的范围也相当广泛。只要稍微加点技巧，就会产生种种变化。就这些变化而言不只是打结而已，还可以将绳子与绳子相连接，也可以做成圈套，使用范围更是广泛。创造性的绳结世界是由单结所开创的。

### 工作任务2：熟悉单结（Overhand Knot）

知识窗：若想在绳子上打一个结，单结是最简单的结，当绳子穿过滑轮成洞穴时，单结可发挥绳栓的作用；除此之外，在拉握绳子时，单结可以用来防止滑动，而且当绳端绽线，它还可以用来暂时性地防止其继续脱线。单结的缺点是，当结打太紧或弄湿时就很难解开。以这个结作为基本，还可以变化出结形较大的多重单结、圈套结之一的活索、将绳与绳连接的固定单结、做成一个固定圆圈的环结，以及在一条绳子上连续打好几个单结的连续单结等。

（1）将绳端与绳子相交，穿过绳环，见图1-16。

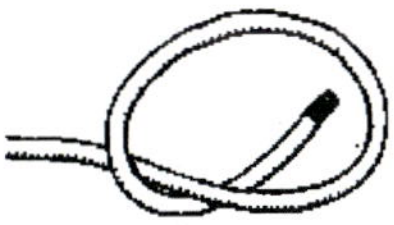

图 1-16　绳端与绳相交，穿过绳环

（2）打成一个结，见图 1-17。

图 1-17　打结

（3）完成，见图 1-18。

图 1-18　完成

### 工作任务 3：熟悉多重单结（Multiple Overhand Knot）

**知识窗**：多重单结是增加缠绕次数（2～4 次），打成较大的结形。为了不让结打乱，“边打结边整理”为重点所在。这种结用在作为绳子的手握处，或是当绳子要抛向远处时加重其力量。

（1）绳索相交，见图 1-19。

（2）打结，见图 1-20。

图 1-19　绳索相交（注意其特点）

图 1-20　打结

（3）只要增加缠绕的次数，结形就会变得较大，图 1-21。

图 1-21　完成

### 工作任务 4：熟悉活索

**知识窗**：活索是一种简单的圈套结。拉紧绳子的前端即可做成一个圆圈，圆圈中间没有任何东西，一拉绳子即可将结解开。

（1）绳索相交，见图 1-22。

（2）打结，见图 1-23。

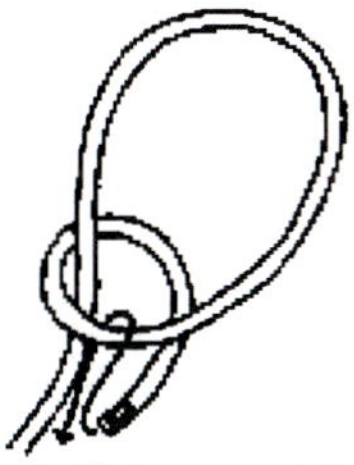

图 1-22　绳索相交（注意其特点）

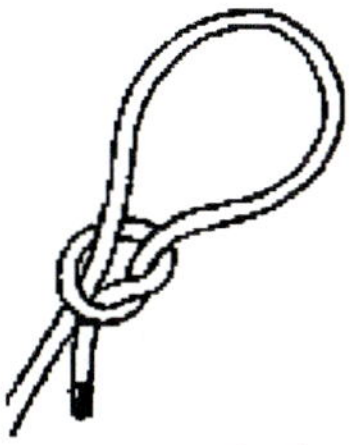

图 1-23　打结

（3）完成，见图 1-24。

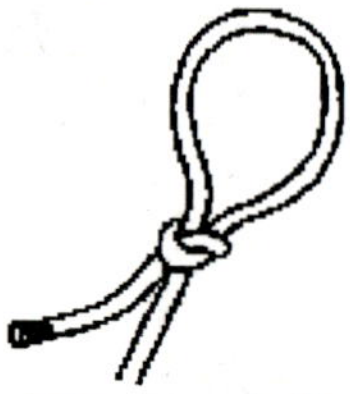

图 1-24 完成

### 工作任务 5：熟悉双重单结（Loop Knot）

知识窗：说双重单结是为了做成一个圆圈的结，倒不如说它是为了避免使用绳子损坏部分的重要法宝。它的结法很简单，只要将绳子对折后打一个单结即可。这个时候如果绳环部分就是绳子的损坏部分，由于其无法产生施力作用，所以仍可安心使用绳子。

（1）绳索相交，见图 1-25。

（2）打结，见图 1-26。

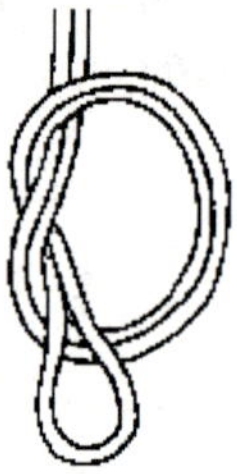

图 1-25 绳索相交（注意其特点）

图 1-26 打结

（3）即使拉紧绳子两端，绳环部分也无法受力，见图 1-27。

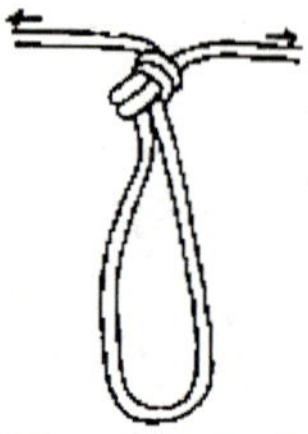

图 1-27 完成

### 工作任务 6：熟悉固定单结（Overhand Bend）

知识窗：固定单结的打法是将两条绳子的末端与末端重叠，然后打一个单结。这个结是用在将两条同样粗细的绳子迅速地连接，或是将一条绳子做成环状使用时。

（1）绳索相交，见图 1-28 所示。

（2）完成，见图 1-29 所示。

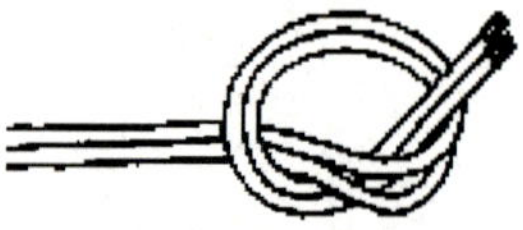

图 1-28 绳索相交

图 1-29 完成

### 工作任务7：熟悉连续单结（Series of Overhand Knots）

**知识窗：**连续单结是紧急逃脱时使用的结，其特征是在一条绳子上连续打好几个单结。打法如图1-29至图1-31所示，但若不熟练的话，结与结之间很难做成等间隔。应反复练习直到掌握窍门为止。

（1）绳索相绕，见图1-30。

（2）逐一打结，见图1-31。

图1-30　绳索相绕

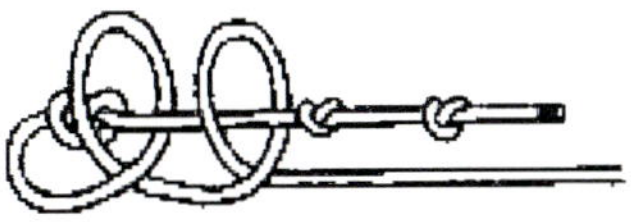

图1-31　逐一打结

（3）完成，见图1-32。

图1-32　完成

### 工作任务8：熟悉水结（Water Knot）

**知识窗：**水结往往用在连接两条同样粗细的绳子上，是一种简单且结实的结。在攀岩的世界里，它被称为环固结（Ringbend），将一条绳子的两端用这种方法相联结，即可做成吊索。这种结主要适用于联结扁平的带子，打法十分简单。在一条绳子的前端打一个单结后，另一条绳子逆着结形穿过前面一条绳子的圆圈即可。虽然结形可以打得小而漂亮，但是得注意有时会松开，所以在绳子末端一定要留下4～5厘米的长度，并且须将结牢牢打紧。

（1）在一条绳子的末端打一个单结，尾端要留下充分的长度，见图1-33。

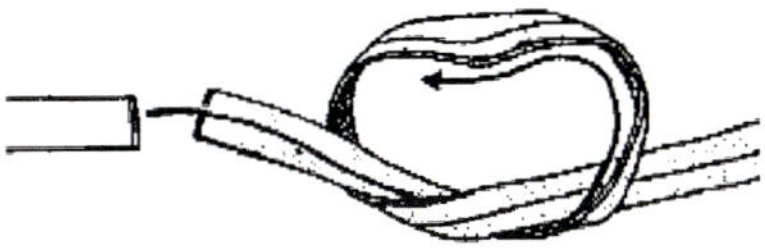

图1-33　绳索相交

（2）将另一条绳子从前一条绳子的末端开始，顺着结形逆向穿过，见图1-34。

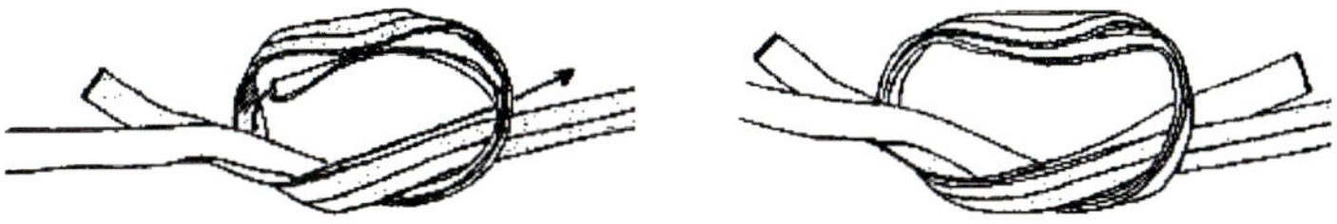

图1-34　加入另一条绳子

（3）两个绳子末端留下一定长度后，用力打成一个结，见图1-35。

图1-35　完成

### 工作任务 9：熟悉渔人结（Fisherman's Knot）

**知识窗**：英式结、英人结、拖曳结、水人结、钓鱼人结，这些全都是渔人结的别名。它是用于连接细绳或线的结，虽然只是在两条绳子上各自打一个单结，然后将其连接起来这般简单的结构，但因强度很高，所以也可以被使用在不同粗细的绳子上。然而这个结不太适用于太粗的绳子或是容易滑动的纤线等绳子上，有时很容易就解开了。双渔人结是多一次缠绕后打成的结，如此更可以增加其强度，这个结是用在联结两条绳索等情况上。结形大是其缺点。

（1）将两条绳子的前端交互并列，其中一条绳子像卷住另一条绳子般打一个单结，见图 1-36。

（2）另一边也同样打上一个结，见图 1-37。

图 1-36　打第一个结

图 1-37　打第二个结

（3）将两条绳端用力向两边拉紧，见图 1-38。

图 1-38　完成

### 工作任务 10：熟悉双渔人结（Double Fisherman's Knot）

**知识窗**：

（1）双渔人结是将渔人结的卷绕次数多增加一次后打结，见图 1-39。

（2）另一边也同样打结，见图 1-40。

图 1-39　打第一个结

图 1-40　打第二个结

（3）将两条绳端用力向两边拉紧，见图 1-41。

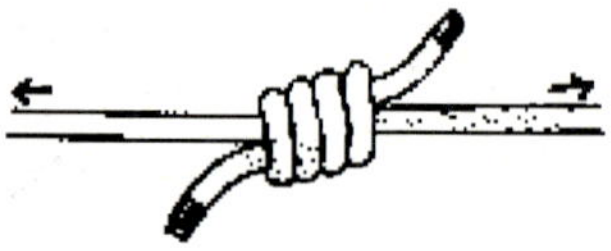

图 1-41　完成

## 工作情境 4　操作术语解析

工作场景 1：操作单位与岗位

工作场景 2：快件的类型

工作场景 3：快件的操作与处理

## 学习目标

素质目标：认知操作岗位
知识目标：熟悉快件的处理
技能目标：掌握快件的类型、快件的操作
拓展目标：了解操作单位

## 工作场景1　操作单位与岗位

快递标准化术语

知识点：操作单位
关键技能点：操作岗位

### 工作任务1：了解操作单位

知识窗：

- 直辖分部：在尚未单独成立区部省份的省会城市设立，由大区负责牵头筹建，具备业务区部相同的职能；承担其所在省份整体网络规划和布局，其省内所有分点（部）、中转场和航空组归属于其管辖的分部称为直辖分部。
- 独立分部：在区部所在城市以外的地级城市设立，独立承担客服、人事、中转、航空以及对外关系协调职能的分部。
- 非独立分部：除直辖分部和独立分部以外的分部。
- 管理型分部：只有管理职能，而没有直接参与收派件业务的分部。
- 业务型分部：直接参与收派件业务的分部。
- 独立点（部）：位于其所属分部所在城市以外地区的点部，独立承担客服、中转、航空、输单等内部管理职能；协助分部负责所在城市其他地区网点规划、布局和管理。
- 非独立点（部）：独立点（部）以外的点（部）。
- 报关组：负责向海关申报公司进出口快件的部门。
- 审单组：负责审核快件单据的部门。
- 航空组：负责向航空公司提发货的部门。
- 中转场：负责快件中转操作的场地。

### 工作任务2：认知操作岗位

知识窗：

- 收派员：负责收、派快件的员工。
- 仓管员：负责分部整理收、派件入库手续（包括核查货物件数、包装及交接登记工作等）的员工。
- 运作司机：负责大货收送及快件中转运输的员工。
- 运作员：负责快件中转时分拣及交接的员工。
- 理货员：快件中转时，对快件进行装卸及跟随中转车辆，到一、二级中转场，进行快件分拨的工作人员。
- 接单员：负责接听、记录客户及下单内容，并将客户订单下发给收派员的员工。
- 查单员：负责处理内部查询、客户咨询及客户投诉的员工。
- 输单员：负责运单资料输入、审核的员工。

## 工作场景 2　快件的类型

知识点：快件的类型

关键技能点：快件的类型

**工作任务：掌握快件的类型**

知识窗：

快递服务业基本术语

- 代签回单：收派员将带有回单业务的快件派送给客户时，除了需要将正常的“收件公司存根”联交给收件客户签收外，还需要将回单交给“回单运单备注”栏内指定的客户签收或盖章，并将客户随货的回单返还给寄件客户的服务项目。
- 快件箱业务：为寄递高价值快件的客户提供的一种个性化服务，使用专用快件箱进行收寄，单票货物价值不得高于 10 000 元，运费为普通快件运费的 3 倍。
- 即日件：当天收取并在当天派送到客户手上的业务。
- 次日件：当天收取的快件，不能在当天派送到客户手上，需在次日才能派送到客户手上的业务。
- 次晨达：次日件的一种，当天收的快件在次日 10:30 前送达客户手上的业务。
- 门到港：货物从委托人手中取件，发到目的地航空、铁路、公路港口，由收货人到港口自提的业务。
- 进港：货物由外埠发到本公司。
- 出港：货物由本公司发往外埠。
- 小件：指货物在 10 千克以内，三边之和（长+宽+高）不超过 100 厘米的业务，应当在最短时间内送达。
- 当日递：当日 12:00 前接收到的货物于当日 24:00 前送达的业务。此业务主要应用于同城区域。
- 次日递，当日 17:00 前接收货物，于次日 12:00 或 17:00 前送达的业务。
- 隔日递：当日 17:00 前接收货物，于隔日 24:00 前送达的业务。
- 2D12：当天 17:00 前接收的货物，于次日 12:00 前送达的业务。
- 2D17：当天 17:00 前接收的货物，于次日 17:00 前送达的业务。
- 代收货款：这是接受寄件人委托，派送货物的同时向收货人收取货款并返还寄件人的业务。
- 异地调货：快递公司可以为客户提供当地委托，从第二地提货准时派送到第三地的服务。
- 保险业务：快递公司可以为客户提供针对文件、包裹、货物、私人物品、高值物品在内的各种专项保险服务。
- 自取件：这是指快件到达目的地后，无须收派员上门派送，由收方客户自行前往公司或约定地点提取的快件。
- 陆运件：全程经陆路运输的快件。
- 私人信函：这是指除各类文件、通知以及非私人属性的单据、证件、有价证券、书稿、印刷品等以外的书信。
- 等通知派送：这是指寄件客户在寄件时，向快递公司收派员明确快件到达派件分点部后，暂时做滞留件处理，待其向收件地区的客服部传真指定的派送通知函后，快递公司安排收派员第一时间进行派件的一项快件服务。

- 非出口：不需要进行报关的快件。
- 出口件：需要进行报关的快件。
- 省外件：属于异地件，原寄地和目的地不在同一个省。
- 省内件：属于异地件，原寄地和目的地在同一个省，但不属同一个业务区的快件。
- 同城件：原寄地和目的地代码前三位相同的快件。
- 市区件：同城件的一种，同一城市中按照行政划分属于市中心区域的收派快件，根据原寄地和目的地网络代码确定。
- 郊区件：同城件的一种，同一城市中按照行政划分属于市区和郊区的收派快件，根据原寄地和目的地代码确定，包含市区和郊区互寄以及郊区内收派的快件。
- 区内件：原寄地和目的地在同一个业务区，但原寄地和目的地代码前三位不一致的快件。
- 航空件：国内所有经过航空运输的快件。

## 工作场景 3　快件的操作与处理

知识点：快件的处理

关键技能点：快件的操作

### 工作任务 1：掌握快件的操作

快递术语一览

知识窗：

- 下单：客户通过电话、传真、互联网等传输媒介，将寄件的相关信息传递到公司受理系统或部门的过程。
- 接单：通过接听客户的下单电话，了解必要的寄件信息，并将相关信息下发给负责寄件客户所在区域收件业务的收派员的过程；或接收客户通过互联网、传真等各种传输媒介传递到公司的订单信息，并将相关信息下发给负责寄件客户所在区域收件业务的收派员的过程。
- 收件：收派员接收到接单员下发的客户寄件的信息后，至客户处收取快件，并在规定时间内，将快件统一带回分点部或公司规定的接驳点的过程。
- 二程接驳：将离分点部较远的区域，按收派员数量及其收派件的数量，划分为若干个小片区，并在合适地点设定停靠点，由分点部派出车辆，定时在停靠点与分点部之间穿行，接送小片区覆盖的收派员所收取和需要派送的快件。
- 收件入仓：指收派员在规定时间内，将某一时间段收取的快件，统一带回分点部或二程接驳点，与仓管员进行单据、快件交接的过程。
- 分件：指将快件按照不同的标准分类、码放、集装，以便于后续操作。
- 发件：对于已经分拣好的、需要发出的快件，进行扫描枪扫描、装车、封车、登记等操作，将快件从本地区（包括分点部、中转场）发出的过程。
- 接驳：在一个完整的快件流转过程中，当发生快件在两个交通工具之间的转移时，这个节点的操作就叫作接驳。
- 中转：指各区、分点部将某一时间段内所收的快件，在某一时间统一集中到一个固定地点，进行分拣交接的过程。

• 二级支线：属于同一地级市范围内，点部与分部或点部与点部之间的中转运输线路，叫作二级支线。在网络中，支线数量最多、分布最广、长度较短。它的作用是起到集中和分散较长或数量较大的运输任务。

• 一级支线：属于同一地级市范围内，地区内分部与区内中转场或分部与分部之间的中转运输线路，叫作一级支线。

• 二级干线：指跨越同一个省内两个或两个以上地级城市的运输线路。

• 一级干线：又称省级干线，是指跨越两个或者两个以上的省份的中转运输线路。一级干线运输具有分布较广、距离较长、设备条件较好、通过能力较大的特点。

• 对开：是一种高效的利用公路运输的快件流转方式，参加中转的单位不经过任何中间节点，将快件由始发地直接送达快件目的地的一种中转模式。

• 一级中转：也称为区间中转，即参与中转的区部至少为 2 个或 2 个以上进行的中转。

• 二级中转：也称为区内中转，主要是针对区内快件的中转，即所有参与中转的操作单位属于同一区部。

• 三级中转：也称为同城中转，主要是针对区内或分部内同城快件的中转，即所有参与中转的操作单位均来自同一城市。

• 报关：指公司将需要进出口的快件，按海关的要求向其申报的过程。

• 清关：指海关对进出口货物进行查验的过程。

• 扣关：指海关对不符合进出口要求的货物作扣留处理，不能正常清关。

• 航空发货：航空组按快件目的地，对快件进行分类、码放、集装后，委托航空公司或航空货代，将快件配载上航班，发往目的地机场，并对相关航班信息传递及处理的过程。

• 航空提货：快件通过航空运输至目的地机场后，航空组根据相关的提货信息，按照规定的提货流程，从机场提货处或货代处，提取到港的航空快件，并对相关的提货信息进行处理的过程。

• 航班落货：指货物没有搭载上计划航班的现象。

• 班期：指航班出发的日期，例如："1—7"，表示周一至周日都有航班发出，"146"，表示只有周一、周四、周六有航班发出。

• 到件：指快件由其他区（包括各分点部、中转场）到达本地区（包括各分点部、中转场）后，进行解封、卸车、扫描枪扫描等操作过程。

• 派件出仓：到件分拣完毕后，由仓管员与收派员进行快件交接的操作过程。

• 派件：收派员与仓管员交接完毕后，根据运单上的派件要求，在规定时间内，将快件送达指定地点，交付给指定收件人，并由收件人在"收件公司存根"联上签字确认的操作过程。

• 转寄：快件到达目的地后，因客户要求或公司原因，导致需更改派送地址的现象，称为转寄。

• 输单：输单员按照运单上填写的内容，将运单信息在规定的时间内如实、准确地录入计算机业务系统，并对相关资料进行审核及传送的过程。

• 服务范围：指各区、分点部的收派服务所覆盖的地理区域，或者可收送的部门、单位所在的地区。

- 超出服务范围：寄件地址或是收件地址不在收派服务的地理区域内。
- 分错件：原本应该属于该区的快件，在中转时，把它错分给其他地区，或分点部分拣快件时将快件错分给其他区域的收派员。
- 贴错单：指运单没有粘贴在与其相对应的快件上，造成货物与运单不相符。
- 写错代码：指写错运单目的地代码。
- 多件：中转或派件时，发现无任何标示的快件，或不属于本区、分点部的快件。
- 少件：某票快件全部或部分缺失（此情况也包括一票多件）。
- 有单无货：指有运单资料，却没有相应的货物。
- 有货无单：指有快件，却没有相应的快件运单资料。
- 退回件：指因某些原因而退回原寄地或寄件客户的快件。
- 滞留件：由于各种原因，导致快件未能按照正常的路由进入下一环节而滞留在仓库或者中转场的快件。
- 问题件：不符合公司操作要求，或因客户原因，导致快件无法中转或者正常派送的快件。
- 子母件：指当一票运单有多件货物时，在其中的一件货物上贴上主运单，称之为母件；其余的货物上均贴上子件运单，称之为子件。合称此类快件为子母件。
- 寄付：运费由寄件方客户支付的一种付款方式。
- 到付：运费由派件方客户支付的一种付款方式。
- 转第三方付：运费转由寄件方客户及派件方客户以外的第三方支付的一种付款方式。
- 月结客户：指与公司签署月结协议，将协议规定的结算周期内的运费，统一在协议规定的时间支付的一种客户类型。
- 散单客户：月结客户以外的客户。
- 手持终端：是使收派员能够实现及时采集数据并传输至服务器的一种高科技便携设备。
- 地区代码：用于区别各地区的三位数编码，一般以各地区电话区号的后三位表示，是内部分拣快件以及信息系统电脑操作的需要。
- 9S 要求：整理、整顿、清扫、清洁、素养、坚持、习惯、节约、安全。

### 工作任务 2：熟悉快件的处理

知识窗 1：快件的处理，涉及接收、分拣、封发、装运等过程、环节，将出站快件、中转快件、进站快件按客户书写的寄达地址，依据各快递企业中转关系、相关规定、频次和时限，有序地组织生产作业，保证快件迅速、准确地传递。

知识窗 2：

- 接收：是指处理中心验视进站总包快件装载车辆的封志，检查总包快件规格，复核交接总包数量，并办理签收手续的处理过程。
- 分拣：是指按快件运单书写的寄达地址，将相关的快件分别汇集分到规定格口内的处理过程。
- 封发：是指将分拣后的快件封装成快件总包，并装载发运的处理过程。
- 装运：是指将封装后的总包按规定装码在运输设备和工具中的过程。
- 进站：是指其他分拣中心发出的总包快件进入某一分拣中心并被接收的过程。

- 出站：是指某分拣中心将封往其他分拣中心的总包快件发运出去的过程。
- 中转：是指快件的运输线路不能直接到达目的地，需通过中转环节再次处理后转发至目的地的过程。
- 直封：是指快件无须中转，直接封成总包发往目的地的过程。
- 频次：是指在规定时间内快件交接、封发的次数。处理环节的频次可分为交接频次和封发频次。
- 交接频次：是指每天交接快件的次数。
- 封发频次：是指在快件封发作业环节，对同一寄达地点每日封发的次数。
- 处理时限：是指在快件处理作业环节，从快件进站、经分拣封发到快件出站整个作业过程中不得超过的最大时间限度。
- 快件处理设备：是指快件处理过程中使用的设施、设备，可分为搬运设备、分拣设备、条码设备等。
- 用品用具：是指快件处理过程中使用的用品工具，可分为盛装容器、计量器具、业务用品，如总包空袋、总包包牌、封志、业务单册等。
- 搬运设备：是指用于装载和运送快件所使用的带式输送机、辊式输送机、托盘车、弹簧车、手推车、轮式集装笼（箱）等。
- 分拣设备：是指用于快件分拣所使用的自动分拣机、半自动分拣机、拣选机、手工分拣格口架等。
- 条码设备：是指用于快件处理过程中，扫描条码所使用的条码信息采集器（阅读器）、激光自动扫描器、手持条码扫描器等。扫描器有固定式、有线移动式和无线移动式三种。

模块二

# 岗位规范

## 工作情境1　收　派　员

快递小哥的梦想

工作场景1：收派员通识篇
工作场景2：取件标准流程
工作场景3：派送标准流程

### 学习目标

素质目标：认知收派员岗位标准、收派员岗位标准配置、取件异常情况处理的描述、派送异常情况处理的描述

知识目标：熟悉“做件”操作规范、收派员取件的操作标准、取件异常情况处理的操作标准、收派员派送的操作标准、派送异常情况处理的操作标准

技能目标：掌握收派员动作标准规范、收派员取件操作业务的规范、收派员派送操作业务的规范

拓展目标：了解收派员岗位职责及要求、派送的排序与线路设计、收派员取件操作业务流程图、收派员派送操作业务流程图

### 工作场景1　收派员通识篇

知识点：收派员岗位职责及要求、派送的排序与线路设计、收派员岗位标准配置

关键技能点：收派员岗位标准、收派员动作标准规范、“做件”操作规范

#### 工作任务1：了解收派员岗位职责及要求

知识窗：收派员岗位职责及要求，见表2-1。

表2-1　收派员岗位职责及要求

| 序号 | 岗位职责 |
|---|---|
| 1 | 认真执行公司各项规章制度和标准化操作流程 |
| 2 | 在公司规定时间内，安全、快捷、准确地完成日常取派送工作 |

续表

| 序号 | 岗位职责 |
|---|---|
| 3 | 确保客户小件不受损失，确保公司利益不受侵害 |
| 4 | 妥善处理客户提出的各种需求，维护公司在客户心中的良好形象 |
| 5 | 负责及时派送月结客户对账清单及发票 |
| 6 | 负责及时回收月结款项，并在规定时间内如数上缴财务入账 |
| 7 | 负责及时准确地将现结、应收、代收等款项交与财务 |
| 8 | 负责所辖区域客户的开发和维护工作 |
| 序号 | 辅助职责 |
| 1 | 宣传公司新业务及服务措施 |
| 2 | 负责新同事的传、帮、带工作 |
| 3 | 收集客户需求、建议及意见，并及时反馈 |
| 4 | 承办上级领导及上级管理部门交付的其他工作任务 |
| 5 | 协助分点部负责人处理其他紧急事务 |
| 序号 | 岗位要求 |
| 1 | 身体健康，品貌端正，无不良嗜好，体力充沛，能吃苦耐劳 |
| 2 | 有一定的阅读能力、计算能力、逻辑思维能力 |
| 3 | 富有工作激情，具有强烈的敬业精神及良好的思想道德品质 |
| 4 | 具有较强的语言沟通能力及良好的团队协作精神 |
| 5 | 性格开朗、外向，工作主动、积极，有较强的学习能力 |
| 6 | 自带摩托车或汽车者，要求相关手续齐全，需要有驾驶证、行驶证 |

快递业务员国家职业技能标准

### 工作任务 2：认知收派员岗位标准

知识窗：收派员岗位标准，见表 2-2。

表 2-2　收派员岗位标准

| 类别 | 模块 | 要求与标准 | 技能要点 |
|---|---|---|---|
| 营运类 | 场地设备 | 熟练使用岗位各种操作工具，能够做到定期维护设备的安全 | 熟练使用和维护手持终端 |
| | | | 能够准确称取快件重量、测量体积 |
| | | | 熟练使用打包机 |
| | | | 熟练使用分点部消防器材 |
| | | | 能够安全使用和维护交通工具 |
| | | | 理解 9S 要求：了解常用物料及发放要求，熟练使用工具包，保持工具包整洁、物料充足、摆放对位，并熟练取放工具物料，保持操作现场整洁 |

续表

| 类别 | 模块 | 要求与标准 | 技能要点 |
| --- | --- | --- | --- |
| 营运类 | 收派件规划 | 能够通过客户位置、派送时间以及交通情况，规划收派线路，提高收派效率 | 熟悉区域范围、客户分布，了解区域交通情况 |
| | | | 掌握收派件时限要求，分点部参加中转批次、时间，不同班次交件截止时间和要求 |
| | | | 了解到件、发件的操作要求 |
| | 收派流程 | 要求与标准：能够依据公司标准操作流程，安全、快捷、准确地完成日常收派件工作 | 掌握公司标准收件流程及操作规范 |
| | | | 掌握公司标准派件流程及操作规范 |
| | “包装做件” | 能够根据公司要求包装快件、填写运单 | 了解海关对出口快件的要求，掌握识别违禁品的方法 |
| | | | 熟练使用工具，查询客户地址 |
| | | | 掌握公司重量误差标准，熟练正确地计算快件运费 |
| | | | 准确填写运单并贴单 |
| | | | 掌握标准快件包装操作技术，使用正确的包装和标识 |
| | | | 熟练使用特殊类型快件“做件”技术 |
| | 安全防范 | 能够按照公司安全守则，掌握确保人身安全、行车安全、快件安全的关键要领 | 掌握户外作业安全技巧 |
| | | | 掌握快件运输安全技巧 |
| | | | 掌握资金风险防范技巧 |
| | 异常处理 | 能够根据公司要求进行异常上报备案处理，确保快件安全，维护公司形象 | 掌握收件异常情况处理流程与操作规范 |
| | | | 掌握派件异常情况处理流程与操作规范 |
| | | | 能够按规定流程处理滞留快件 |
| | | | 掌握预防新问题及客户投诉的技巧 |
| | 款项回收 | 能够及时收取款项，并在规定时间内上缴 | 理解应收款管理规定 |
| | | | 熟练使用各种结算方式及工具 |
| | | | 掌握收款沟通技巧，及时收回客户款项 |
| 客户类 | 产品知识 | 能够将公司的产品准确无误地推荐给客户使用 | 掌握公司各种产品知识 |
| | | | 根据客户需求，有针对性地将产品推荐给客户使用 |
| | 市场营销 | 能够及时了解区域内市场动向，根据公司政策，有针对性地挖掘客户 | 能够维护本区域内老客户 |
| | | | 及时发现潜在客户和开发新客户 |
| | | | 掌握月结、代收货款、客户开发和签订流程 |
| | 客户服务 | 能够不断提升服务质量，为客户提供优质的服务 | 掌握收派员仪容、仪表要求 |
| | | | 掌握收派员言语、行为规范 |
| | | | 掌握常见客户应答及异议处理技巧 |

收派员上岗培训

### 工作任务3：掌握收派员动作标准规范

知识窗：收派员动作标准规范，见表2-3。

表2-3 收派员动作标准规范

| 序号 | 操作类别 | 操作工序 | 操作动作 | 常见的问题 | 动作标准规范 |
| --- | --- | --- | --- | --- | --- |
| 1 | 收派准备篇 | 工具、物料准备 | | 随身携带物料不足，影响正常收派工作，如：缺少文件封、胶纸等 | 每天根据负责区域情况准备合适的物料和数量 |
| 2 | | | | 多次在背包里翻找物料 | 各类物料、工具定点定位放置，便于拿取使用 |
| 3 | | | | 没有携带电子秤，托寄物带回分点部进行称重，电子秤不进行校验 | 每天对操作工具进行检查，每周分点部对电子秤进行校验 |
| 4 | | | | 收派作业中出现终端电量不足，无法扫描 | 每天对主用及备用终端电池使用座充充电4小时以上 |
| 5 | 终端使用篇 | 终端取放方法 | | 从终端包内拿出终端时有调整动作 | 终端屏幕朝下，正面朝里放置在终端包内，减少了拿取使用时的调整动作 |
| 6 | | 终端放置 | | 终端旋转随意，如：放在衣服口袋里、背包里；终端屏幕在上或不使用终端包等 | |
| 7 | | | | 终端机无防滑绳 | 安全防滑绳系在终端底部与终端包之间，防止终端坠地、丢失 |
| 8 | 收件动作篇 | 文件类操作 | 装件 | 对托寄不整理，直接装入 | 将零散的托寄物整理叠放在一起，倾斜插入文件封内 |
| 9 | | | 装单 | 运单在装入袋时，运单边角褶皱、不平整，需用手伸入运单袋中再次调整 | 左手持运单长袋口，右手拿起运单，斜插入运单袋内 |
| 10 | | 小件包裹类操作 | 装单 | 运单在装入袋时，边角发生褶皱、不平整，需用手伸入运单袋中再次调整 | 先装短袋口，后装长袋口，增加装单时的缓冲空间，减少装入时的阻力 |
| 11 | | | 装件 | 托寄物在装袋时，需多次用手进行推塞，或提起包装胶袋抖动 | 左手打开包装胶袋口，右手将托寄物斜插入包装胶袋内，减少接触面 |
| 12 | | 货件类操作 | 开箱查验 | 用笔、钥匙等进行开箱 | 使用壁纸刀/小介刀，推出刀片长度约1厘米，既可以快速开箱，又避免了推出刀片过长划伤托寄物 |
| 13 | | | | 开箱时，箱体发生转动 | 左手扶住箱体，右手用纸刀壁按先右后左，依次划开两端封口的胶纸 |
| 14 | | | 内包装 | 内包装时，需多次翻转托寄物 | 将气泡膜进行对折，增加其厚度，减少其长度 |
| 15 | | | 填充包装 | 因包装不良产生托寄物损坏 | 先将气泡膜放在箱体底部，将托寄物放在箱体中心，用气泡膜填满箱体四周 |

续表

| 序号 | 操作类别 | 操作工序 | 操作动作 | 常见的问题 | 动作标准规范 |
| --- | --- | --- | --- | --- | --- |
| 16 | 收件动作篇 | 货件类操作 | 填充包装 | 填充完毕后，未对包装效果进行查验 | 通过看、嗅、听、感、搬等方式，检查包装是否符合要求 |
| 17 | | | 称重之挂钩制作 | 将电子秤挂钩直接钩在托寄物外包装上，如：钩在箱体边角处等 | 无钩挂处的托寄物，用胶纸缠绕粘贴制作挂钩 |
| 18 | | | 封箱封口 | 出现多次寻找胶纸头 | 每次使用时，在断开处做小折口标记 |
| 19 | | | 缠绕加固 | 使用胶纸对较大件托寄物进行加固时，多次翻滚托寄物 | 将托寄物侧立，左右手交替转动胶纸，用胶纸的滚动代替货物的滚动 |
| 20 | | | | | 将托寄物倾斜放置，左右手交替转动胶纸，用胶纸的滚动代替货物的滚动 |
| 21 | | | 外包装 | 使用编织袋对托寄物进行外包装加固时，多次搬动 | 将托寄物竖立，编织袋从上往下套在托寄物上 |
| 22 | | | 装单入袋 | 运单不易装入，需用手多次推塞 | 利用吹气，使透明运单袋完全打开，增加运单袋内的缓冲空间，减少运单装入时的阻力 |
| 23 | | | 粘贴运单 | 运单条码被胶纸覆盖、运单粘贴条数三条以上 | 以“H”型粘贴运单，既可以配合快件封箱的加固操作，又节省胶纸的使用量，同时避免运单条码被粘贴，易于中转分拨 |
| 24 | 派件动作篇 | 整理快件 | 分类摆放 | 在派送前没有仔细分拣，出现重复至同一客户处派送等情况 | 结合派送顺序，将同一派送地点、同一客户快件的运单面朝向在一致处放置一起 |
| 25 | | 装件入包 | 装件入包 | 快件装包较随意，运单面无统一朝向 | 文件类快件正面朝内放在背包内侧，小件包裹类运单正面朝内或朝上，放置在背包或集装包内，便于派送时查看运单的信息 |
| 26 | | 快件装车 | 自带车 | 快件放置混杂，在派送时需要寻找要派送的快件 | 遵循“后送先装、易碎侧立、大不压小、重不压轻、运单朝上或侧立朝外”的原则。快件的分类码放，避免了因车辆颠簸导致快件的摩擦碰撞，产生快件损坏；同时派送员便于查看，节约派送时间 |

续表

| 序号 | 操作类别 | 操作工序 | 操作动作 | 常见的问题 | 动作标准规范 |
|---|---|---|---|---|---|
| 27 | 派件动作篇 | 抽取运单 | 抽取运单 | 用手直接撕破运单袋，抽取运单 | 用壁纸刀/小介刀划开运单袋封口，便于一次性抽取，且保持了抽出运单的平整性 |
| 28 | | 递送运单 | 递送运单 | 运单递送随意，无统一朝向，没有同时递送签字笔 | 签字笔和运单正面朝向客户，一起递送，同时指出签字位置，不仅节约了派送的时间，也从细微处体现了快递企业的服务意识 |
| 29 | | 收费给票 | 收费给票 | 零钱、发票放置散乱，没有按面额大小进行整理放置 | 零钱以面额大小整理放置在钱包内，既节约了找零时寻找的时间，同时也避免了散乱放置所导致的丢失。发票以面额大小整理放置于终端副袋内 |

### 工作任务 4：熟悉“做件”操作规范

### 工作任务 4-1：熟悉贴单操作

**知识窗 1**：将运单的“寄件人联”交给委托客户，然后将“签收联”取下，由收派员保存。

**知识窗 2**：用唛头笔在随货运单上填写“目的地城市区号”。

**知识窗 3**：粘贴运单。

- 规则快件：将随货运单贴在最大面正中，并用透明胶带上下粘贴。
- 不规则快件：将随货运单粘贴在最醒目面正中，用封箱胶带在运单上方和下方粘贴固定。
- 小件袋或包裹袋：将随货运单直接放入表面指定位置。

### 工作任务 4-2：熟悉一票多件的操作

**知识窗 1**：一票多件指的是一票快件对应货物件数超过一件的快件。

**知识窗 2**：选定一件快件粘贴运单，按正常操作粘贴运单，并用绿色胶带在离粘贴快件运单面 10 厘米处缠绕快件一圈，表示该件为此票货物的主件；其余快件应根据主件运单内容填写标签（填写内容包括：运单单号、出港公司、到达地），其余快件都要填写粘贴标签，确保内容与主件一致；将填写完整的其余运单标签粘贴在外包装明显面，保证分单的编码不被破坏；收派员在派送一票多件的快件时，要根据主单上标明的总件数核对分单数量。

### 工作任务 5：了解派送的排序与线路设计

**知识窗 1**：排序，是指将业务员在派送快件前，结合路线、时效等因素，对快件按照准确、及时的原则进行整理和排列，它是整理快件的重点，也是快件实现高效率派送的基础。

**知识窗 2**：派送路线，是指将业务员在派送快件时所经过的地点或路段按照先后顺序连接起来所形成的路线。派送路线是业务员派件所走的轨迹，合理设计派送路线可节约派送时间，提高派送效率。

**知识窗 3**：派送路线的设计应该考虑一些原则，见表 2-4。

**表 2-4　设计派送路线考虑的原则**

| 设计派送路线的原则 | 说明 | 影响因素 |
| --- | --- | --- |
| 保证派送时限 | 快件派送时限，是指完成快件交接，至客户处成功派送快件、运单和款项交接等活动的最大时间限度。为了更好地服务客户，完善快递企业的快递服务产品，快递企业通常都会向客户承诺快件派送的时限，即收寄快件时向客户承诺的最晚派送时间 | 当班次派送件量过大 |
| | | 在同一班次内，因客户不在，而进行二次派送 |
| | | 天气恶劣、交通堵塞、交通管制等不可控因素 |
| 对于优先快件，优先派送 | | 时限要求高的快件，如同时有“即日达”“次日达”的快件需要派送，应优先派送即日达的快件 |
| | | 客户明确要求在规定时间内派送的快件，如等通知派送的快件，需要在客户要求的时间完成派送 |
| | | 二次派送的快件，即首次派送不成功，客户要求再次派送的快件 |
| | | 保价快件一般具有高价值、易碎、对客户有较高的重要性等特点，随身携带的时间越长，遗失或破损的概率越大，对于客户、快递企业以及业务员而言，都存在较大的风险，因此为了降低风险，对于此部分快件可优先派送 |
| | | 客户有特殊要求等原因 |
| 先重后轻，先大后小 | | 非轻抛货件：先重后轻，是指优先派送重量较重的快件，再安排重量较轻的快件；先大后小，是指优先派送体积较大的快件，再派送小件快件。由于重的或体积大的快件，装卸搬运劳动强度相对更大，所以要优先处理，可以减轻全程派件作业的负荷程度 |
| | | 若既有非轻抛货件，又有轻抛货件时，则需根据实际情况灵活处理 |

续表

| 设计派送路线的原则 | 说明 | 影响因素 |
| --- | --- | --- |
| 减少空白里程 | 空白里程，是指完成当班次所有快件的派送所行走路线的实际距离，减去能够完成所有快件派送的有效距离。空白里程产生的是无用功，增加了业务员的劳动时间和劳动强度 | 对派送段所包含的路段、地址、门牌号不熟悉，导致在派送时绕路。业务员胜任独立派送快件前，应熟悉派送段，掌握每条路段、街道所包含的门牌号，如为商场、超市、学校等场所，需要了解其布局，确保能以最短距离到达收件客户处 |
| | | 排序时，未将同一客户的多票快件排在一起，导致多次派送。快件排序时，需要注意将同一客户的多票快件整理到一起，同时派送，避免多次派送 |
| | | 派送路线交叉过多或重叠，没有根据由近而远的地址排序。按照派送路段由近及远的顺序，将相近客户的快件排列、整理。此条原则主要是基于派送的总时间考虑，选择由近及远的方式派送，不仅可以节省劳动强度，也可节省派送总时长；业务员对于同一个派送段，应掌握多条派送线路，以最佳方式派送 |
| | | 信息滞后，导致绕道而行。业务员须及时掌握派送段内的路况信息，如交通管制、封路信息 |
| 考虑道路情况 | 派送路线的设计，需要综合考虑派送段的路况、车流量，当班次的快件数量，快件时效要求等因素进行设计 | 遵守道路运输及领域相应法律法规，选择允许派送车辆行驶的路段 |
| | | 派送路段路况。避开车流量或人流量较大的路段，减少运输时间 |
| | | 快件时效要求。减少运输时间，尽量避免在十字路口行驶，减少等待时间 |
| | | 行车安全。选择路况较好的路段，包括路面质量好、车道宽敞、车流量较小、坡度和弯道密度较小的路段 |

**知识窗4**：合理的派送路线，对于派送工作的有效完成具有重要的作用，具体体现为有利于满足快的时效要求，实现派送承诺；节省行驶和派送时间，减小劳动强度；节省运输成本，减少车辆损耗。因此，在派送前一定要做好派送线路的设计。在实际操作中，派送路线的设计，需要综合考虑各项原则。如果各项原则不能同时满足，则应当首先满足根本原则，其次再满足其他原则。

### 工作任务6：认知收派员岗位标准配置

**知识窗**：收派员岗位标准配置，见表2-5。

表 2-5　收派员岗位标准配置

<table>
<tr><th>装备名称</th><th>装备图例</th><th>装备简介</th><th>装备要求</th></tr>
<tr><td>双肩背包</td><td>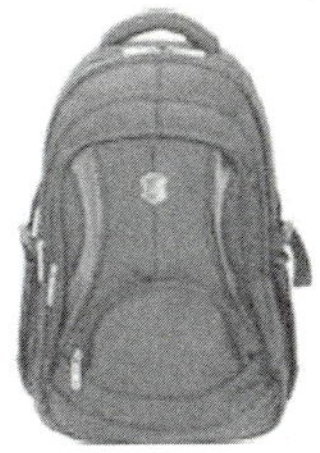</td><td>快件的装载容器：重量在 1 千克以内的小件必须入包，重量在 1～3 千克（含 3 千克）之间的小体积快件尽量入包</td><td rowspan="8">1. 收派员每日工作前应检查装备配备情况，保证装备齐全、性能良好；<br>2. 双肩背包、腰包应干净整洁，双肩背包背于身后，腰包束于体前，拉好背包拉链；<br>3. 每日擦洗电动车，保证车体干净整洁；<br>4. 货物码放在电动车后座，既要牢固安全又应整齐有序；<br>5. 自带面包车的收派员要每日擦洗车辆，及时修复划痕，保证车体整洁、车内无异味</td></tr>
<tr><td>工装</td><td></td><td>包括工衣、工裤、帽子、鞋</td></tr>
<tr><td>手机卡</td><td></td><td>供收派员取件时接收信息</td></tr>
<tr><td>圆珠笔</td><td></td><td>供收派员在收取和派送快件过程中，填单书写使用</td></tr>
<tr><td>收派员<br>服务手册</td><td></td><td>供收派员在取、派快件过程中查询相关信息</td></tr>
<tr><td>工牌</td><td></td><td>收派员身份标识胸卡</td></tr>
<tr><td>腰包</td><td></td><td>放置零钱、小刀、圆珠笔等日常小型工具</td></tr>
<tr><td>电子弹簧秤<br>（内置卷尺）</td><td></td><td>收派员随身携带，用于计量快件重量或体积的工具</td></tr>
</table>

续表

| 装备名称 | 装备图例 | 装备简介 | 装备要求 |
|---|---|---|---|
| 壁纸刀 |  | 方便收派员包装和检查快件 | |
| 唛头笔 |  | 供收派员在收取快件过程中标识目的地代码，以及在快件外包装上标识运单单号 | |
| 单据 | 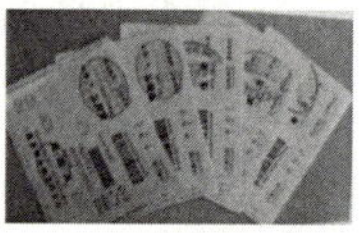 | 包括发票、收据、工作单 | |
| 简易包装材料 |  | 包括文件信封、快件袋、专用胶带、标识标签、气垫膜 | |
| 雨衣 |  | 收派员防雨用具（自备） | |
| 雨布 | 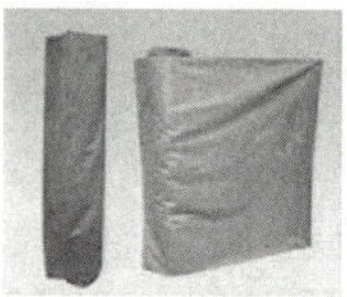 | 快件防雨用具（自备） | |
| 绑带 |  | 捆扎快件使用（自备） | |
| 终端包、终端 |  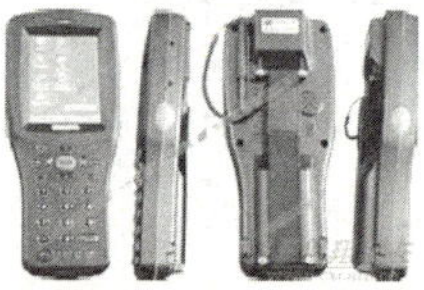 | 配合扫描 | |

# 工作场景 2 取件标准流程

知识点：收派员取件操作业务流程图、取件异常情况处理的描述

关键技能点：收派员取件操作业务的规范、收派员取件的操作标准、取件异常情况处理的操作标准

快递哥用“心”赚钱

## 工作任务 1：了解收派员取件操作业务流程图

知识窗：收派员取件操作业务流程，见图 2-1。

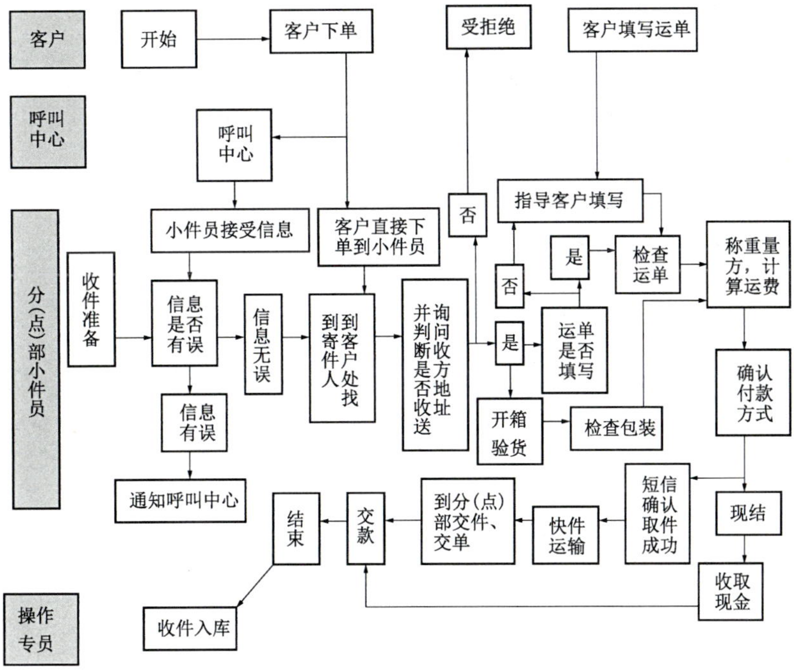


图 2-1 收派员取件操作业务流程

## 工作任务 2：掌握收派员取件操作业务的规范

知识窗：操作业务的规范，见表 2-6。

快递专用收派箱

表 2-6 收派员取件操作业务的规范

| 子任务 1：取件前的准备 |
| --- |
| 操作任务 |
| 1. 操作设备准备<br>（1）检查手机状况，确保其处于正常工作状态，准备接收取件信息；<br>（2）操作工具：弹簧秤、唛头笔、圆珠笔、壁纸刀、《收派员服务手册》、双肩背包、腰包、雨具。<br>2. 营运物料准备<br>（1）运单：快件运单、普件运单、代收运单、港澳台件运单； |

续表

| 子任务1：取件前的准备 |
| --- |
| （2）包装材料：文件封、小件袋、专用胶带、少量气垫膜。<br>3. 单证准备<br>（1）取件所需：发票、收据、小件宣传卡、零钱；<br>（2）个人证件：工牌、身份证、驾驶证。<br>4. 交通工具准备<br>（1）确保交通工具状况良好；<br>（2）确保交通工具整洁，防止污染快件。<br>5. 业务准备<br>（1）学习分点部内宣传栏文件，及时掌握公司最新业务动态和相关操作知识；<br>（2）参加分点部早例会。<br>6. 仪容仪表形象准备<br>（1）穿着整洁干净的工装，戴工帽、佩戴工牌；<br>（2）整理好个人仪容仪表，调整好心态和情绪 |
| 子任务2：接受取件的信息 |
| 操作任务<br>1. 收派员在接到下单信息后，认真阅读短信内容，并通过手机短信或PDA回复确认信息<br>2. 仔细核对信息内容，如发货客户地址不在自己服务区域内，应立即反馈至呼叫中心，以便及时纠正<br>3. 对于新客户（包括其他有必要联系的客户）应及时联系并确认其地址。给客户提前打个电话，可以让客户更加安心，同时让客户有几分钟的时间做好准备 |
| 子任务3：到客户处 |
| 操作任务<br>1. 根据下单信息内容，合理安排取件的路线和顺序，确保到达时间比约定提前5～10分钟，尽量避免因路上交通阻塞或道路不熟悉而迟到<br>2. 收派员收到下单信息后应在40分钟内到达委托客户处，如无法按约定时间到达，应提前与客户取得联系，表示道歉并重新约定时间<br>3. 收派员到达客户的公司后，交通工具应在指定位置停放整齐，不得妨碍他人<br>4. 妥善放置已收取的快件<br>（1）3千克以下能入包的快件必须入包随身携带；<br>（2）任何时候都不得将快件单独放置在无人看管处，必须确保快件安全无遗失。<br>5. 到达客户处，进门前，需整理好个人的仪容仪表，保证衣着从上到下整齐、洁净<br>6. 到达客户办公室（房间）时，无论客户办公室（房间）的门是打开还是关闭，都应该按门铃或敲门，向客户请示，待客户同意后，方可进入<br>7. 取件前应主动向客户表明身份并出示工牌，表明来访目的<br>8. 在客户处的注意事项<br>（1）不得使用客户的电话，未经客户允许，不得随意就座或翻动客户的任何物品；<br>（2）如遇雨雪天，必须穿上鞋套，方可进入现场，另外应自带塑料袋将随身携带的雨具收好，以保护客户所处环境不因收派员的到来而受到影响；<br>（3）如在服务过程中需要接听手机，须先向客户致歉，然后再接听，接听声音应尽量小，以保证客户所处环境的安静 |

续表

| 子任务 4：在客户处的现场操作 |
|---|
| 操作任务<br>1. 确认寄递物品是否在快递公司规定的范围内，收派员须向委托客户说明，需进行寄递物品的检查，并在取得客户同意后，按要求对快件寄递物品进行全面检查<br>（1）检查寄递物品是否完好，是否属于违禁品、危险品或公司限制寄递的其他物品。<br>① 如部分物品属于公司规定不能寄递的物品范围，可在客户同意后对其余物品进行寄递。<br>② 如全部物品属于公司规定不能寄递的物品范围，须跟委托客户解释原因，并将寄递物品退回。<br>（2）检查寄递物品的品名、数量等内容与委托客户所提供的信息是否一致，如有不符，须立即与客户核实，并将核实后的正确信息填写在运单“重要提示”栏中。<br>2. 检查快件包装，如包装未达到标准，须要求委托客户对包装进行改进<br>（1）委托客户改进包装。<br>① 改进后包装符合运输标准，正常取件。<br>② 若客户无条件改进包装，需协助客户完善包装，同时向客户收取相应的包装材料费。<br>（2）委托客户拒绝改进包装，向客户解释，退回快件。<br>3. 查验货物是否属于贵重物品<br>（1）如果是贵重物品，向客户建议进行保险，并介绍保险费率及免赔额。<br>（2）如果是贵重物品，但客户执意不进行保险，将向客户说明如果货物出现意外，快递公司将按照运单背书标准进行赔偿。未进行保险的快件，货物出险后依据《邮政法》《邮政法实施细则》规定的内容赔偿，文件类不超过运费 2 倍、包裹类最高不超过本次运费的 5 倍<br>4. 检查运单内容<br>（1）指导客户填写相应的运单内容——寄件和收件双方公司名称、联系人、地址及联系电话等内容。<br>（2）检查客户填写的运单是否完整，若填写不完整的，须指导客户补充相关内容。<br>（3）提示客户仔细阅读运单的背书内容。<br>5. 称重计费<br>（1）使用弹簧秤、卷尺测量快件的实际重量、轻抛重量和尺寸规格，确定正确的计费重量，并计算运费。<br>（2）将需要收派员填写的运单内容填写完整——原寄地代码、目的地代码、件数、重量、运费、工号、取件日期、时间、付款方式、寄递物详细资料等。<br>（3）运费结算：必须勾选一种结算方式。<br>① 现结：当场同客户用现金结清运费。<br>② 到付：在到付框内打钩，正确计算运费，并在费用合计处填写到付金额。<br>③ 月结：经确定客户的支付方式为月结时，在月结客户框内打钩注明。<br>6. 确认签名<br>（1）与客户确认运单信息，并提醒客户认真阅读快递公司背书条款，确认无误后，须要求客户在“寄件人签名”栏内签名确认，不得代替或伪造客户签名。<br>（2）须将运单的“寄件人”联，交委托客户留底。<br>7.“做件”操作<br>（1）将随货运单粘贴在快件最大面的正中。<br>（2）使用 PDA 扫描运单号并进行上传，系统收到取货任务完成的信息。如果没有实现 PDA 操作，须用手机短信回复。 |

续表

| 子任务 5：与客户道别 |
|---|
| 操作任务<br>1. 收派员应主动宣传公司的服务项目、服务特点、业务范围，大致了解客户的需求，并及时递上公司统一的宣传资料及卡片<br>2. 应及时告知公司新的服务项目、业务调整范围，并询问客户对服务的要求，收集客户的意见或建议，做好详细的记录，并反馈给公司<br>3. 如果收派员到达客户处，客户还没有把需要委托的货物准备好，收派员应礼貌地询问还需多长时间，如果在 5 分钟内不能准备好，应做到以下两点<br>（1）礼貌向客户解释：因时间紧张，还需去其他地址取件，不能长时间等候，告知客户准备好后再打电话通知；同时收派员本人应打电话通知点部负责人，说明已去过，但客户未准备好；点（部）负责人需电话确认另行取件时间。<br>（2）与客户约定取件时间，在约定时间内一定要赶回客户处取件，同时也应致电点部负责人，进行备案。<br>4. 主动热情同客户道别，离开时应把门轻轻带上 |
| 子任务 6：快件运输 |
| 操作任务<br>1. 根据当班次截止收件的入库时间和自己所处的位置，确定返回分点（部）的时间，确保快件可以及时参加当班次中转<br>2. 车辆运输快件途中要确保关好车门；摩托车和电动车运输要保证小件入包、大件捆绑牢固、易碎品妥善放置，确保快件在运输途中的安全<br>3. 雨雪天气的快件运输注意事项<br>（1）收派员要披好雨具，用雨布包好快件，确保本人和快件不被淋湿。<br>（2）注意道路情况，确保行车安全。<br>4. 在规定时间内把快件安全运回分点（部） |
| 子任务 7：交单、交件、交款 |
| 操作任务<br>1. 将收件表单、运单（财务联）、快件一起交给操作专员清点、核对，确保表单相符、单货相符<br>2. 与操作专员交接完毕，确认单件数量无误后，收派员在《收件交接表》上签名确认<br>3. 将所收取货款在规定时间内上缴公司 |

## 工作任务 3：熟悉收派员取件的操作标准

**知识窗**：收派员取件的操作标准，见表 2-7。

表 2-7　收派员取件的操作标准

| 子任务名称 | 标准要求 | 备　注 |
|---|---|---|
| 取件 | 必须随身携带收件所需的工具、物料、单证等 | 避免取件过程中，因包装材料或工具等短缺，而无法正常开展工作 |
| 准备 | 确认手机及其他设备工作正常 | 确保信息收取正常、沟通渠道畅通 |
| | 确认交通工具状况良好 | 确保人身安全及取件工作正常进行 |

续表

| 子任务名称 | 标准要求 | 备　注 |
| --- | --- | --- |
| 准备 | 确认个人仪容仪表符合规范 | 树立并维护快递公司良好的员工形象 |
|  | 必须准时参加分点部例会 | 及时了解公司动态并掌握最新的业务知识 |
| 接收订单信息 | 在手机信号盲区的逗留时间单次不得超过 15 分钟 | 确保连续、及时地接收到取件信息 |
|  | 接收到错误的信息时（收件地址非本人区域或预约取件时间非本人负责时间段内），须在接到订单信息 5 分钟内反馈至呼叫中心（反馈调度） | 确保取件信息能够及时准确传递给相应收派员，确保服务承诺，避免客户投诉 |
|  | 订单流水号不连续时必须主动联系呼叫中心进行查询 | 防止漏单 |
|  | 发现委托客户为快递公司的黑名单客户时，须立即上报相关部门 | 维护公司利益，避免不正当竞争 |
| 至客户处 | 必须详细了解负责区域内的道路名称、门牌号码、客户分布、交通状况及限速路段等情况 | 快速到达寄件客户处，确保服务承诺，体现公司竞争优势 |
|  | 对任一取件地点尽量掌握两条以上可以到达的路线 | 预防因意外情况使道路堵塞不通而无法正常取件 |
|  | 规划收件路线时，同接收到的信息核对，必须确保没有漏收件 | 确保服务承诺，避免客户投诉 |
|  | 必须在规定的时限内到达客户处取件 | 确保服务承诺，体现公司竞争优势 |
|  | 必须主动出示工牌，表明身份及来意 | 消除客户疑虑，避免不正当竞争 |
|  | 至客户收件地址处，未找到客户且电话联系不上时，须立即致电操作专员备案 | 确保服务承诺，体现诚信并方便客服回复客户查询，避免客户投诉 |
|  | 客户快件未备好，等待时长为 5 分钟 | 确保服务承诺和其他客户利益，如时间充裕，可视情况延长 |
| 现场操作 | 必须与客户当面对寄递物品进行检查、清点（品名、数量、性质） | 确保交接清楚，避免纠纷及服务投诉 |
|  | 必须确保所取件包装符合规范 | 确保服务承诺及快件运输途中安全 |
|  | 必须提醒客户阅读运单背书内容 | 体现公司诚信，避免纠纷及服务投诉 |
|  | 严禁收取以下不符合寄递要求的快件：<br>1. 寄递物品：危险品、违禁品<br>2. 超服务范围<br>3. 零散单票价值超过 30 000 元的小件<br>4. 快件包装不符合要求的快件<br>5. 禁止收取同行快递公司快件 | 维护公司利益，体现公司诚信，避免纠纷及服务投诉，避免不正当竞争 |

续表

| 子任务名称 | 标准要求 | 备　注 |
|---|---|---|
| 现场操作 | 单件货物重量未超过随身称量工具的称重范围时，必须在客户处对快件进行称重计费 | 培养良好的操作习惯，建立与客户相互信任的关系 |
| | 必须获取寄件客户本人签名，并将具备完整信息的“寄件人”联留给客户 | 维护公司利益，体现公司诚信，避免纠纷及服务投诉，方便客户查询和对账 |
| | 同一份运单各联内容必须确保一致 | 体现公司诚信，避免纠纷及服务投诉 |
| | 运单和标签必须贴在正确的位置 | 方便各环节分拨，方便查找和确认快件信息 |
| | 必须在完成快件收取后，立即对快件进行终端扫描上传，或进行手机短信确认 | 及时传递操作信息 |
| 快件运输 | 合理规划时间，必须确保参加当班次中转 | 确保服务承诺，体现公司竞争优势 |
| | 必须确保人身及快件运输安全 | 确保员工个人及公司利益 |
| | 雨雪天气必须使用雨具 | 确保员工个人健康，防止快件受损 |
| 交件交单 | 必须对快件进行复查，确保快件质量 | 确保快件质量，打造高品质服务 |
| | 确保单、件一致 | 确保快件正常中转 |
| | 必须在规定时限内上缴公款 | 确保公司资金的正常流转 |

## 工作任务 4：认知取件异常情况处理的描述

**知识窗**：取件异常情况处理的描述，见表 2-8。

表 2-8　取件异常情况处理的描述

| 子任务名称 | 标准要求 | 备　注 |
|---|---|---|
| 取件异常操作 | 确认快件无法收取后，必须在 5 分钟内致电分点部负责人备案 | 报告原因，便于查询和后续操作 |
| 大件货物的处理办法 | 货物带回公司称重前，必须征得客户同意并在“寄件人签字”栏签名 | 确保交接清楚，避免纠纷及服务投诉 |
| | 必须在当班次操作专员停止大件入库前，通知客户货物重量及运费，并由客户确认大件可寄出，方可与操作专员进行交接 | 确保诚信，避免客户投诉 |
| | 必须在一个工作日内将“寄件人联”运单送至客户处 | 方便客户留底备查，以及对账 |
| 客户快件未准备好的处理办法 | 客户处等待时长最多为 5 分钟 | 确保服务承诺和其他客户利益，如时间充裕，可视情况延长 |
| | 客户在当班次内无法备好货物，须向客户说明情况，并建议客户备好快件后，重新下订单 | 确保整体的收件时效和服务质量 |

续表

| 子任务名称 | 标准要求 | 备　注 |
|---|---|---|
| 无法确定性质或价值的寄递物品的处理办法 | 必须要求客户出示货物的有效证明资料 | 确认寄递物品的性质 |
| | 对无法确认性质或价值的寄递物品，须向客户解释说明并致歉，表明无法收取 | 避免收取违法违禁物品 |
| 无法在委托地址找到委托客户的处理办法 | 必须致电委托客户，确认情况 | 告知客户已到达收件处 |
| | 若致电沟通无效或无法联系，必须立即致电分点部负责人备案 | 报告原因，便于查询和后续操作 |
| 取件数量过大，无法完成取件任务的处理办法 | 必须在确认无法完成收件任务的情况下，立即通知分点（部）负责人，并服从安排 | 由分点部负责人统一调度，确保整体服务时效和质量 |
| 快件未发出，客户要求退回的处理办法 | 运单资料已录入系统时，必须向客户按同城件计费标准，收取运费 | 运单资料进入系统，系统会自动核算收入和收派员提成，所以必须收取运费 |
| | 如果是客户直接联系收派员，须报呼叫中心备案 | 报告原因，便于查询和后续操作 |
| 复称发现重量不符的处理办法 | 必须在当班次停止快件入库前，通知客户，严禁私自更改重量及运费 | 与客户协商快件的处理办法，维护公司的诚信 |
| | 如客户接受复称后的重量及重新计算的运费：必须重新更换运单，并在快件发出后 3 小时内，将新运单单号通知寄件客户，“寄件人联”必须在 3 个工作日内送至客户处，收取或退还相应的运费差额 | |
| | 如果客户不同意更改，必须约定好时间，并按时将快件退回 | |
| 回库后包装破损的处理办法 | 拆开外包装清点时，必须有包括分点（部）负责人在内的 2 人（含）以上的人员同时在场 | 避免发生遗失时，责任不清 |
| | 有录像设备的地方，必须在有效摄录范围内拆包清点 | |
| 其他快递公司委托快递公司寄递快件的处理办法 | 严禁收取此类快件 | 收取此类快件等于变相帮其他公司在自己区域内发展，长期下去，必然导致自身业务量下降 |
| 快件未发出，客户填错运单，更换运单的处理办法 | 必须在快件发出后 3 小时内将新单号通知委托客户，收派员必须在 1 个工作日内将“寄件人”联送至客户处 | 方便客户查询及内部自查 |
| 快件未赶上正常班次的处理方法 | 必须立即致电客户说明延误原因及快件状况 | 体现公司诚信，避免瞒骗客户及不正当竞争 |
| | 必须立即通知分点（部）负责人，说明延误的原因 | |

## 工作任务 5：熟悉取件异常情况处理的操作标准

知识窗：取件异常情况处理的操作标准，见表 2-9。

表 2-9 取件异常情况处理的操作标准

| 子任务 1：大件货物的处理 |
| --- |
| 操作标准<br>1. 未超出自身运载能力，可收取的大件<br>（1）在征得客户同意的情况下，可将快件带回分点（部）称重并计算运费。<br>（2）在当班次操作专员停止收件入库前，通知客户快件重量及运费，并在一个工作日内将“寄件人联”送回委托客户处。<br>（3）如是现结客户，送“寄件人联”的同时，须向客户收取或退还运费差额。<br>2. 超出自身运载能力，但未超出快递公司收取范围的快件<br>（1）向客户说明情况并致歉，表明暂时无法收取，但会协调公司安排车辆尽快上门取货。<br>（2）电话通知分点（部）负责人，由分点（部）负责人安排相关人员收取。<br>3. 超出快递公司收取范围（超大或超重）的快件，应向客户说明情况并致歉，表明无法收取，同时立即致电分点（部）负责人备案（航空件寄递限制标准如有变动，以航空管理处最新通知为准）<br>（1）超重快件：航空件的单件快件重量达到或超过 80 千克，将会给航空运输带来安全隐患，建议客户更改包装。<br>（2）超大快件：单件快件外包装尺寸超过以下标准，不予收寄<br>① 航空件：单件快件长度 2.5 米，宽度 1 米，高度 1.8 米。超过此尺寸的快件不能通过机场安检设备。<br>② 非航空件：单件快件长度 2.5 米，宽度 1.5 米，高度 1.5 米。超过此尺寸的快件，将会给运输带来困难。<br>（3）无法航空运输，但符合快递公司陆运标准的，征得客户同意，允许取件 |
| 子任务 2：客户未准备好快件的处理 |
| 操作标准<br>1. 若时间许可，应耐心等待<br>2. 如超过规定等待时间（标准为 5 分钟），需礼貌地与客户沟通，并约定再次取件的时间<br>（1）如约定时间在当班次收件时间段内，须根据时间规划好路线，按约定时间上门收取。<br>（2）如约定时间超出当班次收取时间段，须向客户说明情况，并建议客户备好快件后，重新致电呼叫中心重新下单。 |
| 子任务 3：寄递物品无法确定性质或价值的处理 |
| 操作标准<br>收派员应与客户解释清楚，并请客户提供物品的有效证明资料<br>（1）客户出示资料，确认寄递物品符合公司寄递要求，正常取件。<br>（2）客户出示资料，确认寄递物品不符合公司寄递要求，须同客户说明情况并致歉，表明无法收取。<br>（3）客户拒绝出示资料或无证明资料，需同客户说明情况并致歉，表明无法取件。 |
| 子任务 4：客户取消发件的处理 |
| 操作标准<br>1. 至客户处，客户取消发件：收派员应询问原因并致电分点（部）负责人备案<br>2. 至客户处的途中，客户取消发件订单：收派员接收到呼叫中心发出的信息后，中止对该快件的取件准备，无须做其他操作处理 |

续表

| 子任务 5：敲门（按门铃）无反应、门卫不让进的处理 |
|---|
| 操作标准<br>1. 按下单信息中所留联系电话同客户进行联系<br>2. 若联系不上客户，须致电分点（部）负责人备案<br>3. 若联系上客户，需说明情况，请求客户协助解决<br>（1）客户开门或要求门卫放行，进入客户处取件。<br>（2）客户拒绝协助解决问题（不开门或不与门卫沟通），需向客户说明情况并致歉表明无法取件，同时须致电分点（部）负责人备案。 |
| 子任务 6：委托客户地址不详或不在收派员服务区域的处理 |
| 操作标准<br>1. 地址不详无法找到发件人<br>（1）按客户下单信息中所留下的联系电话进行联系，联系上客户确认地址后，上门取件。<br>（2）按客户下单信息中所留下的联系电话进行联系，如果无法联系上客户，必须立即致电分点（部）负责人备案。<br>2. 如果委托客户地址不在收派员服务区域内，必须立即致电分点（部）负责人备案。 |
| 子任务 7：收件数量过大，无法完成收件任务的处理 |
| 操作标准<br>1. 致电分点（部）负责人，由分点（部）负责人统一安排<br>2. 将无法收取的快件订单流水号报至分点（部）负责人<br>3. 分点（部）负责人致电呼叫中心，对该员工下单情况进行核实，根据实际情况进行相应处理 |
| 子任务 8：收件地址不详的处理 |
| 操作标准<br>客户提供的收件地址不详，收派员应作出相应解释，并请客户提供收方详细地址 |
| 子任务 9：收件地址超出快递公司服务范围的处理 |
| 操作标准<br>客户提供的收件地址超出快递公司服务范围，则礼貌向客户解释，需向客户致歉，表明无法取件，将快件退回，或客户自提，并致电分点（部）负责人备案 |
| 子任务 10：客户拒绝接受检查寄递物品的处理 |
| 操作标准<br>1. 当客户拒绝查验寄递物品时，收派员应耐心给予客户解释，并礼貌地告知检查寄递物品的原因，以及公司不予受理收寄的物品<br>2. 向客户解释说明后，客户仍坚持不同意查验货物时，需向客户致歉，表明无法收取快件 |
| 子任务 11：快件未发出，客户要求退回的处理 |
| 操作标准<br>1. 运单资料已录入系统<br>（1）按正常快件派送流程将快件退回给客户。<br>（2）快件按同城件的计费标准，向客户收取运费。 |

续表

| 子任务11：快件未发出，客户要求退回的处理 |
| --- |
| （3）通知分点（部）负责人，此件运费为同城件运费。<br>2. 运单资料尚未录入系统<br>（1）将快件与已收取的运费退回给客户。<br>（2）取回客户处的“寄件人联”运单。 |

| 子任务12：快件已收取，客户需要更改托寄物品的处理 |
| --- |
| 操作标准<br>1. 快件尚未交回分点（部）<br>（1）客户在当班次截单时间前通知，收派员须在当班次内返回客户处更改寄递物品。<br>（2）客户在当班次截单时间后通知，收派员须致电客户说明情况，并约定更换时间。<br>（3）要求重新开单。<br>2. 快件已经发出，参加中转<br>（1）需致电分点（部）负责人说明快件已发出，无法更改。<br>（2）分点（部）负责人与客户协商处理。 |

| 子任务13：复称发现重量不符的处理 |
| --- |
| 操作标准<br>1. 如因重量误差造成多收客户运费的，收派员需在1个工作日内至客户处，向客户做好解释，并将多收的运费退还给客户<br>2. 如因重量误差，造成少收客户运费的，取件收派员需自行承担差额运费 |

| 子任务14：回库后，包装破损的处理 |
| --- |
| 操作标准<br>1. 对快件进行复称，并检查寄递物品是否损坏或短缺<br>2. 致电客户，告知外包装及寄递物损毁情况<br>（1）如客户取消发件，须及时将快件退回，并上报分点（部）负责人备案。<br>（2）如客户同意发件，则将快件重新包装后寄出，并上报分点（部）负责人备案。 |

| 子任务15：其他快递公司委托某快递公司寄递小件的处理 |
| --- |
| 操作标准<br>此类快件一律拒绝收取 |

| 子任务16：快件未发出，客户需要更改运单信息的处理 |
| --- |
| 操作标准<br>1. 客户致电快递公司呼叫中心，呼叫中心将相关信息反馈给操作专员<br>2. 如快件尚未与操作专员交接，由收派员报分点（部）负责人，重新填写运单<br>3. 如快件已与操作专员交接，由操作专员进行如上操作 |

续表

| 子任务 17：快件未赶上正常班次中转的处理 |
| --- |
| 操作标准<br>1. 收派员及时通知客户，解释未赶上中转的原因，并告知客户下班次具体的发出、到达时间<br>（1）若客户取消发件，须及时将快件退回。<br>（2）若客户同意寄件，须安排下一批次发出。<br>2. 通知分点（部）操作专员录入异常，客户同意延迟发件<br>3. 收派员向分点（部）操作主管或分点（部）经理报告延误中转的原因，分点（部）操作主管或分点（部）经理根据实际情况做相应跟进处理 |

## 工作场景 3　派送标准流程

知识点：收派员派送操作业务流程图、派送异常情况处理的描述

关键技能点：收派员派送操作业务的规范、收派员派送的操作标准、派送异常情况处理的操作标准

伤心收派员

### 工作任务 1：了解收派员派送操作业务流程

知识窗 1：派送业务流程，见图 2-2。

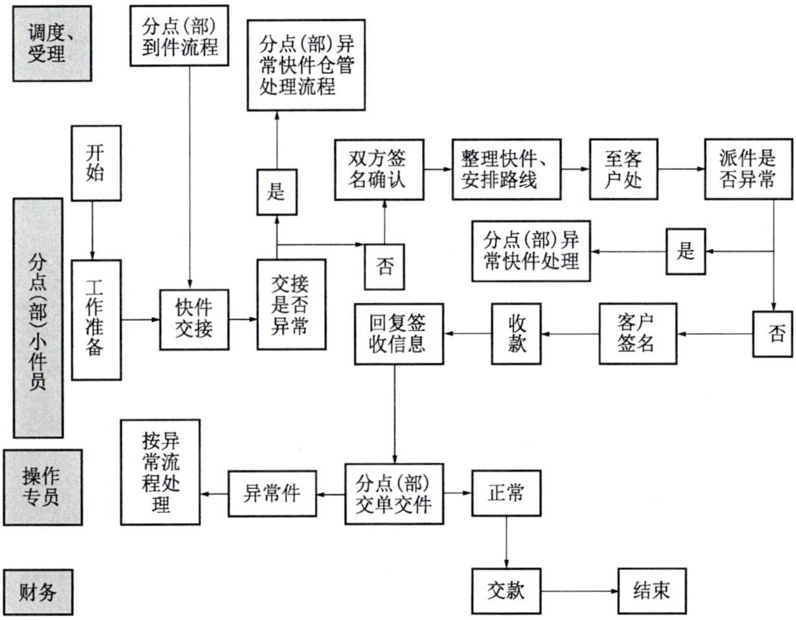


图 2-2　派送业务流程

### 工作任务 2：掌握收派员派送操作业务的规范

知识窗：对派送业务流程的描述，见表 2-10。

表 2-10　派送业务流程描述

| 子任务 1：工作准备 |
| --- |
| 操作任务 |
| 1. 单证准备<br>派送所需：工牌、收据或发票、零钱、身份证、行车证件<br>2. 交通工具准备<br>（1）确认交通工具的工作状况良好。<br>（2）确保交通工具的清洁，防止污染快件。<br>3. 设备准备：检查手机和 PDA，确保处于正常状态<br>4. 个人仪容仪表准备<br>（1）穿着整洁干净的工服、戴工帽、佩戴工牌。<br>（2）整理好自己的仪容、仪表，调整好自己的心态和情绪。<br>5. 业务准备<br>（1）阅读分点（部）内的宣传栏，掌握公司最新的业务动态及相关操作通知。<br>（2）清楚与自己相关的工作安排（由指定操作专员安排），并做好相应的准备。 |
| 子任务 2：快件交接 |
| 操作任务 |
| 1. 操作专员将快件唱数给收派员（点数交接）<br>2. 收派员清点快件数量并核对是否有外包装破损、分错件、地址错误、超范围、重量明显有误、付款方式不明确等异常快件<br>3. 快件清点无误后，收派员在“派送交接表”上签名确认 |
| 子任务 3：快件运输 |
| 操作任务 |
| 1. 收派员根据所接收快件的派送地址，结合自己所辖服务区域，合理安排派送线路<br>2. 根据派送线路，将快件按顺序进行整理装车 |
| 子任务 4：至客户处 |
| 操作任务 |
| 1. 派送地址为非正规办公场所（如宾馆、学校、私人住宅等），收派员在上门派件前须电话联系客户，确认客户地址，并预约派送时间<br>2. 妥善放置交通工具，确保交通工具安全，并且不得阻碍他人，不违章停放<br>3. 妥善放置其他尚未派送的快件<br>（1）快件入包：1 千克以内的快件必须入包（长度超过背包最大尺寸的 1 千克快件除外），3 千克（含 3 千克）以下体积较小的快件尽量入包，背包必须随身携带。<br>（2）严禁将快件单独放置在无人看管的地方。<br>4. 到达客户处，进门前整理好个人的仪容仪表<br>5. 派送前需主动表明身份，并出示工牌，说明来访目的<br>6. 如客户公司要求办理相关进出登记手续，应主动配合并及时归还客户公司的相关证明，如来访证、临时通行证等 |

续表

| 子任务 5：客户处现场操作 |
| --- |
| 操作任务<br>1. 客户签收快件<br>（1）收件客户本人签收，核实收件客户身份。<br>① 提醒客户当面检查快件外包装，验收快件。<br>② 验收无误后，请客户在运单的“收件人签字”栏内亲笔签名或者盖章，确保签名或盖章清晰可辨。<br>③ 对于客户签名无法辨认或辨认困难的，收派员须礼貌地向客户询问全名，并使用正楷字体填写在“收件人签字”栏下面，便于操作专员进行签收人录入。<br>（2）非收件客户本人签收，必须查看代收人的有效证件，核实其身份。<br>① 收派员致电收货人，由收货人指定代收人。<br>② 确认代收人身份后，提醒代收人当面检查验收快件，有条件的要留取代收人身份证复印件，无条件的将代收人身份证号码记录于运单上。<br>③ 验收无误，请代收人在运单“收件人签字”栏内亲笔签名或者盖章，确保签名或者盖章能够清晰可辨，同时须在“收件人签字”处注明“代收”字样。<br>④ 对于客户签名无法辨认或辨认困难的时候，收派员须礼貌地向客户询问全名，并使用正楷字体填写在“收件人签字”栏下面，便于操作专员进行签收人录入。<br>（3）客户拒绝签收快件（如外包装破损、拒付、拒收等）。<br>① 向客户做好解释工作，收回快件。<br>② 及时上报分点（部）负责人。<br>③ 将快件带回分点（部）交操作专员，做异常处理。<br>2. 运费结算<br>（1）到付：当场同客户用现金结清运费。<br>（2）代收款：根据运单代收金额，收取现金。<br>3. 将快件交付收件客户<br>4. 收派员在运单上填写工号、派件日期、派送时间等信息，将“签收联”带回公司，“收件人联”留给客户<br>5. 使用 PDA 对运单进行扫描，或利用手机反馈签收信息 |
| 子任务 6：交单交款 |
| 操作任务<br>1. 收派员整理好运单“签收联”和异常件<br>2. 将运单“签收联”、异常件一起交给操作专员，操作专员当面对运单和异常件做相应的扫描并填写“派件交接表”，收派员在“派送交接表”签字确认<br>3. 将所有收取款项在规定的时间内上缴公司 |

## 工作任务 3：熟悉收派员派送的操作标准

**知识窗：**派送流程操作标准，见表 2-11。

表 2-11　派送流程操作标准

| 流程环节 | 标准要求 | 备　注 |
|---|---|---|
| 工作准备 | 确保手机及 PDA 设备工作正常 | 确保信息收取正常，沟通渠道畅通 |
| | 确认交通工具状况良好 | 确保人身安全及派件工作正常进行 |
| | 确认所需工具和包装材料携带齐备 | 避免派送过程中因包装材料或工具短缺，而无法正常开展工作 |
| | 确认个人仪容、仪表符合规范 | 树立并维护公司良好的员工形象 |
| | 必须准时参加分点（部）例会 | 及时了解公司动态并掌握最新的业务知识 |
| 快件出库交接 | 出库快件必须当面点清数量 | 交接清晰，明确责任 |
| | 确认所接收快件是否存在外包装破损、分错件、地址错误、超范围、重量明显有误、付款方式不明确等异常情况 | |
| | 双方当面确认所接收快件的数量与“派送交接表”上一致 | |
| | 收派员必须在“派送交接表”上签名确认 | |
| 小件运输 | 必须详细了解负责区域内的道路名称、门牌号码分布、交通状况和限速路段等情况 | 快速到达派送客户处，确保服务承诺，体现公司竞争优势 |
| | 对任一派送地点至少掌握两条可以到达的路线 | 预防因意外情况使道路堵塞不通，而无法正常派送 |
| | 1 千克以下快件必须入包（长度超过背包最大尺寸的除外），3 千克（含3 千克）以下体积较小快件尽量入包 | 快件不离身，避免遗失 |
| | 快件装车或捆扎时，必须遵循“大不压小、重不压轻”的原则 | 防止运输途中快件破损、遗失 |
| | 合理规划时间，必须确保在公司派送时限内完成派送任务 | 确保服务承诺，体现公司竞争优势 |
| | 必须确保人身及快件运输安全 | 确保员工个人及公司利益 |
| | 遇雨雪天气必须使用雨具 | 确保员工个人健康，防止快件受损 |
| 至客户处 | 必须主动出示工牌，表明身份及来意 | 消除客户疑虑，加深客户印象，维护良好的公司形象 |
| | 至派送客户处，未找到客户，且电话联系不上时，必须向点（部）负责人反馈异常信息，做异常处理 | 方便客户与公司联系与查询 |

续表

| 流程环节 | 标准要求 | 备　注 |
| --- | --- | --- |
| 至客户处 | 必须确认签收人为运单上注明的收件人，或其指定的代收人 | 确认身份，防止他人冒领，确保公司与客户的利益不受侵害 |
| | 签收前必须提醒客户检查快件的外包装 | 与客户交接清晰，便于明确责任，避免纠纷和客户投诉 |
| | 收件人必须在“收件人签字”栏中签名或盖章 | |
| | 收件人的签名或盖章必须清晰可辨 | |
| | 如是到付现结快件，在收件人结清款项后，方可将快件交付客户 | 避免运费无法收回 |
| | 必须将“收件人联”交给客户 | 方便客户查询对账 |
| | 派送交付完毕后，必须立即进行扫描 | 及时传递信息，方便客户查询 |
| | 必须在运单“目的地”栏注明详细的分点（部）代码 | 使得计算机系统计算收派员派送提成更加精确 |
| 交单交款 | 确保“签收联”和异常件的数量之和与“出库件数”一致 | 确保无快件遗失、漏交单 |
| | 异常件上必须粘贴“异常贴纸”，并在贴纸上填写相关信息 | 方便操作专员对异常件进行跟进 |
| | 收取的款项必须在规定时限内上缴公司 | 确保公司资金的正常流转 |

## 工作任务 4：认知派送异常情况的描述

**知识窗**：派送异常情况，见表 2-12。

表 2-12　对派送异常情况的描述

| 类别 | 情况的描述 | 备　注 |
| --- | --- | --- |
| 派送异常操作规范 | 未派送成功的快件，必须按异常件操作流程，将快件带回，做异常处理 | 交接清楚，避免遗失 |
| | 所有异常派件，必须立即报操作专员备案或跟进 | 报知原因，便于查询和后续操作 |
| 破损小件 | 必须在一个工作日内核实快件破损的真实情况，并进行拍照登记 | 及时上报，方便客服跟进查询 |
| | 拍照必须包括：外包装照片、填充物品照片、损坏物品照片 | 提供详细图片信息，便于跟进及界定责任 |
| | 客户签收，快递公司不再负责 | 快件已在客户处，无法界定在哪个环节出现破损 |
| 地址不详 | 收派员必须先与收件客户电话联系 | 体现公司诚信，方便客户查询 |
| | 如果联系不上客户，必须立即报分点（部）负责人 | 及时上报，方便客服跟进 |

续表

| 类别 | 情况的描述 | 备注 |
|---|---|---|
| 付款方式不明 | 必须在派送给客户前，上报操作专员核实 | 及时上报，方便客服跟进 |
| | 如出库后，无法核实，可在客服确认情况下，按客服指令派送 | 及时上报，方便调度跟进 |
| 运费计错或重量不符 | 更改重量或者运费时，严禁直接涂改，必须在备注栏内注明正确的运费和重量，并与操作专员确认 | 确保服务时效，维护公司诚信 |
| | 重量不符的快件，必须报客服确认后，方可派送 | 防止快件贴错单、部分遗失等情况 |
| 客户搬迁、客户离职 | 客户搬迁后，必须确保收件公司名称、收件客户姓名与运单上的一致才能派送，否则必须经客服确认后，方可派送 | 避免派错快件 |
| | 客户搬迁的信息，必须报分点（部）负责人备案 | 客服核实正确地址，并更新系统内的信息 |
| | 收件客户离职，必须上报分点（部）负责人，由客服人员联系委托客户确定收件人 | 避免派错件 |
| 派错件 | 派错件必须上报，严禁私自隐瞒处理 | 及时上报，方便客服部跟进 |
| | 取回快件后，必须在第一时间将快件派送到正确的收件客户处 | 保护客户利益，将影响减到最低 |
| 改派件 | 呼叫中心通知改派的快件，必须在运单备注栏内注明改派后的地址和客服查询员的工号 | 方便查询 |
| | 派送至客户处，收件客户本人要求改派时，必须要求客户在“重要提示栏”内注明改派地址及“改派’字样，并签名确认 | 便于界定责任 |
| 客户抢件 | 收派员必须保持冷静，不与客户争执 | 不与客户争执、冲突，依合法途径解决问题 |
| | 必须在第一时间上报分点（部）相关负责人 | |
| | 必须确保自身人身安全 | |
| 错分快件（操作专员错分给收派员，收派员漏拿或错拿） | 立即与操作专员联系，确认错分快件的情况，若错拿件，必须在第一时间上报分点（部）负责人 | 由分点（部）负责人统一安排，确保整体服务时效和质量 |
| 至客户处，发现客户不在 | 必须致电收件方客户，以确定预约派送时间 | 确保派送时效 |
| | 如非收件客户本人签收，必须确认代收人的身份 | 防止他人冒领快件 |
| | 必须在“重要提示栏内”注明与客户约定的再派时间，并把约定时间告知操作专员 | 方便安排相应班次的同事派送 |
| | 无法联系到收件客户时，上报分点（部）负责人 | 方便客服联系、查询 |

续表

| 类别 | 情况的描述 | 备注 |
|---|---|---|
| 至客户处，发现客户不在 | 严禁在无人签收的情况下，把快件放在客户处或者门卫处 | 防止快件丢失 |
| 大件或多件货物派送 | 上门派送前必须电话通知客户，让客户做好收件准备 | 通知客户安排货物存放地和准备货款（到付件） |
|  | 必须当客户面点清货物数量，确保件数无误 | 确保交接清楚，避免纠纷及服务投诉 |
| 客户催派快件 | 必须优先派送该票快件 | 响应客户需求，打造高品质服务 |
|  | 必须告知客服人员大致的快件送达时间 | 方便客户联系、查询 |
| 快件滞留，再次派送 | 必须清楚上一次异常的原因及处理结果 | 清楚处理结果，避免派错件或收错运费 |
|  | 必须视同正常件派送，严禁有意拖延 | 确保服务承诺，避免客户投诉 |
| 快件派送途中遗失 | 必须在第一时间通知分点（部）负责人 | 使分点（部）能在第一时间跟进 |
| 派送途中遭遇政府部门查件或扣件 | 必须核实确认对方身份 | 防止假冒工作人员 |
|  | 必须配合政府人员工作，不得争执、冲突 | 通过合法途径解决问题 |
|  | 必须记录被查扣快件的单号 | 便于分点（部）和客服部的日后跟进及查询 |
|  | 必须索要有效的快件查扣证明 | 作为日后取回快件的依据 |
|  | 必须在第一时间联系分点（部）负责人 | 便于分点（部）统一安排，保证整体的客户服务时效及质量 |
|  | 必须将记录的结果及时上报分点（部）负责人 | 便于异常处理的部门跟进 |
| 打折 | 客户要求运费减免，须立即致电分点（部）负责人，说明情况 | 便于呼叫中心跟踪处理 |
|  | 填写“异常处理卡”，带回交操作专员跟进 | 方便操作专员跟进处理 |

## 工作任务5：熟悉派送异常情况处理的操作标准

**知识窗**：派送异常情况处理的操作标准，见表2-13。

表2-13　派送异常情况处理的操作标准

| 子任务1：破损小件的处理 |
|---|
| 操作标准<br>1. 客户检查快件，发现外包装破损<br>（1）外包装破损，但没有影响托寄物的实际使用，客户愿意签收并且不追究责任，做正常派件。<br>（2）客户要追究责任，向客户道歉，并征求客户解决问题的意见。<br>① 收派员上报分点（部）负责人，描述快件破损的情况：外包装情况、托寄物情况、填充物、快件的损坏程度、数量、价值，并把客户的处理意见反馈给分点（部）负责人，由分点（部）负责人跟进处理。 |

续表

| 子任务 1：破损小件的处理 |
| --- |
| ② 客户未签收的情况，需立即致电分点（部）说明情况，将小件带回分点（部），进行拍照登记，做异常处理<br>③ 客户已签收的情况，由分点（部）负责人至客户处，对破损快件进行拍照登记<br>④ 拍照必须包括：外包装照片、填充物照片、损坏物照片<br>2. 快件出库交接过程中发现的破损件<br>快件派送交接时发现破损，操作专员做异常处理，收派员需与操作专员双方核实破损情况。<br>① 如快件外包装轻微破损，且实际重量与运单上的重量相符，操作专员对快件进行拍照登记，并在交接单内登记破损情况后，收派员将重新加固包装的快件进行派送。<br>② 如快件外包装破损严重，快件重量与运单上的重量不符，须将快件交给操作专员，操作专员填写“异常件登记表”，并报异常处理部门进行处理，同时将异常情况记录在 ERP 系统中。 |
| 子任务 2：派送地址不详的处理 |
| 操作标准<br>1. 收派员根据运单的收件人电话，在出库派送前与收方客户取得联系，询问详细地址，约定时间上门派送<br>2. 如因电话无人接、号码为传真号码、电话号码不全、电话错误等，导致收派员联系不到收方客户，收派员须在第一时间将收件方客户地址不详的信息，报分点（部）负责人（或收派员直接拨打委托人电话）。如当班次内，异常处理部门通知派送的快件，需及时保障派送；若异常处理部门未在当班次内通知派送，收派员需粘贴“异常记录卡”并将快件带回分点（部），交操作专员滞留，操作专员在“滞留件登记表”中备案 |
| 子任务 3：快件付款方式不明的处理 |
| 操作标准<br>1. 快件派送出库时，须检查确认快件付款方式是否明确，如付款方式不明，收派员将快件交操作专员，操作专员必须立即上报分点（部）负责人<br>2. 收派员将快件交操作专员核实上报，操作专员必须在当班次派送前进行异常处理<br>3. 如果出库派送前能核实确认，须将核实后的付款方式明确标注，并按核实后的付款方式及时派送<br>4. 如果无法在出库派送前核实确认，该票快件的付款方式可默认为现结（必须经客服人员认定），按正常派送流程进行派送。可能造成的运费损失，由收取该票快件的寄件方收派员承担 |
| 子任务 4：运费计错或重量不符的处理 |
| 操作标准<br>1. 快件出库时，收派员必须认真核对快件重量和运费<br>（1）在第一时间向当班操作专员反馈，并上报异常处理部门备案。经过操作专员核实后，在运单中注明更改后的重量和运费，安排收派员按照正常流程派送，以免到达客户处，出现拒收现象。<br>（2）计错运费，到付少计按照运单收取，到付多计按照实际运费收取。<br>（3）对到付少计的情况，收派员应立即报分点（部）负责人，由分点（部）负责人与出港方联系确定责任人，做出相应处罚。<br>2. 派送至客户处发现运费计错或重量不符<br>（1）致电分点（部）负责人备案。 |

续表

| 子任务 4：运费计错或重量不符的处理 |
| --- |
| （2）重量计错：如为到付少计，按运单上委托方填写的运费收取，少计的部分由收件方收派员负责；如为到付多计，必须反馈给分点（部）负责人，由分点（部）负责人确认后，按实际应收取的运费收取，在“重要提示栏”里，注明实际重量与实收运费，并由客户签名确认。 |

| 子任务 5：客户搬迁、客户离职的处理 |
| --- |
| 操作标准<br>1. 若客户搬迁，且能联系上收件人，询问客户新的详细地址<br>（1）在运单上注明新的地址，须立即报分点（部）负责人，待异常处理部门确认后，方可派送。<br>（2）若异常处理部门在当班次内通知可以派送和具体的派送地址，收派员在派送时限内上门派送。<br>（3）若异常处理部门未在当班次内确认，须粘贴“异常记录卡”将快件带回分点（部）交操作专员。<br>（4）如更改后的地址不在该收派员的取派区域内，将快件带回分点（部），交操作专员，并说明客户搬迁情况。<br>2. 若收派员无法联系收件客户或收件客户已经离职<br>（1）收派员须将情况上报分点（部）负责人备案。<br>（2）快件带回分点（部），交操作专员跟进。<br>（3）若月结客户搬迁，收派员除完成上述操作外，另需将客户搬迁的相关信息告知分点（部）负责人，上报财务部门，以便及时更改 CRM 客户信息。 |

| 子任务 6：地址错误的处理 |
| --- |
| 操作标准<br>1. 收派员将信息反馈分点（部）负责人<br>2. 收派员当班次接到确认后的地址：<br>① 如正确的地址在该收派员的派送区域，须按正常派送流程派送，并保证派送时效<br>② 如正确的地址不在收派员的派送区域，上报分点（部）负责人，同时将快件带回分点（部），交操作专员跟进<br>3. 收派员当班次未接到确认后的地址，须将快件带回分点（部），交操作专员跟进 |

| 子任务 7：客户拒付、拒收的处理 |
| --- |
| 操作标准<br>1. 收派员将信息上报分点（部）负责人<br>2. 收派员需询问客户拒收、拒付的原因，在“异常记录卡”上注明拒收原因和日期，请客户签字确认，将快件带回分点（部），交操作专员处理 |

| 子任务 8：派错件的处理 |
| --- |
| 操作标准<br>1. 收派员将情况及时向分点（部）负责人汇报，严禁私自隐瞒处理<br>2. 收派员及时赶至错派客户处，向客户道歉，并说明错派的原因<br>（1）取回快件：尽快将快件派送给正确的客户。<br>（2）无法取回：须立即致电分点（部）负责人，说明情况。 |

续表

| 子任务 9：改派件的处理 |
| --- |
| 操作标准<br>1. 收派员派送前电话联系客户，客户要求改地址的<br>（1）如改派后地址仍在该收派员派送区域：<br>① 在运单上标注改派地址，并要求收件客户本人在运单上注明“要求改派至新地址”，并签字确认。<br>② 按正常派送流程完成改派。<br>（2）如改派后新地址不在该收派员的派送区域：<br>① 在运单上标注改派地址，并要求收件客户本人在运单上注明“要求改派新地址”，并签字确认。<br>② 将快件交操作专员跟进。<br>2. 快件派送途中，寄件客户通知客服人员要求改派的<br>（1）收派员在原运单上注明改派地址及客服查询员的工号。<br>（2）如改派地址在该收派员的派送区域，按正常派送流程和时效派送。<br>（3）如改派地址不在收派员的派送区域，收派员需将快件带回分点（部），交操作专员跟进。<br>3. 收派员上门派件时，收件客户本人要求改派的<br>收派员已到客户处，客户要求改派地址，需向收货人解释要求其签收本快件后，并填同城运单，并按另一单正常业务操作 |
| 子任务 10：客户抢件的处理 |
| 操作标准<br>1. 收派员致电分点（部）负责人，通报情况<br>2. 避免与客户发生冲突<br>3. 如果经协商后，快件无法取回，可致电 110 进行协调<br>4. 由分点（部）负责人向异常处理部门备案，并说明情况 |
| 子任务 11：错分快件的处理 |
| 操作标准<br>1. 交接时发现操作专员错分<br>（1）立即与操作专员联系，确认错分快件的情况。<br>（2）将错分快件交操作专员处理。<br>2. 收派员漏拿快件<br>（1）操作专员清库时，发现漏拿快件，立即通知收派员。<br>（2）收派员回分点（部）取漏拿快件。<br>（3）无法返回的，操作专员需及时报告处理。<br>3. 收派员派送时，发现错拿他人快件<br>（1）收派员须立即向分点（部）负责人反馈情况。<br>（2）收派员须配合分点（部）负责人，对错拿的快件进行安排。 |
| 子任务 12：至客户处，发现客户不在的处理 |
| 操作标准<br>1. 收派员根据运单的收件人电话与收方客户取得联系<br>（1）如客户指定由代收人签收快件，必须查验并确认代收人的身份证件（留身份证复印件或登记身份证 |

**续表**

| 子任务 12：至客户处，发现客户不在的处理 |
| --- |
| 号；如代收人没有身份证件，收派员需要与收件客户协商，由客户发送短信到收派员手机上确认，以便后查）。<br>（2）如客户不指定代收人，则与客户约定再派时间，如再派时间在当班次内，必须保障派送；再派时间超出当班次的，需将快件粘贴“异常记录卡”（必须注明再派时间），带回分点（部），交操作专员。<br>（3）如无法确定再派时间，需将快件粘贴“异常记录卡”，带回分点（部），交操作专员处理。<br>2. 收派员无法联系到收货方客户，将快件粘贴“异常记录卡”带回分点（部），交操作专员处理，严禁在无人签收的情况下，把快件放在客户处或者门卫处 |

| 子任务 13：大件或多件货物派送的处理 |
| --- |
| 操作标准<br>1. 清点快件件数<br>2. 致电客户，约定派送时间<br>3. 如到付、代收快件，须提醒客户准备运费<br>4. 将快件装车，规划线路，进行派送 |

| 子任务 14：客户催派快件的处理 |
| --- |
| 操作标准<br>1. 客户致电呼叫中心，催派快件<br>2. 若快件未出库或尚未到达分点（部），呼叫中心通知相应的操作专员，安排优先派送<br>3. 快件已出库，正在派送途中，操作专员通知相应的收派员，安排优先派送<br>4. 收派员接到操作专员通知后<br>（1）对所催快件进行优先派送。<br>（2）告知操作专员，预计派送时间。 |

| 子任务 15：运单模糊不清、严重涂改或运单破损的处理 |
| --- |
| 操作标准<br>1. 与操作专员交接时，发现运单模糊不清或运单破损<br>（1）报操作专员协助查询收方客户的地址和联系电话。<br>（2）如单号无法辨认，由操作专员协助查询收方客户的地址和联系电话。<br>2. 与操作专员交接时发现运单收件地址栏存在严重涂改问题<br>（1）报操作专员跟进。<br>（2）经操作专员核实确认后，正常安排派送。 |

| 子任务 16：件数不符的处理 |
| --- |
| 操作标准<br>1. 在与操作专员进行快件交接时，发现件数不符<br>（1）由操作专员上报异常处理部门跟进。<br>（2）按照异常处理部门与客户协商的处理意见，安排派送。<br>2. 如出库后发现件数不符，必须及时通知操作专员通过查询系统确认快件是否到齐。如快件未到齐，操作专员按货未到齐处理；如快件已经到齐，操作专员需协助查找快件，同时须及时上报分点（部）负责人及异常处理部门备案 |

续表

| 子任务 17：快件滞留，再次派送的处理 |
| --- |
| 操作标准<br>1. 异常件派送前，须清楚上一次异常的原因及处理结果<br>2. 操作专员按异常处理部门或客户的要求，在规定的时间内，安排收派员进行派送<br>3. 滞留件出库扫描前，应对其外包装进行检查，若由于多次滞留操作，造成快件外包装受到严重污染的，应进行相应的处理 |
| 子任务 18：派送途中快件遗失的处理 |
| 操作标准<br>1. 立即上报分点（部）负责人及异常处理部门，如未知遗失件单号，请分点（部）负责人或操作专员协助查找遗失单号<br>2. 在不影响其他快件安全和派送时效的情况下，收派员应返回可能丢失快件的地方寻找快件<br>3. 当班次内无法找回快件，由分点（部）负责人或相应客服人员及时告知客户快件状况，并做好解释工作 |
| 子任务 19：派送途中遭遇政府部门查件或扣件的处理 |
| 操作标准<br>1. 须查看执法人员证件（如政府人员未主动出示，需要求查看）<br>2. 核实对方人员身份后，配合政府部门检查<br>3. 如有快件被查扣，记录下被查扣快件单号、执法部门名称、执法人员姓名或编号<br>4. 保管好相关快件被查扣证明（如未开具，需主动索要）<br>5. 立即致电分点（部）负责人和操作专员，报告被查扣的快件单号和查扣路段<br>6. 整个过程中，不得与执法人员发生争执和冲突 |
| 子任务 20：派送途中遭遇不可抗因素（如交通管制、部分路段禁止通行、进行重大活动、台风等）的处理 |
| 操作标准<br>1. 立即致电分点（部）负责人，报告情况（如交通管制、部分路段禁止通行、进行重大活动等还需要报告发生的路段）<br>2. 致电客户，说明情况<br>3. 如情况允许，则绕过此区域，尽量做到不影响对其他客户快件的派送时效 |
| 子任务 21：到付晚点打折的处理 |
| 操作标准<br>如果由于公司的原因造成快件派送晚点，需向客户致歉，取得客户谅解，如客户要求运费减免，需及时上报分点（部）负责人、呼叫中心，按分点（部）负责人、呼叫中心的指令进行处理。如当班次无处理意见，需粘贴“异常记录卡”，将快件带回分点（部），交操作专员 |

# 工作情境 2 仓管与司机

工作场景 1：仓管系列岗位标准
工作场景 2：仓管员交接快件的检查
工作场景 3：司机的行为规范

## 学习目标

素质目标：认知行为规范
知识目标：熟悉岗位标准
技能目标：掌握交接快件的检查
拓展目标：了解操作规范

## 工作场景 1 仓管系列岗位标准

快递分拣站满仓

知识点：分点（部）仓管员岗位标准
关键技能点：分点（部）仓管员岗位标准

### 工作任务 1：熟悉分点（部）仓管员岗位标准

知识窗：分点（部）仓管员岗位标准，见表 2-14。

表 2-14 分点（部）仓管员岗位标准

| 类别 | 模块 | 要求与标准 | 技能要点 |
|---|---|---|---|
| 营运类 | 场地设备 | 熟练使用岗位各种操作工具，能够做到定期维护设备安全 | 熟练使用扫描枪及扫描仪，并掌握其维护方法 |
| | | | 熟练使用扫描枪整理子系统、查单系统、运单扫描子系统、工单系统 |
| | | | 掌握磅秤、电子秤、打包机、传送带的使用方法，能准确称取和核查快件重量 |
| | | | 掌握工具、物料存放位置规划，熟练取放 |
| | | | 熟练掌握收派员服务区域分布及交件班次 |
| | 到发件操作 | 能够按照公司到发件标准规范及要求，准确、高效地完成分点（部）的到发件工作 | 熟练掌握快件出入仓交接、检查标准及要求 |
| | | | 熟练掌握快件分拣、建包、解包等标准及要求 |
| | | | 熟练掌握到发件异常情况处理流程及要求 |
| | 车辆操作 | 能够按照公司车辆操作标准及要求，安全、高效地完成车辆操作工作 | 掌握车辆到场、离场指挥规范 |
| | | | 熟练掌握快件装车、卸车的要求及技巧 |
| | | | 熟练掌握到发车检查、封车、登记、交接技巧 |
| | | | 掌握异常情况处理、报送流程及要求 |

续表

| 类别 | 模块 | 要求与标准 | 技能要点 |
|---|---|---|---|
| 营运类 | 关务操作 | 了解报关知识，掌握出口标准，预防报关中的常见问题 | 掌握快件进出口标准要求 |
| | | | 掌握报关截止时间 |
| | | | 熟练掌握快件入仓检查技巧、能够预防常见禁寄物品 |
| | | | 掌握异常情况处理、报送要求 |
| | 新业务操作 | 了解公司增值服务产品、新推广业务知识及操作要求 | 了解公司常见增值服务产品知识 |
| | | | 掌握新推业务知识及操作要求 |
| | | | 熟练操作增值服务产品 |
| | 客户服务 | 掌握公司形象要求，能够配合客户部，做好快件查询工作，接待上门寄件或取件的客户 | 掌握岗位礼仪要求，规范着装、用语 |
| | | | 掌握规范接听客户电话的流程和技巧 |
| | | | 掌握应答客户常见问题及处理客户抱怨的技巧 |
| | | | 熟练掌握问题件的跟进与落实技巧 |
| | 物料管理 | 能够按照公司要求，对物料进行管理及发放，确保物料的合理使用 | 理解物料管理的一般原则 |
| | | | 熟练使用供应系统 |
| | | | 熟练掌握物料申请、接收、发放管理 |
| | | | 掌握当月物料审核管理 |
| | | | 掌握物料的损耗管理 |
| 管理类 | 日常管理 | 熟练掌握 9S 及日常管理操作 | 理解分点（部）管理制度 |
| | | | 熟练掌握现场 9S 操作要求 |
| | | | 掌握分点（部）定置定位管理 |
| | | | 掌握仓管员换班工作交接要求 |
| | 问题件控制 | 熟练掌握快件检查、交接等环节的要求，预防问题件 | 掌握新问题件基本知识及控制技巧 |
| | | | 熟练掌握快件出入仓检查、交接的要求及技巧 |
| | | | 关注最新信息与操作动态 |
| | 安全管理 | 能够按照公司安全守则，掌握确保人身安全、快件安全的关键要领 | 掌握快件搬运、提举等作业规范要领 |
| | | | 安全、规范使用操作设备 |
| | | | 掌握消防知识，熟练使用分点（部）消防器材 |
| | | | 确保仓库内财产安全 |

### 工作任务 2：熟悉仓库主管岗位标准

**知识窗：**

确保仓储中心的货物入库、出库、配送工作顺畅。积极调动其他可用资源；
通过与其他部门或客户的协调沟通，确保工作顺畅和服务水平不断提高；
日常 9S 管理，做好移位、拼板工作，确保仓库整洁有序；

通过对各种表单的系统录入，以保证实物与系统一致性；
制作工作报表，向客户提供物流中心的数据支持；
及时有效传递有关进出货单据，做好文件整理、归档；
运单基础数据录入及状态查询工作；
进行数据分析，合理规划库区，提高仓库利用率。

工作任务 3：熟悉仓库经理岗位标准

知识窗：

熟悉部门业务及团队管理，进行工作指导、检查、监督、评估及反馈；进行选拔、培训、发展；
能持续改进作业流程并执行相应的措施；
降低物流成本，提高客户的满意度；
优化 KPI 和作业流程；
优化物流效率，降低和缩短货物的配送时间；
能有效地对报表、数据进行分析，做好成本控制；
优化库区规划和人员管理。

## 工作场景 2　仓管员交接快件的检查

知识点：仓管员交接快件的检查
关键技能点：仓管员交接快件的检查

工作任务：熟悉仓管员交接快件的检查

知识窗：仓管员交接快件的检查，见表 2-15。

表 2-15　交接快件的检查

| 交接快件的检查内容 | 操作规范 |
|---|---|
| 检查快件外包装是否完好，封口胶纸是否正常，有无撕毁重新粘贴痕迹 | 如果快件轻微破损，并且重量无异常，网点处理人员要对快件进行登记，并在派件清单相应位置登记破损情况后，由业务员对快件进行加固包装并试派送 |
| | 如快件破损严重，且重量与运单填写的重量不符，须将快件滞留在派送处理点，由派送处理点处理人员按照相关规定处理 |
| | 如发现封口胶纸异常（如非本公司专用封口胶纸、有重复粘贴痕迹），立即上报网点有关人员，并交由其处理 |
| 查看是否有液体渗漏情况 | 若轻微渗漏，则重新加固包装，安排试派送 |
| | 若渗漏情况严重，则交由处理场地人员处理 |
| 检查快件运单是否脱落、湿损、破损，运单信息是否清晰明了 | 如运单脱落，立即交由处理人员处理，并协助其查找是否有脱落的运单 |
| | 如发现快件运单粘贴不牢固，应用快递企业专用胶纸粘贴牢固 |
| | 如运单模糊不清（通常由于涂改严重、在运输过程中磨损造成），但可以识别运单单号的，将快件交由处理人员，利用运单单号，进入相应的系统查看快件信息。待其确认，并在运单上标示清楚后，再重新接受安排派送 |

续表

| 交接快件的检查内容 | 操作规范 |
| --- | --- |
| 检查快件运单是否脱落、湿损、破损，运单信息是否清晰明了 | 如运单轻微破损，且不影响查看快件信息，则按照正常快件派送 |
| | 如运单模糊、严重涂改、破损等，导致无法识别快件运单单号，快件处理人员可通过系统，查找此快件的单号及相应的信息，填写公司专用“派送证明”，代替“收件人存根”联，交给业务员，业务员按照正常的流程派送 |
| 检查快件收件人姓名、地址 | 检查派送地址是否超出了自己所负责的派送区域 |
| | 核查收件人地址是否正确、详细。如地址错误或不详，则需要按照运单上收件人的电话，及时与客户联系，询问其姓名和正确的地址，确认后，按照正常的快件进行派送 |
| | 检查收件人姓名是否正确、具体。必须是收件人完全的姓名。如果出现非全姓名的情况，可先接受快件，进行试派送 |

## 工作场景3　司机的行为规范

知识点：司机的行为规范

关键技能点：司机的行为规范

**工作任务：熟悉司机的行为规范**

知识窗：司机的行为规范，见表2-16。

表2-16　司机的行为规范

| 类别 | 行为规范 |
| --- | --- |
| 出车前 | 出车前必须检查燃油、机油、冷却水是否充足，油、电路是否正常，底盘和传动装置是否达到标准要求，轮胎气是否充足，方向、制动是否灵活有效，雨刮器、后视镜是否齐全有效 |
| | 各种证件（包括行驶证、保险费证、附加费证、营运证）是否齐全有效 |
| | 检查随车工具，备用轮胎是否齐全有效 |
| | 车辆起动必须低速运转5～10分钟，水温上升到30℃ |
| 行车中 | 车辆预热后系好安全带，确认车前、后、左、右无行人或障碍物时，严格按照“一踏、二挂、三拨、四按、五放手制动、六抬离合器”的操作规程起步 |
| | 驾驶过程中驾驶员要集中精力，保持中速行驶，严禁开“英雄车”，开“赌气车”，做到礼让三先（先让、先慢、先停） |
| | 严禁饮食、赤脚、穿拖鞋驾车 |

续表

| 类别 | 行为规范 |
| --- | --- |
| 行车中 | 行车中必须观察各种仪表、灯光（如机油表、气压表、水温表、电池表）是否正常，车辆有无异响、异味等，如有情况需要及时靠边停车检查，待故障排除后，方可继续行驶 |
| | 行驶中驾驶员必须做到安全、正常、平衡，对车辆所装载货物需弄清货物性质是否符合装载规定、是否符合安全要求 |
| 收车后 | 收车后，必须把车驶入停车场，锁好车门 |
| | 严禁把证件留在车中，所有证件必须随身携带 |
| 操作业务规程 | 严格遵守交通规则，严格遵守操作规程，认真地执行车辆管理规定，养成良好的驾驶作风，保持安全行驶，做到“礼让三先”，安全地完成各项任务 |
| | 认真学习各种交通法规、法令、条例，切实执行公司的劳动纪律，服从车队领导安排，听从交警指挥，做到令行禁止 |
| | 爱护车辆、器材，节约用料，做到“三检查”（出车前、行车中、收车后）、“三勤”（勤擦车、勤检查、勤保养），达到“四好”（调整好、润滑好、坚固好、清洗好），不丢失车辆行驶证件，不丢失随车工具 |
| | 不准将车交给无驾驶证人员或非公司司机驾驶 |
| | 不准将自己保管的车辆未经领导许可私自外出，更不允许假公济私，把自己保管的车辆运私货、干私活 |
| | 车辆发生交通事故，应及时抢救伤员，妥善保护现场，及时报告领导，听候交警部门及保险公司的处理 |
| | 回到公司后，车钥匙一定要及时交给仓管员，不准私自留在身上。如有特殊情况一定要告诉仓管员和当班主管 |

# 工作情境3　输　单　员

工作场景1：输单相关岗位岗位职责

工作场景2：打单作业流程

工作场景3：快件信息的录入

## 学习目标

素质目标：认知输单相关岗位岗位职责

知识目标：熟悉打单作业业务流程描述、输单员工作标准

技能目标：掌握快件信息的录入和补录的具体要求

拓展目标：了解打单作业业务流程、快件信息的意义和操作

## 工作场景 1　输单相关岗位岗位职责

知识点：输单相关岗位岗位职责

关键技能点：输单相关岗位岗位职责

### 工作任务：认知输单相关岗位岗位职责

知识窗 1：输单相关岗位岗位主要工作：输单组必须在规定的时间内，完成收派员每日上交的收件运单、派件运单等相关业务数据资料的录入、审核、上报、扫描、将转第三方付款运单进行寄递的工作，以实现网络资料共享，使公司计算机系统的业务数据平衡，保证公司运费正常回收以及方便客服查单。

知识窗 2：输单相关岗位岗位的职责内容，见表 2-17。

表 2-17　输单相关岗位岗位的职责内容

<table>
<tr><th>岗位类别</th><th>职责类别</th><th colspan="2">职责内容</th></tr>
<tr><td rowspan="8">输单员</td><td rowspan="6">主要职责</td><td colspan="2">负责所有运单与其他业务单据、资料的录入</td></tr>
<tr><td colspan="2">负责检查录入资料的准确性，保证录入的时效性</td></tr>
<tr><td colspan="2">负责运单录入资料的审核工作</td></tr>
<tr><td colspan="2">根据审单组要求进行出口件的上报工作</td></tr>
<tr><td colspan="2">负责各类型运单的图片扫描，并保证图片正常上传</td></tr>
<tr><td colspan="2">负责转第三方付款运单的寄递工作</td></tr>
<tr><td rowspan="2">辅助职责</td><td colspan="2">负责输单设备的清洁保养，确保设备的正常规范使用</td></tr>
<tr><td colspan="2">负责工作场所的卫生清洁、防潮防尘，工作环境的 9S 管理</td></tr>
<tr><td rowspan="9">输单组长</td><td rowspan="9">主要职责</td><td rowspan="3">负责本组人员的管理</td><td>工作安排及上班纪律的维持</td></tr>
<tr><td>小组输单员联系表的信息维护、更新、报送</td></tr>
<tr><td>定期与输单员面谈，及时了解输单员的工作生活状况，并做相应跟进</td></tr>
<tr><td colspan="2">负责各类报表数据的跟进报送工作</td></tr>
<tr><td colspan="2">负责提交区需各部门协助完成的事项</td></tr>
<tr><td rowspan="2">负责公司各项通知传达及制度的执行</td><td>小组班前例会和月度会议的召开，且要求每次会议需有会议纪要</td></tr>
<tr><td>定期组织全体输单人员学习各项业务知识</td></tr>
<tr><td colspan="2">日常工作邮件的处理</td></tr>
<tr><td colspan="2">承办上级交付的各项工作任务</td></tr>
<tr><td rowspan="2">输单主管</td><td rowspan="2">主要职责</td><td colspan="2">全面负责本区输单的管理工作</td></tr>
<tr><td colspan="2">负责规划和实施输单岗位的业务技能培训，提高输单岗位的工作技能、业务素养</td></tr>
</table>

续表

| 岗位类别 | 职责类别 | 职责内容 |
|---|---|---|
| 输单主管 | 主要职责 | 负责反馈计算机系统使用情况，提交系统改进需求，协助解决最终用户在计算机系统使用过程中出现的系统故障问题 |
| | | 负责向本区运营部负责人提出改善区内操作流程的建设，逐步优化与输单相关的工作流程，提高输单岗位的工作效率 |
| | | 负责指导解决本区日常的工作异常情况 |

## 工作场景 2　打单作业流程

知识点：打单作业业务流程

关键技能点：打单作业业务流程描述、输单员工作标准

### 工作任务 1：了解打单作业业务流程

知识窗：打单作业业务流程，见图 2-3。

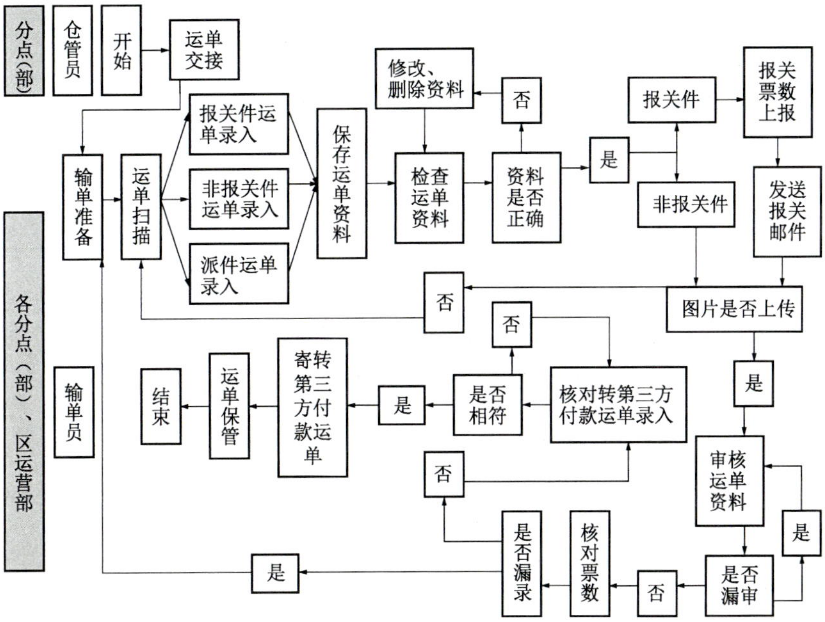


图 2-3　打单作业业务流程

### 工作任务 2：熟悉打单作业业务流程描述

知识窗：打单作业业务流程描述，见表 2-18。

表 2-18　打单作业业务流程描述

| 子任务 1：输单准备 |
|---|
| 操作规范<br>1. 个人形象：穿着干净整洁的工服，佩戴工牌，精神状态良好<br>2. 业务知识<br>（1）阅读本组宣传栏，掌握公司最新的业务动态及相关操作通知。<br>（2）参加输单组例会。<br>3. 设备操作<br>（1）检查供电是否正常，检查扫描仪及有关扫描枪是否连接。<br>（2）先开扫描仪，再打开电脑。<br>（3）登录输单系统，检查网络、系统、扫描枪、扫描仪是否能正常使用。<br>（4）摆放好桌面办公设备，准备接收运单。 |
| 子任务 2：运单交接 |
| 操作规范<br>1. 仓管员与输单员在同一办公地点工作：仓管员在规定的时限内将运单分类、整理好交至输单组<br>（1）按“公司收件存根”联和“本公司派件存根”联分类整理。<br>（2）将“公司收件存根”按出口件运单和非出口件运单分类整理。<br>2. 仓管员与输单员不在同一办公地点工作<br>（1）仓管员对运单进行分类、整理，并统计总数是否与“收件交接表”上的数量相符。<br>① 按“本公司收件存根”联和“本公司派件存根”联分类整理。<br>② 将“本公司收件存根”联按各区要求分类整理。<br>（2）仓管员将整理好的运单按种类分别装入小号胶袋并封好袋口。装入袋中的运单必须平整，不可折叠或卷曲放入。<br>（3）仓管员用唛头笔在胶袋表面写上分点部代码、运单数量、种类，并签上姓名，封装运单的胶袋上任何内容不得涂改。<br>（4）仓管员将装有运单的胶袋单独交给干、支线司机，干、支线司机将接收到的整包运单统一放于驾驶室内，车辆到达中转场后，司机须第一时间单独将运单交与输单组指定运单接收人员，或中途存在转运节点，由上一节点司机将运单直接交与下一节点司机，下一节点司机负责将所有运单带至中转场交输单组。<br>（5）输单员接收运单，检查运单袋是否完好。<br>（6）仓管员当班次漏交的运单，必须填写“延时交单表”并经分点（部）负责人签字确认后，将超时的运单及签字确认的“延迟交单表”封装在运单袋内，在下一班次中转至输单组。 |
| 子任务 3：运单扫描 |
| 操作规范<br>1. 点击桌面扫描系统图标，进入扫描程序<br>2. 整理运单，检查运单上是否有胶纸或订书钉等异物，如有，需清除<br>3. 将整理好的运单放在扫描仪上，选定运单类型，点击“开始扫描”按钮，扫描仪将自动扫描运单<br>① 扫描蓝单：在运单类型处选择蓝单、寄件日期，若为出口件还须选择所走的出口批次，点“开始扫描”。<br>② 扫描黄单：在运单类型处选择黄单、派件日期，点“开始扫描”。 |

续表

| |
|---|
| 子任务 3：运单扫描 |
| 4. 扫描完一个批次运单后，系统会弹出对话框，如发现扫描错误，可点“取消”按钮后，重新扫描；正确则点“审核”按钮<br>5. 不断重复 2、3、4 步骤，直到扫描完所有运单 |
| 子任务 4：运单处理——出口收件运单 |
| 操作规范<br>1. 运单识别：需出口报关的第一联运单<br>2. 运单录入：根据运单填写内容在“出口运单录入”界面录入运单资料<br>3. 运单检查：在“运单编辑审核”界面，检查所录入的资料与运单填写的资料是否一致，如不一致则进行修改或删除，保证运单资料录入的准确性<br>4. 运单审核：在“运单编辑审核”界面进行审核，并检查运单资料是否已正常审核<br>5. 报关票数上报：根据原寄地、报关批次、预期报关日期，在“报关票数上报”界面进行出口件上报操作<br>6. 导出报关资料至本地：根据原寄地、目的地、报关批次、预期报关日期等条件，在“报关清单”界面将报关资料导出，并保存到本地。文件名为：区 \ 分 \ 点（部）的代码+区 \ 分 \ 点（部）的名称与报关批次、报关清单+预报关日期<br>7. 发送报关资料至审单组：在各区规定时间内，将保存到本地的报关资料以邮件方式发送给相应审单组。邮件主题统一为：区 \ 分 \ 点（部）的代码+区 \ 分 \ 点（部）的名称与报关批次、报关清单+预报关日期（共计××票）<br>8. 接收报关回执：审单组审完单后，会以邮件形式通知各分点（部）输单组，报关资料已审核完成；输单员接收到审单组的报关回执，则证明此批次出口件报关的运单处理工作已完成 |
| 子任务 5：运单处理——非出口收件运单 |
| 操作规范<br>1. 运单识别：无须出口报关的第一联运单<br>2. 运单录入：根据运单填写内容在“非出口运单录入”界面录入运单资料<br>3. 运单检查：在“运单编辑审核”界面，检查所录入的资料与运单填写的资料是否一致，如不一致则进行修改或删除，以保证运单资料录入的准确性<br>4. 运单审核：在“运单编辑审核”界面进行审核，并检查运单资料是否已经正常审核 |
| 子任务 6：运单处理——派件运单 |
| 操作规范<br>1. 运单识别：所有目的地为本区各分点（部）代码的“派件存根”运单<br>2. 运单录入：根据运单填写内容，在“回单资料录入”界面，录入运单资料<br>3. 运单检查：在“回单编辑审核”及“回单资料编辑”界面，检查所录入的资料与运单填写的资料是否一致，如不一致则进行修改或删除，保证运单资料录入的准确性<br>4. 运单审核：在“回单编辑审核”界面进行审核，并检查是否已正常审核 |

续表

| 子任务7：检查运单图片上传情况 |
| --- |
| 操作规范<br>1. 扫描完运单后，可在“运单查看图像”界面，录入运单号，选择运单类型后点“开始查询”，即可检查图片是否上传<br>2. 在查询收件或派件的运单图片时，若在失败栏里出现了运单单号，但又没有此票运单的原单，需要在查询系统中查看此票运单是否有扫描枪记录，如果无任何扫描枪记录，则可能此票运单录错单号，待确认后应及时将错误运单删除，并将正确的运单进行补录 |
| 子任务8：检查运单资料的审核情况 |
| 操作规范<br>1. 在“运单编辑审核”或“回单编辑审核”界面，进行“条件查询”操作，设置相关查询条件后，选中“未审核运单”，点“确定”。如未查询出相关单号，则表示此批运单已审核完毕；如找到相应单号，则应再次进行审核<br>2. 当退出“运单编辑审核”或“回单编辑审核”界面时，系统会根据登录用户的工号去校验是否有漏审核的运单，如有此登录员工未审核的运单，则会提示“您还有未审核的运单，确定要退出吗?”，此时应重复第1步骤找出相应运单号进行审核 |
| 子任务9：核对录单的票数 |
| 操作规范<br>1. 统计系统中录入票数<br>（1）收件运单资料统计：在“带货清单”界面，通过录入相应条件，如原寄地、输单员、录单日期等，调出相应收件录单票数。<br>（2）派件运单资料统计：在“回单资料编辑”界面，通过录入相应条件，如办事处、输单员、录单日期等，调出相应派件录单票数。<br>2. 如系统中统计的票数与运单交接表上的票数不一致，须及时查找原因。如有遗漏，需对运单进行相应的补录、审核及扫描工作 |
| 子任务10：核对转第三方付款运单 |
| 操作规范<br>1. 录入票数与交接票数核对无误后，须将付款方式为第三方付款的运单，按照付款地区进行整理分类<br>2. 将整理好的运单票数与系统中录入的转第三方付款运单票数进行核对，具体操作：在“付款方式票数统计”界面，选择营业部门［即分点（部）代码］、录单时间、录单员、付款方式变更，点击确定按钮<br>（1）核对寄付转第三方付（清单）运单，付款方式变更选择“寄付转第三方”。<br>（2）核对到付转第三方付（回单）运单，付款方式变更选择“到付转第三方”。<br>3. 将系统中调出的票数与实际运单票数进行核对，确定无误后，通过内部运单寄递至付款地区进行第三方确认 |
| 子任务11：寄递转第三方付款运单 |
| 操作规范<br>1. 由发生转第三方付款业务地区的输单人员，将转第三方付款运单寄递至需作转第三方付款确认的地区指定人员，由需作第三方付款确认的地区人员在计算机系统中进行转第三方付款运单确认 |

续表

| 子任务 11：寄递转第三方付款运单 |
|---|
| 2. 第三方付款运单，需由收派业务发生地分点（部）输单组长、输单员负责寄递，并将单号留底备查<br>3. 寄递时间<br>（1）各区转区内月结的运单，寄递时间由各区运作部根据本区情况自行拟定，每月最后一期必须在次月 3 日前寄送本区相关小组。<br>（2）分点（部）输单组长或输单员在寄出运单后，需发送邮件给收件人，以保证第三方地区的相关小组在未收到运单的情况下，可以及时追查。<br>（3）第三方地区的相关小组成员在收到寄单地区的邮件通知时，需留意接收第三方寄递的运单，如运单在中转过程中遗失，须追究相关单位及人员的责任。<br>（4）地区之间因问题件产生的转第三方付款运单，必须在每月 3 日前，由地区或分点（部）输单人员寄送须作转第三方付款确认的地区 |
| 子任务 12：运单保管 |
| 操作规范<br>1. 当天录入完的运单，需按蓝、黄单分类用绳子绑好<br>2. 再在绑好的运单上写好分点（部）代码及录单日期<br>3. 将绑好的运单统一放在指定地点 |

## 工作任务 3：熟悉输单员工作标准

**知识窗：**输单员工作标准，见表 2-19。

表 2-19　输单员工作标准

| 类别 | 工作标准 |
|---|---|
| 输单准备 | 穿着干净整洁的工服、佩戴工牌，保持良好的心态 |
| | 检查电源及网络是否正常 |
| | 先打开扫描仪，再开电脑 |
| | 检查系统、扫描枪及扫描仪是否能正常使用 |
| | 运单盒摆放在办公桌面右上角位置，运单架放在电脑前面位置，其他办公设备应摆放整齐 |
| | 输单组长查阅最新邮件及通知 |
| | 准时参加当班的班前例会 |
| 运单交接 | 对于不在同一办公场所交接的运单，应检查运单袋是否完好 |
| | 报关件与非报关件，应该分开摆放 |
| | 各类运单应摆放整齐，不可折叠或杂乱无章地堆放于桌面 |
| | 尚未录入的运单应该单独放置，已录入完成的运单放置在办公桌面右上角的运单盒中 |

续表

| 类别 | 工作标准 |
| --- | --- |
| 运单扫描 | 选定正确的扫描运单类型，蓝单指收件单，黄单指派件单。不可将黄单扫成蓝单，或将蓝单扫成黄单 |
| | 须将收件运单与派件运单分开扫描，且须先扫描收件运单 |
| | 检查运单上是否有胶纸或订书钉等异物，如有需清除，否则会严重磨损扫描仪，影响扫描效果 |
| | 运单应正反面、两边排放整齐，扫描仪导纸板设置的宽度应与运单宽度相匹配 |
| | 用手握紧运单的两边，使其弯曲，再使其伸直，重复 2～3 遍 |
| | 将运单正面朝下，放入纸槽，开始进行扫描 |
| | 扫描完的运单应按出口件、非出口件及派件运单分开摆放 |
| | 出口件必须选择正确的出口批次、日期，以免影响自动分拨 |
| 运单处理 | 如果遇到停电、系统网络故障，应在 10 分钟内通知本区相关人员进行备案 |
| | 报关件无法正常上报时，应按报关件应急处理流程进行处理 |
| | 保持正确坐姿：上半身应保持颈部直立，使头部获得支撑，两肩自然下垂，上臂贴近身体，手肘弯曲呈 90°。操作键盘或鼠标时，尽量使手腕保持水平姿势，手掌中线与前臂中线应保持一条直线。下半身腰部挺直，膝盖自然弯曲呈 90°，并保持双脚着地的坐姿 |
| | 不可与同事交头接耳，不可大声喧哗，不能影响其他同事工作 |
| | 在录入界面，先录入公共资料栏，确认公共资料栏无误后，再按 F2 进行新增运单录入 |
| | 在回单录入界面，应避免在重量、运费栏当中录错字符，否则将无法保存资料 |
| | 录入时发现运单填写错误，应及时通知分点（部）相关人员进行更正 |
| | 录入运单时，须将转第三方付款运单挑出，以便进行转第三方付款运单的核对及寄递 |
| | 上报报关件时，应留意上报票数与交接票数是否相符 |
| | 应遵循录单的优先顺序：出口件、特殊业务运单、其他非出口收件运单、派件运单 |
| | 每录入完 20～30 票时，应进行保存，以免出现系统故障或死机时数据丢失 |
| | 录入“延迟交单”运单时，应设置相应日期后进行录单，避免日期录错；录入完“延迟交单”运单时应退出界面，避免其他运单日期录错 |
| | 录入完的运单应进行仔细检查，并审核 |
| | 对于每班次录入的运单，须及时审核，以缓解计算机系统接收数据的压力 |
| | 录单原则：以运单填写内容为依据录入系统，保证录入系统资料与运单资料一致 |
| | 转正后输单员的日均输单票数在 700 票以上 |
| | 录单正确率、及时率应为 100% |
| | 输单时，如果发现系统异常情况，应及时向输单组长汇报 |
| | 每次系统升级测试，应及时记录输单过程中发现的问题，并反馈给输单组组长 |
| | 检查是否已接收到审单组发送的报关回执邮件 |
| 下班准备 | 检查运单图片是否全部上传 |
| | 检查运单是否全部审核 |
| | 核对第三方付款运单，并进行寄递 |

续表

| 类别 | 工作标准 |
| --- | --- |
| 下班准备 | 录入完的运单应按蓝单、黄单分类。用绳子绑好，并写上分部代码及录单日期，放置于指定地点 |
| | 进行办公室及操作设备的清理，并检查办公场所内是否有遗漏运单。如有，须进行补录 |
| | 下班时应关闭电脑、扫描仪及办公室其他电源，锁好办公室门窗 |

## 工作场景 3　快件信息的录入

知识点：快件信息的意义和操作

关键技能点：快件信息的录入和补录的具体要求

### 工作任务 1：了解快件信息的意义和操作

知识窗 1：录入快件信息的意义

在快递服务过程中，录入快件信息具有重要的作用，快件处理业务员需要在快件分拣封发工作中，及时录入快件信息，并通过比对快件实物与信息，对漏登的信息进行补录。录入快件信息的意义，见表 2-20。

表 2-20　录入快件信息的意义

| | |
| --- | --- |
| 录入快件信息的意义 | 可以为寄件人提供快件传递状态和所在位置的查询服务 |
| | 是快递企业内部作业各环节、各工序、各部门及各项业务工作的依据和凭证 |
| | 能够提供实时资料，方便快件处理部门制订快件动态调整发运计划、运能安排，提高处理操作的可控性和快件的时效性 |

知识窗 2：快件信息的录入

快件信息的录入是指对快件所涉及的相关内容进行登记，实际上是对快件运单相关内容的再描述。在快件生产作业中，可实现快件信息联网共享，并以电子清单的形式实现信息记录传递。采用这种作业方式，对漏登信息的快件，须进行快件信息的录入。快件信息录入的内容与整体要求，见表 2-21。

表 2-21　快件信息录入的内容与整体要求

| | |
| --- | --- |
| 信息录入的内容 | 运单条码、寄件人资料、收件人资料、寄递物品资料、资费、重量、取件业务员、寄件日期、寄件人签名等 |
| 信息录入的整体要求 | 真实性：快件处理业务员整理录入信息时，要如实输入相关内容，不得捏造、漏录 |
| | 完整性：快件处理业务员要完整地录入运单上的相关信息，不能为了图省事，简化输入。如遇某收件人或寄件人是复姓等情况，快件处理业务员在录入时应全部录入 |
| | 及时性：快件处理业务员发现漏登信息的快件，要按快递企业规定的时间录入快件信息，以便信息全网共享 |

知识窗 3：快件信息的补录

有些快件企业虽采用了扫描录入信息，但快件信息没有实现联网共享，只是解决人工抄登和人工比对。采用这种作业方式，对漏登信息的快件，快件处理业务员需对快件信息进行补录。补录的内容包括：① 运单号码、收寄地、寄达地等；② 快递条码被污染、损坏，无法扫描对比，此时快件处理业务员要对补入快件运单的号码进行比对和补录。

## 工作任务 2：掌握快件信息的录入和补录的具体要求

知识窗：为了保证各类运单资料的真实性，输单员应按原运单资料进行录入，即输单员录入的资料必须与扫描运单图片资料一致。信息的录入和补录的具体要求见表2-22。

表 2-22　信息的录入和补录的具体要求

| 子任务 1：限时录入扫描 |
| --- |
| 操作规范 |
| 1. 限时收件运单录入审核<br>（1）上午 12:00 前收取的快件，应于当天 15:00 前完成。<br>（2）下午 12:00—19:00 之间收取的快件，应于当天 24:00 前完成。<br>（3）19:00 后收取的快件，需按各区在要求提交的时点前完成。<br>2. 限时派件运单录入审核<br>（1）上午 12:00 前派送的快件，应于当天 15:00 前完成。<br>（2）下午 12:00—19:00 之间派送的快件，应于当天 24:00 前完成。<br>（3）19:00 后派送的快件，需按各区在要求提交的时点前完成。<br>3. 限时图片扫描上传：与限时录入审核要求相同 |
| 子任务 2：收件运单资料录入 |
| 操作规范 |
| 1. 公共资料栏：在“出口运单录入”界面中公共资料栏，可录入原寄地代码、目的地、寄件日期、报关批次、预期报关日期。在“非出口运单录入”界面中公共资料栏，可录入原寄地代码、寄件日期。在进行收件运单资料录入时，以上内容均会自动复制公共资料栏的内容，且录入时为不可修改状态，故一定要保证公共资料的准确性，以免出现大批量运单录错的情况<br>2. 运单编号：默认为 12 位数字，单号录入错误时，此单元格会变为红色，且不允许录入 00 开头的子运单号<br>3. 原寄地代码：必须录入运单上的原寄地代码（不能为大区代码）<br>4. 目的地代码：录入为运单上填写的目的地大区代码。启用快速打单后，目的地系统可以自动带出，但必须检查是否与运单上填写的目的地同为一个大区代码<br>5. 寄件日期：录入为运单上填写的寄件日期。例：2017 年 7 月 25 日录入为 170725<br>6. 寄件时间：录入为运单上填写的寄件时间。例：10:20 录入为 1020<br>7. 寄派件方公司名：必须按照运单上填写的公司名进行录入，不可简单录入<br>8. 寄件方地址：录入运单上填写的寄件地址 |

续表

| 子任务 2：收件运单资料录入 |
| --- |
| 9. 派件方地址：必须按照运单上填写的派件地址完整录入，可以省略省市名称<br>10. 寄派方联络人：必须录入运单上填写的详细联系人<br>11. 寄派方电话号：录入为运单上填写的电话号码（不需录入区号），后面可录“-”间隔接分机号码<br>12. 寄派方手机号码：录入为运单上填写的手机号码<br>13. 实际重量：录入为运单上填写的“实际重量”，如此单属于轻抛物快件时，则需录入运单上填写的“计费重量”<br>14. 计费重量：录入为运单上填写的“计费重量”<br>15. 运费：录入“计费重量”后，系统会自动根据“计费重量”算出相应的运费，录单时无须对此运费进行更改<br>16. 付款方式：录入为运单上填写的“付款方式”<br>17. 付款方式变更：当付款方式为第三方付时，付款方式变更会自动默认为寄付转第三方付<br>18. 付款地区：当付款方式为寄付或到付时，系统会自动生成付款地区；当付款方式为第三方付时，须手动录入第三方付款地区，如为本区第三方付款，则应尽量录入明细的分点（部）代码<br>19. 收件员工号：录入为运单上填写的 6 位数收件员工号。系统有自动校验功能，如录入的收派员工号与系统中所对应的网络代码不一致时，系统会提示校验不通过。不允许出现当出现员工工号校验不通过时，输单员私自以其他工号代替运单上工号进行录入的现象<br>20. 月结账号：录入为运单上填写的 10 位数月结账号。系统有自动校验功能。如录入的寄付月结账号与系统中所对应的网络代码不一致时，系统会提示校验不通过。不允许出现当月结账号校验不通过时，输单员私自将月结账号改为本区其他月结账号，或将结算方式“月结”改为“现结”进行录入的现象<br>21. 托寄物内容：录入运单上填写的货物名称<br>22. 件数：录入运单上填写的件数 |

| 子任务 3：派件运单资料录入 |
| --- |
| 操作规范 |
| 1. 公共资料栏：在“回单录入”界面中公共资料栏，可录入办事处代码、派件员、签收日期、派件日期。在录入派件运单资料时，此四项内容均会自动复制公共资料栏的内容，且录入时为不可修改状态，故一定要保证公共资料的准确性，以免出现大批量运单录错的情况<br>2. 办事处：录入派件运单上填写的明细分点（部）代码<br>3. 派件员工号、月结账号、件数、其他费用：与收件运单资料录入要求相同<br>4. 签收日期与派件日期：录入运单上填写的派件日期<br>5. 运单编号：默认为 12 位数字。录入错误时，此单元格就会变为红色，且不允许录入 00 开头的运单号码<br>6. 签收人：录入运单签收人栏的客户签名；如客户是盖公司章签收的，则需录入“公司印章”字样<br>7. 签收时间与派件时间：录入运单上填写的派件时间。录入了签收时间后，派件时间会自动复制所录的签收时间<br>8. 重量：录入运单上填写的计费重量，如发现备注栏内有“更改计费重量××千克”等字样，且加盖了“更改确认章”，须按备注栏中修改的重量进行录入<br>9. 运费：录入运单上填写的运费，如发现备注栏内有“更改运费为××元”等字样，且加盖了“更改确认章”，则须按备注栏的运费进行录入<br>10. 付款方式：录入为运单上填写的“付款方式” |

续表

| 子任务 3：派件运单资料录入 |
| --- |
| 11. 付款地区：<br>① 当付款方式为寄付时，付款地区应录入运单上填写的原寄地代码<br>② 当付款方式为到付时，付款地区系统自动生成公共资料栏设置的网络代码<br>③ 当付款方式为第三方付时，付款地区录入运单上填写的转第三方的付款地区；如为转本区第三方付款，付款地区应尽量录入明细的分点（部）代码<br>12. 目的地：如公共资料栏定义了办事处代码时，目的地会自动生成与公共资料栏相同的办事处代码，如公共资料栏内没有定义办事处代码，则须手动录入目的地 |

# 工作情境 4　中转场运作员

工作场景 1：总体规范
工作场景 2：快件的接收
工作场景 3：快件的分拣
工作场景 4：快件的封发

## 学习目标

素质目标：认知中转场快件的处理方式、总包卸载作业的安全要求、总包拆解机械设备使用的安全要求、分拣操作的基本要求、封发清单的内涵、总包的检查

知识目标：熟悉中转场运作员岗位标准、交接验收的内容、车辆封志的内涵与拆解、总包的接收与验视、总包拆解异常情况的类型、快件的直封与中装、分拣中常见不符合要求的快件种类、分拣易发生错误的类型、总包的堆位和码放、车辆封志的建立

技能目标：掌握操作员扫描枪的使用、交接单据的使用、总包卸载的操作、总包的拆解、总包拆解时用品用具的整理及检查、总包拆解时用品用具的整理及检查、手工登单封发的操作、总包包牌（包签）的操作、总包的封装要求、出站快件的交接要求、快件装载汽运车辆的操作规范、出发快件的操作流程

拓展目标：了解中转场作业前的准备工作、办理交接的内涵、快件分拣的描述、出站快件的封发与登单、总包快件装车发运的内涵

## 工作场景 1　总 体 规 范

知识点：中转场作业前的准备工作、中转场快件的处理方式

关键技能点：操作员扫描枪的使用、中转场运作员岗位标准

### 工作任务 1：了解中转场作业前的准备工作

包裹堆满　加班防爆仓

知识窗 1：快件处理作业受快件运输条件及方便客户交寄快件等因素的制约，具有被动性、突发性、密集性的特征。为了赶发时限，快

件处理作业需要分秒必争，因此，作业前必须做好有关准备工作。各岗位、各工序的操作人员应该根据各自作业要求和内容，预先安排好相关工作，并准备好所需工具和用品，确保作业按部就班、紧密衔接、连续不断，提高劳动生产效率。

知识窗 2：操作人员作业准备工作有以下七个方面，见图 2-4。

※ 检查有无快件处理的相关要求和操作变更通知，作业系统有无版本升级或操作变动

※ 到指定地点领取条形码扫描设备、姓名印章、圆珠笔、唛头笔、拆解专用钳或剪、包牌、包签等

※ 到指定地点领取封发总包用的封装容器、封志、封带等，并对需要预先粘贴在容器、总包空袋、封带上的总包条形码进行粘贴

※ 到指定地点领取封扎快件总包用的专用夹钳、手携扎袋器、手携封包机等

※ 到指定地点领取装运快件使用的各种专用车或器具

※ 穿好工作服，佩戴工作牌和上岗劳动保护用品，如防护手套、护腰用具、工作帽等

※ 检查扫描分拣设备、条码采集器或阅读设备，核对作业班次和时间

图 2-4　操作人员作业准备工作

### 工作任务 2：认知中转场快件的处理方式

知识窗 1：处理流程，是指快递业务员对进入处理中心的快件进行分拣、封发的全过程，包括快件到站接收、分拣、总包封装、快件发运等环节。根据处理中心在快递服务全程中所处的不同位置及所承担的功能，在快件处理方式上存在包进包出、散进包出、包进散出以及散进散出四种方式。

知识窗 2：中转场快件处理方式，见表 2-23。

表 2-23　中转场快件处理方式

| 处理方式 | 具体内容 |
| --- | --- |
| 包进包出 | 快件以总包的形式进入处理中心，经分拣封发后，再以总包的形式发往下一环节。这些处理中心承担着中转枢纽的功能 |
| 散进包出 | 快件以散件的形式进入处理中心，经分拣封发后，以总包的形式发往下一环节。这些处理中心前端连接收寄处理点，后端连接另一处理中心 |
| 包进散出 | 快件以总包的形式进入处理中心，经分拣后，以散件的形式发往派送处理点 |
| 散进散出 | 快件以散件的形式进入处理中心，经分拣后，再以散件的形式发出。这类处理中心两端连接收寄处理点和派送处理点。同城快件的处理多属此类 |

知识窗 3：上述四种处理方式中，包进包出方式的处理环节最为全面。其他三种方式与包进包出方式的处理环节基本相似，只是少了其中的一个或几个环节。例如散进包出，不需要拆解总包；包进散出，不需要建立总包；散进散出，既不需要拆解总包，也不需要建立总

包；其他的环节没有太大区别。

### 工作任务 3：掌握操作员扫描枪的使用

**知识窗：**操作员扫描枪的使用，见表 2-24、图 2-5。

表 2-24　操作员使用扫描枪的场境及指标

| 工作场境 | 一级指标 | 二级指标 | 三级指标 |
| --- | --- | --- | --- |
| 车到中转场 | 扫描枪进入汽车操作界面 | 到车操作 | 扫描车签、路线编码、单号、车牌登记 |
| | | 卸车操作 | 扫描车签、单号 |
| | 卸车操作进行后，需要对已经卸下的快件进行分拨 | 装车操作 | 扫描车签、单号 |
| | | 发车操作 | 扫描车签、路线编码、单号、车牌登记 |
| 车到营业部 | 扫描枪进入汽车操作界面 | 到车操作 | 扫描车签、路线编码、单号、车牌登记 |
| | | 卸车操作 | 扫描车签、单号 |
| | | 快递员进行派件操作 | 派件出仓、派件交单 |
| 收派员到营业部交货 | | 收件操作 | 收件交单、收件入仓 |
| | | 装车操作 | 扫描车签、单号 |
| | | 发车操作 | 扫描车签、路线编码、单号、车牌登记 |

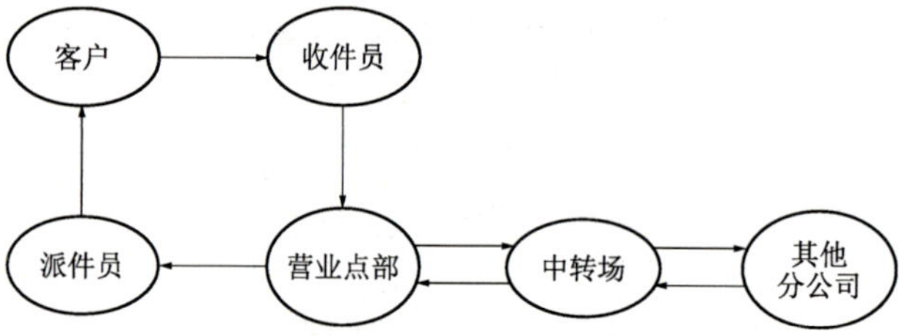


图 2-5　操作员在快递流程中对巴枪的使用示意图

### 工作任务 4：熟悉中转场运作员岗位标准

**知识窗：**中转场运作员岗位标准，见表 2-25。

表 2-25　中转场运作员岗位标准

| 类别 | 模块 | 要求与标准 | 技能要点 |
| --- | --- | --- | --- |
| 分拨类 | 工具设备 | 掌握各类装卸设备的操作规范与使用方法，能够借助工具提高快件分拣效率，降低强度 | 熟练使用和维护扫描枪 |
| | | | 熟练使用打包机 |
| | | | 能够安全使用和维护各类装卸设备 |
| | | | 熟练使用消防器材 |

**续表**

| 类别 | 模块 | 要求与标准 | 技能要点 |
| --- | --- | --- | --- |
| 分拨类 | 工具设备 | | 理解9S要求：了解常用物料及发放要求，保持工具、设备整洁，物料充足，摆放到位，保持操作现场整洁、有序 |
| | 卸货操作 | 能够根据公司车辆登记、卸货、推件的要求，做好车辆到达登记，提升卸货效率，确保快件安全 | 掌握公司车辆指挥规范，熟练使用标准手势及工具指挥车辆停靠 |
| | | | 了解公司解封车操作标准，检查车辆上锁、封车情况，如实登记车辆到达情况，并将异常情况及时拍照、上报 |
| | | | 能够根据车辆到达、快件参加中转的紧急程度等因素，安排车辆卸货次序 |
| | | | 掌握公司卸货操作要求及标准，安全、快捷地处理快件 |
| | | | 熟练使用扫描枪完成解封车、快件卸车操作，严格控制漏扫、错扫 |
| | 发件操作 | 能够根据公司分拣卡位、回流件处理、扫描枪扫描要求，准确高效地做好发件工作 | 熟练掌握分拣操作标准，控制分拣错误率 |
| | | | 掌握本卡位的快件代码，检查唛头笔书写是否正确 |
| | | | 熟练使用扫描枪完成发件操作，确保不漏扫 |
| | | | 熟练掌握公司码货标准，安全、高效地完成快件码放 |
| | | | 熟练处理回流件，确保回流件与中转同步 |
| | 建包、解包操作 | 熟练使用建解包物料工具，掌握建解包操作标准，安全、高效地完成建解包操作 | 解包时，熟练检查外包装、包牌或笼牌的完整性、规范性 |
| | | | 建包时，熟练掌握封包及填写包牌技巧 |
| | | | 熟练使用扫描枪进行“快件建解笼”或“快件建解包”操作，并达到建解包的效率要求 |
| | | | 熟练核对建解包内快件数量，确保数量无误 |
| | 安全防范 | 能够按照公司安全守则，掌握确保人身、设备、财产、交通安全的关键要领 | 掌握场地内作业安全规范 |
| | | | 掌握快件分拣安全规范 |
| | | | 掌握快件风险防范规范 |
| | | | 掌握作业场地内外交通安全 |
| | 信息、问题件处理及反馈 | 熟练掌握中转场问题件处理流程，掌握各类型问题件的处理技巧，及时完成问题件的处理及反馈 | 能够将各环节出现的问题按要求及时上报 |
| | | | 及时查看与营运操作相关的邮件，及时了解营运动态 |
| | | | 熟练掌握各批次操作流程及各类信息上报的时效，制作中转信息报表 |
| | | | 熟练掌握各类型问题件处理流程，及时完成问题件的处理及反馈 |

续表

| 类别 | 模块 | 要求与标准 | 技能要点 |
|---|---|---|---|
| 散航类 | 散航发货 | 掌握散航发货操作要求，熟练使用相关工具提升发货效率，树立主人翁意识，监督货代的操作，确保快件的安全 | 熟练使用扫描枪进行散航发货处理，不得错扫、漏扫 |
| | | | 熟练填写散航发货交接单，使用车标、封车码、拉扣等散航发货工具 |
| | | | 监督货代快件装车，并做好重量交接、登记 |
| | | | 检查车门关闭情况，对货代车上锁操作等 |
| | 散航跟货 | 掌握散航跟货操作要求，树立主人翁意识，监督货代的操作，确保快件的安全 | 检查货代车辆车封车条、车锁及车门关闭的完好性，发现问题及时通知现场负责人 |
| | | | 监督货代人员按要求卸货 |
| | | | 熟练处理、记录安检过程中出现的相关问题，并及时反馈 |
| | | | 做好每周跟货单元的“出港货件监管核实登记表”，并及时反馈 |
| | 散航提货 | 掌握散航提货操作要求，树立主人翁意识，监督货代的操作，确保快件的安全 | 能够根据每天计算机系统内的提货信息，对提货工作进行合理安排 |
| | | | 能够与各机场、航空代理保持良好沟通，以便提货工作的顺利开展，提高提货时效 |
| | | | 了解提发货操作设备与安检设备，并做好相应的工具及信息准备 |
| | | | 熟练使用扫描枪对提货快件扫描操作 |
| | | | 能够对到港航班、货物异常情况，及时进行跟踪、信息反馈并协助处理 |
| | | | 与信息组保持沟通顺畅，确保信息的及时反馈 |
| 安全类 | 安全防范 | 能够按照公司安全守则，掌握确保人身安全、设备安全、财产安全、交通安全的关键要领 | 掌握场地内作业安全规范 |
| | | | 掌握快件分拣安全规范 |
| | | | 掌握快件风险防范规范 |
| | | | 掌握作业场地内外交通安全 |

## 工作场景2　快件的接收

知识点：办理交接的内涵、总包卸载作业的安全要求、总包拆解机械设备使用的安全要求

关键技能点：交接验收的内容、交接单据的使用、车辆封志的内涵与拆解、总包卸载的操作、总包的接收与验视、总包的拆解、总包拆解异常情况的类型、总包拆解时用品用具的整理及检查

### 工作任务 1：了解办理交接的内涵

**知识窗 1**：到站快件按运输工具的不同，可分为公路运输、航空运输、铁路运输的到站快件。只有公路运输（自有）到站快件能直达分拣中心，其他运输方式还需经过场、站、港，才能到达快递公司的分拨中心、中转场。

**知识窗 2**：在到站快件接收作业过程中，场地接收人员在对快件运输车辆的封志、快件交接单的填写、总包快件的规格和质量等方面，要认真执行交接验收规定，明确责任环节，确保快件的处理质量。

**知识窗 3**：为防止在运输途中超小快件发生遗失，信件型快件和快件运单被折叠、损坏，同时也为了便于快递服务过程中两环节的交接，缩短时间，提高效率，在快件运输环节中，往往采取将多个小件汇成总包运输的办法。因此办理交接主要是指办理总包的交接。

**知识窗 4**：总包，是指将寄往同一寄达地（或同一中转站）的多个快件，集中装入的容器或包（袋）。总包经封扎袋口或封裹牢固形成一体，便于运输和交接。总包必须拴有包牌或粘贴标签，同时总包内应附寄快件封发清单，或在包牌及标签写明内装件数。

**知识窗 5**：在实际操作中，所谓的总包往往涵盖了总包单件的概念。也就是说，狭义的总包仅仅指多个快件集中封装而成的总包；而广义的总包，除此之外还包括按照总包操作的总包单件。

### 工作任务 2：熟悉交接验收的内容

**知识窗**：分拣中心场地人员在办理到站快件接收时，需要进行以下工作，见图 2-6。

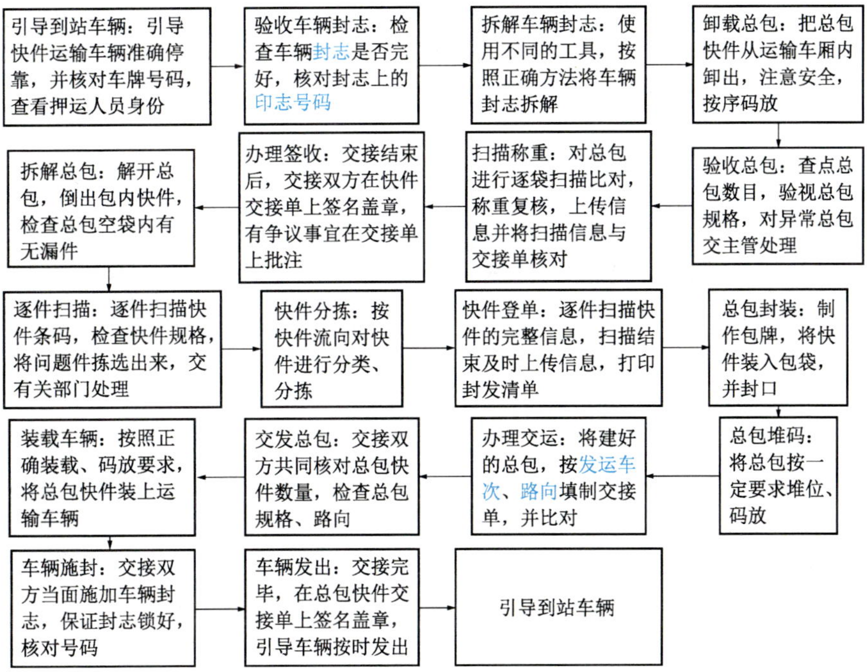


图 2-6　交接验收作业流程

### 工作任务3：掌握交接单据的使用

知识窗1：交接单是快递服务网络中运输和处理两个部门在交接总包时的一种交接凭证，是登记交接总包相关内容的一种单据。由于交接单一般在快件运输押运人员与分拣中心之间使用，由此，有的快递企业也将交接单称为路单。

知识窗2：交接单的使用范围，见表2-26。

表2-26　交接单的使用范围

| 交接环节 | 登列的内容 |
|---|---|
| 收寄派送网点与分拣中心之间的总包交接 | 快件封发时间、发出站、接收站、封发人员、快件号码、收寄件人信息、总包快件重量、总包快件体积、总包快件件数、种类、车辆牌号、驾驶人员等 |
| 快件运输环节与分拨中心、分拣中心或中转站之间交换的总包交接 | 车辆发出时间、始发站、经由站、终到站、总包快件数量、总包快件重量、驾驶人员等 |
| 分拨中心、分拣中心或中转站与委托运输方之间的总包交接 | 发出站、到达站、航班号或车次、总包快件数量、总包快件重量等 |

知识窗3：交接单的作用。

（1）真实记录两作业环节交换总包时实际发生的相关内容，是快件业务处理的证明。

（2）交接单是快递企业与委托承运部门或企业进行运费结算的依据。

（3）交接单是明确两作业环节之间总包交换责任界限，并促成互相监督制度执行的重要措施。

（4）交接单是进行总包查询和赔偿的凭证。

### 工作任务4：熟悉车辆封志的内涵与拆解

知识窗1：车辆封志是固封在快件运输车辆车门的一种特殊封志，其作用是防止车辆在运输途中被打开，保证已封车辆完整地由甲地运到乙地。封志是快件运输途中保证安全、明确责任的重要手段。随着信息技术的发展，现在也有一些快递企业使用全球卫星定位系统来监视快件运输车辆的车门，利用系统记录信息来确定车门是否被无故打开，从而提高快件运输过程中的安全性。

知识窗2：车辆封志的种类，见表2-27、图2-7。

表2-27　车辆封志的种类

| 种类 | 特点 | 材质、组成 |
|---|---|---|
| 实物封志 | 成本较低，但是操作相对烦琐，且大多不能重复使用，也是目前绝大多数快递企业普遍使用的封志 | 材质主要分三类：一是纸质类，如封条、封签等；二是金属类，如铅封、施封锁等；三是塑料类，一般称塑料封志。快递企业经常使用的是金属类和塑料类的封志 |
| 信息封志 | 信息封志操作简单，但是技术要求高、投资大 | 这是全球卫星定位系统与地理信息系统结合的信息记录，通过对车辆的运行和车门的开关，进行即时记录，来明确责任 |

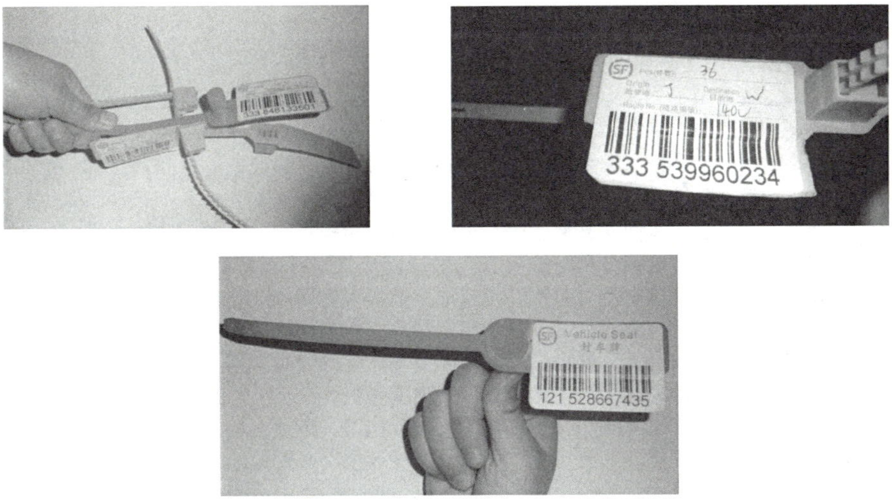


图 2-7　车辆封志示例

知识窗 3：车辆封志的拆解。

不同材质的车辆封志，拆解方法略有不同。对于施封锁，交接人员应该使用施封锁专用钥匙开启，并妥善保管钥匙，以备查询及循环使用；对于金属封志、铅封、塑料封志等，交接人员应该使用剪刀或专用钳来拆解封志，剪开封绳。

拆解车辆封志，首先要认真检查封志是否已被打开、封志上的印志号码或封志标签是否清晰可辨。如果铅印封志模糊、塑料封志反扣松动并且能被拉开，都需要在交接单上进行批注。然后扫描封志上的条形码，并与上一环节所发信息进行比对；如果是手工登记，注意需要与交接单内容进行核对。最后在拆解时，需要注意不得损伤封志条码或标签。

### 工作任务 5：掌握总包卸载的操作

知识窗：总包卸载的操作，见图 2-8。

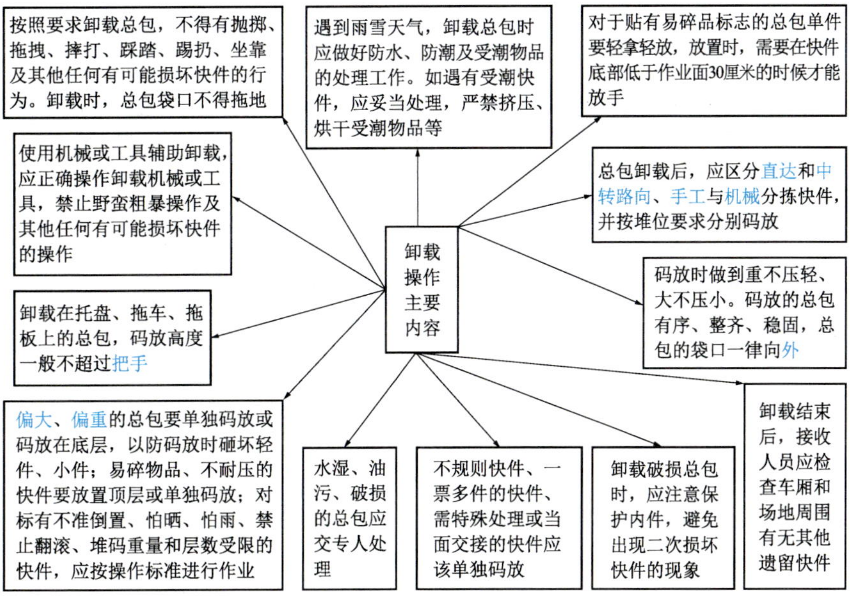


图 2-8　总包卸载的操作

### 工作任务 6：认知总包卸载作业的安全要求

**知识窗**：总包卸载作业的安全要求，见图 2-9。

- √ 应该在车辆停靠稳妥后，进行卸载作业；进出车厢应使用防护扶手，避免摔伤。
- √ 着装规范，防护用品佩戴齐全，避免身体受到伤害，如佩戴专用防护腰带、穿好防护鞋。
- √ 卸载金属包装或表面不光滑、带有尖锐物包装的快件，或者其他任何有可能造成伤害的快件，应戴专用防护手套。
- √ 卸载体积偏大、偏重的总包快件，应双人或多人协同作业及使用设备卸载。
- √ 如果卸载快件有内件物品破损并渗漏出液体、粉末状固体、半固体状物品，或者漏出内件疑似有毒、剧毒、不明化工原料，必须使用专用防护工具和用品或防护设备进行隔离，不得用身体直接触摸或鼻嗅。
- √ 卸载总包时，如果堆码在手动运输的托盘、拖车、拖板上，注意堆码重量不得超过设备材质和承载的限定要求，堆码宽度应小于底板尺寸。对于托盘、拖车，堆码高度不应高于托盘和拖车；对于拖板，堆码高度不应高于标准人体高度，以防在快件倒塌时被砸伤。
- √ 使用托盘、拖车运输时，应分清车头与车尾，不得反向操作。拉运快件时应目视前方，不得左顾右盼。
- √ 卸载使用的机械或工具，不得载人。

图 2-9　总包卸载作业的安全要求

### 工作任务 7：熟悉总包的接收与验视

**知识窗 1**：接收进站总包是处理环节的总进口，分拨中心、分拣中心必须严格把关，对于验视时发现的异常总包，交接双方要当场及时处理，明确责任。

**知识窗 2**：接收与验视的操作规范，见表 2-28。

表 2-28　总包接收与验视的操作规范

| 子任务名称 | 操作规范 |
|---|---|
| 总包接收的工作任务 | 按车辆到达的先后顺序接收总包，有特殊规定的除外 |
| | 不同批次或车次的总包应该分别接收，不得混淆处理 |
| | 总包接收处理时，要求两人或两人以上同时作业 |
| | 接收总包时，收方负责逐包扫描，同时验视总包，复核总包数量、规格。交方负责监督总包的数量 |
| | 对总包进行逐包扫描称重，完毕后上传信息，比对扫描结果，或将扫描信息与交接单内容进行核对 |
| | 发现总包异常，应及时、准确地做出处理 |
| | 发现总包数量、路向等与信息不符，应及时、准确地做出处理或反馈 |
| | 接收操作要求快速、准确，应在规定时间内完成总包的接收处理 |

续表

| 子任务名称 | 操作规范 |
|---|---|
| 总包验视的工作任务 | 总包发运路向是否正确 |
| | 总包规格、重量是否符合要求 |
| | 包牌或标签是否有脱落、字迹不清、无法辨别的现象 |
| | 总包是否破损或有拆动痕迹 |
| | 总包是否有水湿、油污等现象 |

### 工作任务8：掌握总包的拆解

知识窗：总包拆解主要分人工拆解和机械拆解两种方式。人工拆解总包是一种比较普遍的方式，人工拆解与机械方式拆解总包的操作规范，见表2-29。

表2-29 总包拆解的操作规范

| 类别 | 操作规范 |
|---|---|
| 人工拆解总包方式的工作任务 | 验视总包路向，并检查快件总包封装规格。对误发的总包不能拆解，应剔除出来交主管处理 |
| | 扫描包牌条码信息。扫描不成功或无条码的，手工键入总包信息 |
| | 拆解铅封时，剪断容器封口封志的扎绳，不要损伤其他部分；保持包牌在绳扣上不脱落。拆解塑料封扣时，剪口应在拴有包牌一面的扣齿处，以保证包牌不脱落 |
| | 倒出快件后，应利用三角倒袋法或翻袋等方式，检查总包空袋内有无遗留快件 |
| 人工拆解总包方式的工作任务 | 检查由容器内拆出的封发清单所填写的内容是否正确，并将快件封发清单进行整齐存放 |
| | 如有易碎快件，必须轻拿轻放，小心地从容器中取出 |
| | 逐件扫描快件条码，同时验视快件规格 |
| | 拆出的破损、水湿、油污、内件散落等快件以及不符合规格的快件，应及时交主管处理 |
| | 区分手工分拣和机械化分拣的快件，将需要机械分拣的快件运单向上，顺序摆放 |
| | 超大、超重不宜机械分拣的快件和破损、易碎物品快件要单独处理 |
| | 拆解结束时，检查作业场地有无遗留快件和未拆解的总包 |
| 机械方式拆解总包的工作任务 | 验视快件总包路向，将误发的总包拣选出来 |
| | 使快件总包袋鱼贯进入开拆轨道，处理完一袋总包后，再开拆下一袋总包 |
| | 拆塑料封志时，拴包牌一面剪口剪在扣齿处，保持包牌不能脱落。如果拆绳封的快件总包时，应该剪断一股绳，不可损伤其他部分，保持包牌在绳扣上不脱落 |
| | 扫描包牌条码信息。扫描不成功或无条码的，手工键入总包信息 |
| | 核对拆出的封发清单，登记内容 |
| | 逐件扫描快件条码，与接收的信息进行比对 |
| | 每个总包开拆完毕后，将快件贴有运单的一面向上，整齐地放到传输机进行传输分拣 |

续表

| 类别 | 操作规范 |
| --- | --- |
| 机械方式拆解总包的工作任务 | 拆解易碎物品总包时，调整升降高度，将总包袋口接近工作台，轻拿轻放取出快件，检查快件有无水湿、渗漏、破损等情况 |
| | 如果快件总包内有保价快件、优先快件，需要验视快件包装，将运单填写内装物品名称与清单相核对，单独封发处理 |
| | 将不能机械化分拣的快件，转交其他工作人员进行手工处理 |
| | 快件总包拆解完毕后，检查总包空袋内有无遗留快件，清单后，将总包空袋移出作业台 |
| | 拆解时，遇到问题件，需要及时向主管汇报 |
| | 拆解结束，注意拆解实际件数与系统信息进行比对 |
| | 工作结束，关闭设备电源，退出拆解系统 |
| | 检查作业场地周围有无遗漏快件，清扫作业场地，上缴扫描用具、专用钳等用品用具，集中保管 |

### 工作任务 9：认知总包拆解机械设备使用的安全要求

知识窗 1：机械方式拆解总包，是指利用机械设备把总包悬挂提升，实现人机结合拆解总包的一种方式。利用机械拆解，可以大幅度减轻拆解人员的劳动强度，提高劳动效率。目前，快递企业采用的总包拆解机械设备主要有：简易提升机（电动葫芦）、推式悬挂机等。

知识窗 2：具体要求：

（1）作业前，根据使用的设备，操作人员应按要求着装。留有长发的女工要把头发盘起，戴好工作帽，长发不能外露，以免被卷入机器。

（2）设备开启后，检查本工作台设备的运行是否正常。

（3）如果快件总包体积、重量超过了规定限度，不得使用机械拆解，要注意将其拣选出来，改手工方式进行处理。

（4）应根据拆解出的快件体积和重量，按设备的使用要求分类，进行摆放。

（5）严禁将其他与设备无关的物品放在设备上，不得使用任何物品刻划、摔打设备。

（6）严禁无故使用急停开关或中断设备电源。

（7）总包拆解设备，如果非正常运转或停止运转，拆解人员均不得自行处理，应通知专业人员进行维修。

（8）设备运转时，严禁身体任何部位接触设备。

（9）作业结束时，清理设备场地，关闭开启按钮。

### 工作任务 10：熟悉总包拆解异常情况的类型

知识窗：一般总包拆解常见的异常情况，见图 2-10。

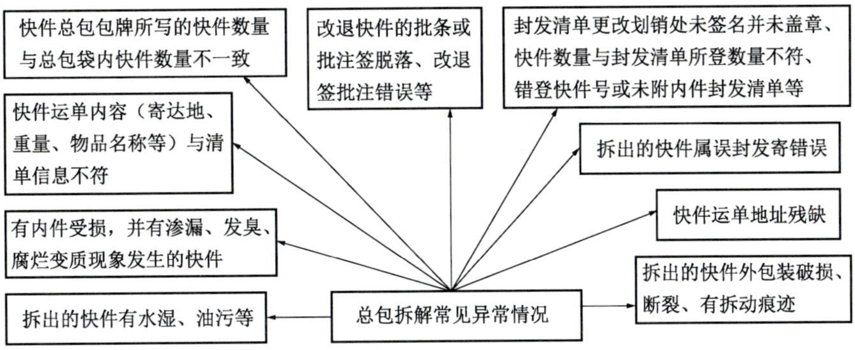


图 2-10　总包拆解常见的异常情况

### 工作任务 11：掌握总包拆解时用品用具的整理及检查

知识窗 1：为保证快件处理场地的整洁、有序，以及用品、用具的有效使用，在快件处理过程中要注意用品、用具的整理。

知识窗 2：具体要求：

（1）拆下的包牌、封志应放在专用箱内。

（2）拆下的快件封装杂物或绳等应放在专用箱内。

（3）区分一次性使用和循环使用的容器。

（4）按型号和材质，整齐叠码堆放完好的总包空袋。

（5）将破损、水湿、油污的总包空袋放到指定位置。

（6）对总包空袋上粘贴的快件总包条码签进行清理，并存放在指定区域待用。

（7）作业结束后，检查场地有无散落的空袋。

## 工作场景 3　快件的分拣

知识点：快件分拣的描述、分拣操作的基本要求

关键技能点：快件的直封与中装、分拣中常见不符合要求的快件种类、分拣易发生错误的类型

物流分拣流程

### 工作任务 1：了解快件分拣的描述

知识窗：快件的分拣是快件处理过程中的重要环节，快件分拣的描述见表 2-30。

表 2-30　快件的分拣

| 项目 | 描　　述 |
| --- | --- |
| 意义 | 分拣的正确与否决定了快件能否按预计的时限、合理的路线及有效的运输方式送达客户 |
| 分拣的标准 | 以快件运单书写的地址、邮编、电话区号等为依据；少量的快递企业以条形码为依据 |
| 分拣的方式 | 一般分为手工分拣、半自动化分拣和自动化分拣三种 |
| 操作的步骤 | 部分快递企业采用先初分、后细分的两次分拣方式；而大部分中小快递企业则采用直接细分的分拣方式 |

### 工作任务 2：熟悉快件的直封与中装

知识窗：快件直封与中装的操作要求，见表 2-31。

表 2-31　快件直封与中装的操作要求

<table>
<tr><th>项目</th><th colspan="3">操作要求</th></tr>
<tr><td>快件的直封</td><td colspan="3">快件分拣中心按快件的寄达地点把快件封发给到达城市分拣中心的一种分拣方式。这种分拣方式中途不需要再次分拣封发，可直接进行快件的派送处理</td></tr>
<tr><td>快件的中转</td><td colspan="3">快件分拣中心把寄达地点的快件封发给相关的中途分拣中心，经再次分拣处理，然后封发给寄达城市分拣中心的一种分拣方式。采取快件中转组织分拣，可使快件处理的数量相对集中，便于合理组织处理快件和采用机械设备进行分拣，中转范围可以是一个县、一个市、一个省，甚至几个省</td></tr>
<tr><td rowspan="2">分拣依据的信息</td><td>按地址分拣</td><td>处理人员分拣的依据是运单上的收件人地址。由于运单上的地址一般书写比较长、字比较小，辨认费时，快递企业要求业务员在运单上用唛头笔明显标记该快件应流向的省份、城市名称。快件处理业务员根据唛头笔所填的地址名称进行分拣，提高分拣效率</td><td rowspan="2">按地址分拣和按编码分拣不是截然分开的两种方式，在具体操作过程中二者相互补充，有利于快件准确地被分拣到其实际寄达地</td></tr>
<tr><td>按编码分拣</td><td>处理人员按照运单上所填写的城市航空代码、邮政编码或电话区号进行分拣。按编码分拣有利于分拣的自动化；一些快递企业根据自身业务网络和特色，创建了独特的编码，便于企业内部使用</td></tr>
</table>

## 工作任务 3：认知分拣操作的基本要求

**知识窗 1**：不论是手工分拣，还是半自动机械分拣、分拣机自动分拣，都不得有抛掷、摔打、拖拽等有损快件的行为，对于优先快件、到付件、代收货款件等要单独分拣。由于分拣机自动分拣基本不需要人工操作，只需要将快件运单朝上摆放在分拣机上，分拣机就会按照既定程序完成快件的分拣，因此，在这里仅仅介绍手工分拣方式。

**知识窗 2**：为了保证分拣快速准确，对于用唛头笔标注目的地的快件，处理人员需要注意核对收件人的地址。如收件人地址中出现多个城市名称，应仔细找出真正的目的地。如：广州好的集团驻上海办事处，此时目的地应该是“上海”，而不是“广州”。

**知识窗 3**：包裹类快件分拣的要求，见图 2-11。

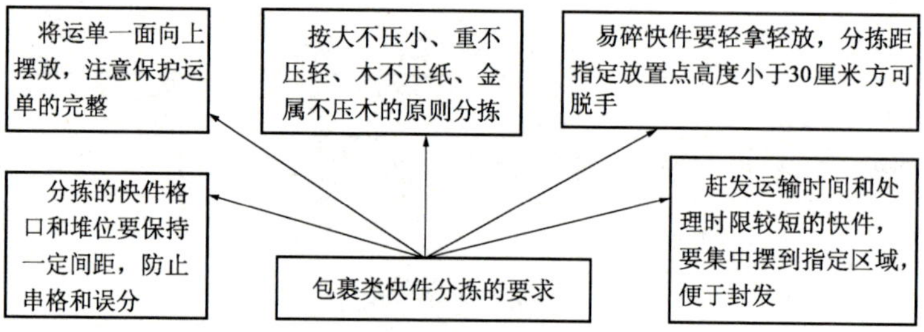


图 2-11　包裹类快件分拣的要求

## 工作任务 4：熟悉分拣中常见不符合要求的快件种类

**知识窗**：分拣中常见不符合要求的快件种类，见表 2-32。

表 2-32　分拣中常见不符合要求的快件种类

| 种类 | 表现特征 | |
|---|---|---|
| 无法分拣、分拣易出现错误的快件 | 快件运单脱落 | |
| | 快件外包装有两张运单或一张运单填写有两个寄达目的地的地址 | |
| | 地址填写错误或邮编、电话区号、寄达目的地填写错误 | |
| | 填写的街路不清楚或只写街路而无门牌号码 | |
| | 寄达地址用同音字代替或使用相似字 | |
| | 运单目的地栏填写或记号笔填写，与收件人地址不符 | |
| 重量、规格不符合要求的快件 | 重量：快件单件重量超过 50 千克 | |
| | 规格：快件单件体积长或高超过 150 厘米，长、宽、高三边之和超过 300 厘米 | |
| | 对航空禁运快件未施加标志 | |
| | 快件的包装内衬或充填物过于简单，内件物品有响动、晃动及翻滚 | |
| | 外包装不坚固，造成快件破损、塌陷、水湿、油污、渗漏等 | |
| 超越服务范围的快件 | 非快递公司快递网络覆盖的地区 | |
| | 快递公司快递网络覆盖的区域 | 但不在派送的服务区域 |
| | | 但未开办某些特殊业务（如到付、代收货款等）的区域 |

## 工作任务 5：熟悉分拣易发生错误的类型

**知识窗**：处理人员的分拣错误，会导致快件传递失误。常见的分拣错误有以下五种情况，见图 2-12。

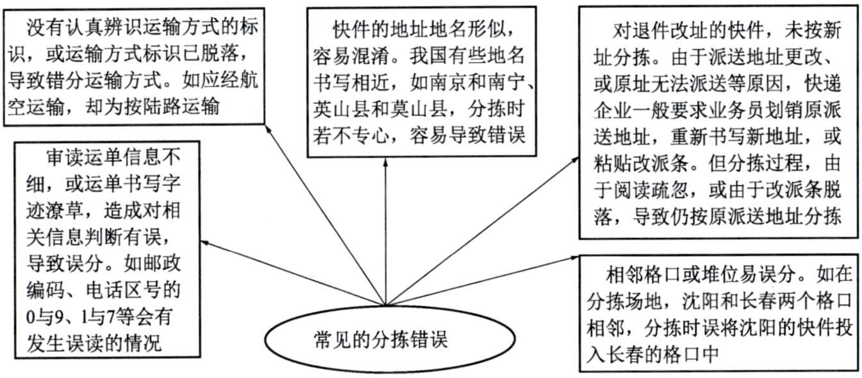


图 2-12　常见的分拣错误

# 工作场景 4　快件的封发

**知识点**：出站快件的封发与登单、快件封发清单的内涵、总包的检查、总包快件装车发运的内涵

**关键技能点**：手工登单封发的操作、总包包牌（包签）的操作、总包的封装要求、总包的堆位和码放、出站快件的交接要求、快件装载汽运车辆的操作规范、车辆封志的建立、

出发快件的操作流程

**工作任务1：了解出站快件的封发与登单**

**知识窗1：** 快件封发作业，是将同一寄达地及其经转范围的快件，经过分拣处理后集中在一起，按一定要求封成快件总包并交运的生产过程。总包、封装空袋、封志、包牌等用品应符合规定，并达到封发的规格标准，以使快件实现准确、安全、完整、及时的传递。

**知识窗2：** 登单就是登记快件封发清单。它是快件传递处理的记录，各环节根据记录的内容接收和处理快件。在快递企业中，出站快件的登单一般有两种方式：一是手工在专用纸质清单上登记快件号码、寄达地等信息；二是人工或机器扫描录入条码信息。两者都是以纸质或电子两种介质形式的清单，实现相关信息的记录和传递。目前，多数快件登单操作采用扫描录入条码信息的方式。

**工作任务2：认知快件封发清单的内涵**

**知识窗：** 快件封发的清单，见表2-33。

表2-33　快件封发的清单

| 清单的基本常识 | 备注说明 | |
|---|---|---|
| 清单的概念 | 快件封发清单是指登列总包内快件的号码、寄达地、种类或快件的内件类别等内容的特定单式，是接收方复核总包内快件的依据之一，也是快件作业内部查询的依据 | |
| 清单种类 | 从形式上分 | 纸质清单 |
| | | 电子信息清单 |
| | 从内容上看 | 形式上有普通快件清单、保价快件清单、代收货款清单等 |
| | | 内容主要包括清单的号码、始发地、目的地、快件的号码、寄达地、种类及总数等 |

**工作任务3：掌握手工登单封发的操作**

**知识窗：** 手工登单封发的操作规范要求，见图2-13。

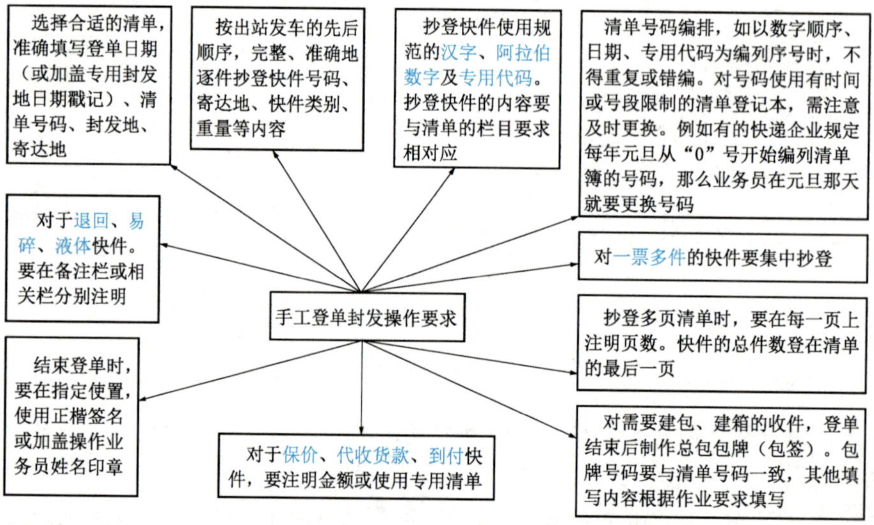


图2-13　手工登单封发的操作规范要求

## 工作任务4：掌握总包包牌（包签）的操作

**知识窗**：总包包牌（包签）的操作要求，见表2-34。

表2-34　总包包牌（包签）的操作要求

<table>
<tr><th>项目</th><th colspan="2">操作要求</th></tr>
<tr><td>包牌（包签）概念</td><td colspan="2">包牌（包签），是指快递企业为发寄快件和内部作业，而拴挂或粘贴在快件总包袋指定位置上，用于区别快件的所属企业的机构、运输方式、发运路向等的信息标志。国内快件的包牌（包签）往往与国际快件的包牌（包签）不同，使用时应准确选择</td></tr>
<tr><td rowspan="4">包牌（包签）制作</td><td>操作系统实时生成包牌（包签）</td><td>操作系统接收到打印包牌的指令，连接的打印设备随即打印出所需条形码总包包牌（包签）。条形码包含有总包包牌（包签）的号码、发出地、寄达地、件数或票数、重量、时间等相关信息。预制的总包包牌（包签）是批量印制或打印而成的，但有些预制的总包包牌（包签）包含的信息只是唯一码，其他如发出地、寄达地、件数或票数、时间等信息需要手工填写</td></tr>
<tr><td rowspan="3">手工书写包牌（包签）</td><td>使用规范汉字、阿拉伯数字、代码，填写包牌（包签）各栏内容，不得有涂改或划销</td></tr>
<tr><td>使用笔头直径在3毫米以上的油性唛头笔填写</td></tr>
<tr><td>准确、完整填写各项内容，如发出地、寄达地、件数或票数、时间等。设有发寄和留存联的情况，两联填写内容要一致</td></tr>
</table>

## 工作任务5：掌握总包的封装要求

**知识窗1**：总包的封装，是将多个发往同一寄达地的快件，集中规范地放置在袋或容器中，并将袋口或容器口进行封扎的过程。

**知识窗2**：总包封装的操作要求，见表2-35。

表2-35　总包封装的操作要求

<table>
<tr><th>项目</th><th colspan="3">操作要求</th></tr>
<tr><td>包袋（容器）概念</td><td colspan="3">包袋，也称总包空袋，是用于盛装快件的袋子，由棉质、尼龙、塑料等不同材质制成。容器有集装箱、金属笼等</td></tr>
<tr><td rowspan="5">包袋（容器）使用的要求</td><td rowspan="5">快件的封装，离不开封装袋或容器，选择的包袋、轮式笼和集装箱，应与快件的体积大小、重量、所寄内件性质相适应</td><td colspan="2">不得使用企业规定之外的包袋或容器</td></tr>
<tr><td colspan="2">不得使用有破损的包袋或容器</td></tr>
<tr><td colspan="2">不得使用水湿、污染、形状改变的包袋或容器</td></tr>
<tr><td colspan="2">不得翻用印有其他快递企业标识的包袋或容器</td></tr>
<tr><td colspan="2">不得将包袋和容器挪作他用或故意损毁</td></tr>
<tr><td rowspan="3">总包封装的基本要求</td><td rowspan="3"></td><td rowspan="3">总包袋的操作</td><td>选用大小适宜的包袋（容器）。总包空袋的大小，应根据快件的数量和体积合理选用，切忌用大号总包空袋封装少量快件</td></tr>
<tr><td>将预制的包签，贴在空袋一侧，其粘贴位置应该根据袋（包）内快件盛装的多少而定，但应在总包封扎后的中上部为宜</td></tr>
<tr><td>规范的总包空袋置于撑袋车或撑袋架上</td></tr>
</table>

续表

| 项目 | 操作要求 | | |
|---|---|---|---|
| 总包封装的基本要求 | 总包封装是将打印出的清单与快件一同装入总包空袋（容器）中，使用专用工具封扎、封闭袋口或容器开口，并拴挂包牌或标签的过程。在装袋和封扎、封闭袋口或容器开口时，可使用一些辅助工具和器具，以便快速方便地完成快件封装作业 | 总包袋的操作 | 将制作清单后的快件，按重不压轻、大不压小、结实打底、方下圆上、规则形放下、不规则形放上的原则装袋 |
| | | | 内件为易碎和液体的快件，单独封袋；或与其他快件混封时，要放在最上层 |
| | | | 文件单据型快件、包裹型快件、保价快件、代收货款、到付快件、限时快件，应分别封装成总包袋。如果采用混合封装方式，文件单据型快件要捆扎成捆 |
| | | | 快件装袋时，运单向上摆放 |
| | | | 快件装完袋后，需随袋走的封发清单，要放入特制的封套入袋。对总包袋盛装不能过满，装袋不宜超过整袋的 2/3，重量不宜超过 30 千克 |
| | | | 将撑袋车或撑袋架上的袋口，卸下收紧 |
| | | | 使用专用或特制的绳或塑料封带，在贴近快件内装物处，将总包袋扎紧封口 |
| | | 轮式笼和集装箱的操作 | 选用无损坏、无形状改变等的轮式笼和集装箱 |
| | | | 将制作清单后的快件，按重不压轻、大不压小、小件填装空隙的原则，装笼或装箱 |
| | | | 笼和集装箱内若有隔板，尽量将轻件的快件、易碎的快件、液体的快件放入上隔 |
| | | | 文件单据类快件与物品类快件混装时，保价快件、代收货款、到付快件等同类件集中码放或间隔 |
| | | | 快件装笼或装箱时，运单向上摆放 |
| | | | 快件装完箱、笼后，清单放入特制的封套中，放入笼或箱的最上面 |
| | | | 正确关闭笼或箱门 |
| | | | 使用专用或特制的绳或塑料封带，封扎笼或箱门 |
| | | | 使用绳封扎时，将绳一头穿入锁孔中，穿上袋牌，再穿上封志用品，用专用工具妥封。使用塑料封带封扎时，将封带尾部穿入锁孔中，穿上袋牌，再穿入封带顶部的扣眼中，用力收紧。使用条码包签时，将包签贴在笼或集装箱正面上部指定区域内 |

### 工作任务6：认知总包的检查

**知识窗1**：总包是由多个快件汇集而成，通过质量检查对封发总包所产生的差错进行纠正，可以保证总包封装的快件准确、安全地传递。

**知识窗2**：质量检查主要有以下五项内容：

（1）检查总包的袋牌、封志、袋身（笼或箱体）、重量等规格是否符合要求。

（2）检查总包袋牌或包签的条形码是否整洁、完好。

（3）检查是否有遗留未处理完毕的快件。

（4）检查操作系统信息处理是否符合要求。

（5）检查对需要赶发时限的快件是否优先封发处理，是否赶发指定的航班或航次。

### 工作任务7：熟悉总包的堆位和码放

**知识窗1**：完成分拣封发的快件总包，按某些共同特性和码放原则，整齐排列码放到一个指定的位置。这个过程既是总包集中码放的过程，又是堆位的形成过程。

**知识窗2**：总包堆位和码放的基本要求，见图2-14。

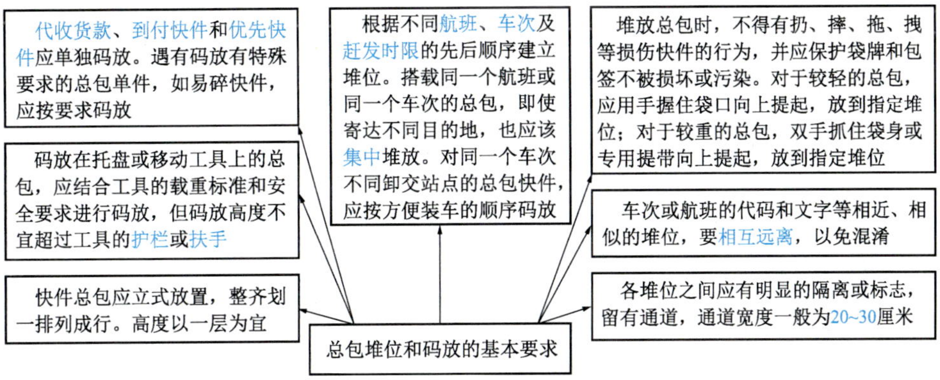


图2-14　总包堆位和码放的基本要求

### 工作任务8：了解总包快件装车发运的内涵

**知识窗1**：装车发运，是指发运人员根据发运计划及时准确地将总包装载到指定的运输工具上，并与运输人员交接发运的过程。

**知识窗2**：发运计划，是指总包的运输作业计划，包括总包的发运时间、路由、车次（航班）、运量、停靠交接站点、到达时间等方面内容。发运计划是各分拣中心发运总包的重要依据。

**知识窗3**：路由，是指根据总包不同的起止点，按照快件时限要求，选择符合实际需要的运输途径。

### 工作任务9：掌握出站快件的交接要求

**知识窗**：出站快件交接的操作要求，见表2-36。

表2-36　出站快件交接的操作要求

| 项目 | 操作要求 | |
|---|---|---|
| 基本内容 | | 指挥或引导车辆，安全停靠到指定的交接口、交接台、交接场地 |
| | | 交接双方共同办理交接 |

续表

| 项目 | 操作要求 | |
|---|---|---|
| 基本内容 | 汽车运输快件的交接 | 核对交接的总包数是否与交接单填写票数相符、所交总包单件规格是否符合要求 |
| | | 快件的装载配重和堆码，是否符合车辆安全运行标准 |
| | | 出站快件交接单的发出站、到达站、车辆牌号、驾驶员（押运员）填写是否规范 |
| | | 交接结束，双方签名盖章，在交接单上加注实际开车时间 |
| | 委托运输的航空或铁路快件的交接 | 核对航空或铁路接收快件上所填写的货舱单、航空结算单、货站发货单，看是否与所发的快件数量、重量、航班等相符 |
| | | 核对航空快件安全检查，看是否全部符合要求 |
| | | 核对交发的快件规格、快件总包袋牌、包签，看是否完好 |
| | | 交接结束，交接双方要在货舱单、航空结算单、货站发货单上面签名盖章 |
| 使用要求 | 交接单是在收寄（派送）网点与分拣中心之间或分拣中心及中转站等、与航运铁路汽运部门或与委托运输方之间交接时所使用的单据 | |
| | 一般登记快件车辆发出时间、航班号或车次、始发站、经由站、终点站、装载快件数量、重量、快件号码、驾驶人员等的交接单 | |

## 工作任务 10：掌握快件装载汽运车辆的操作规范

**知识窗：**快件装载汽运车辆的操作规范，见图 2-15。

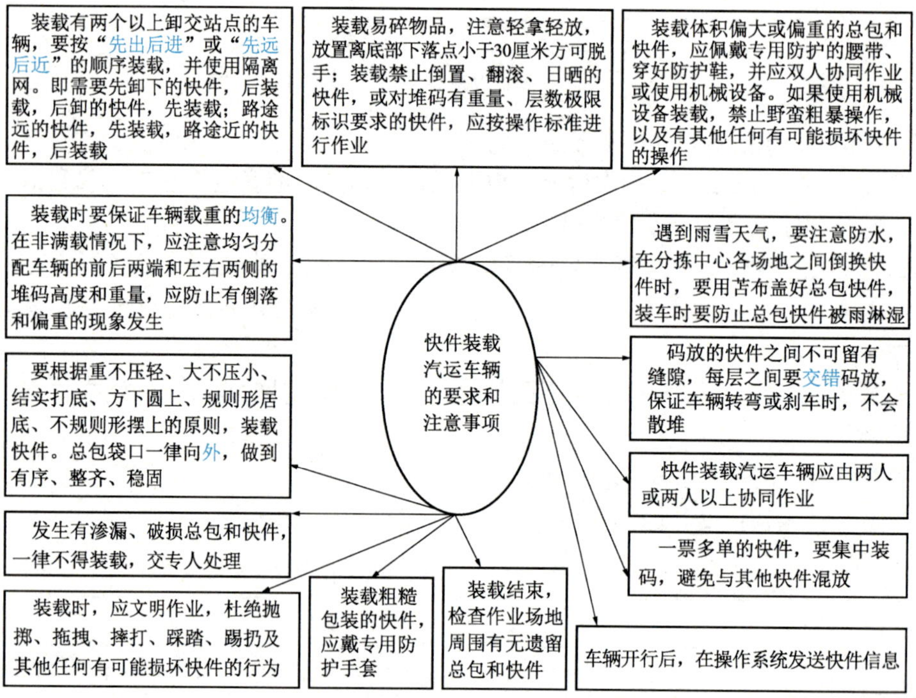


图 2-15　快件装载汽运车辆的操作规范

## 工作任务 11：熟悉车辆封志的建立

**知识窗 1**：车辆的施封，无论是实物封志还是信息封志，都是为保证运输车辆安全快速地把快件运达目的地而建立的一种控制手段。

**知识窗 2**：车辆封志一般有门锁、特制塑料或金属条码封条、全球卫星定位系统与地理信息系统结合的信息记录等。

**知识窗 3**：以使用塑料条码封条施封操作为例的说明，见表 2-37。

表 2-37　车辆施封的操作规范要求

| 项目 | 操作规范要求 |
| --- | --- |
| 建立车辆封志的操作步骤 | 总包装载结束后，由车辆的押运人员或驾驶员将车门关闭 |
| | 场地负责人将车辆封志加封在车门指定位置，车辆押运人员或驾驶员监督车辆施封的过程 |
| | 将塑料条码封条的尾部插入车辆锁孔之中，再穿入条码封条顶部的扣眼中，用力收紧，并检查施封是否完好 |
| | 将施封的条形码号码登记在出站快件的交接单上 |
| | 车辆押运人员或驾驶员与场地负责人在交接单上签字确认 |
| 建立车辆封志的注意事项 | 施封前要检查车辆封志是否符合要求，GPS 的运行是否正常 |
| | 施封过程中要保证条形码完好无损 |
| | 核对封志的条形码号码与出站快件交接单登记的号码是否一致 |
| | 施封后的封志要牢固，不能被抽出或捋下 |

## 工作任务 12：掌握出发快件的操作流程

**知识窗 1**：出发快件的操作流程，见图 2-16。

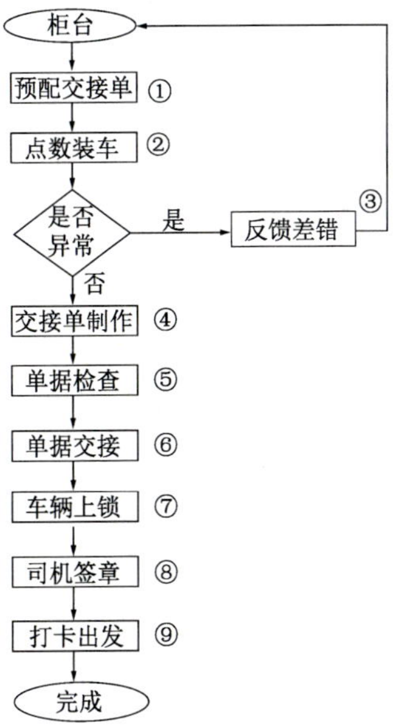


图 2-16　出发快件的操作流程

知识窗2：出发快件的操作步骤：

① 根据前一天拉货情况和当天货量，确定需配的货物，柜台人员制作预配交接单。

② 根据货物类型，按公司规定顺序进行配送：偏线、专线、快线，城际配送、国际货运、空运装车。

③ 根据预配交接单，在装车时核对件数，避免少装、漏装。

④ 外场操作员在预配交接单上注明装车情况，柜台人员再根据预配交接单制作相应交接单。

⑤ 柜台人员对出发货物单据（签收单、内部带货财务报表等）进行检查核实。

⑥ 柜台人员与司机进行单据（签收单、交接单等）交接，司机核对单据，并在交接单上签名确认，同时柜台人员需在交接单上签名，并保留交接单第三联（黄联），其余两联交司机。

⑦ 外场操作员领取一次性锁，对车辆上锁。

⑧ 根据《车辆签单标准》，给司机签发当日车辆所用费用的单据。

⑨ 柜台人员给司机打出发卡。

# 工作情境5 客服人员

工作场景1：座席工作区域的使用规范

工作场景2：手机短信的编写规范

工作场景3：接单操作

工作场景4：客服业务

## 学习目标

素质目标：认知座席工作区域的使用规范、手机短信的编写规范、客服工作的规范

知识目标：熟悉接单工作的标准规范

技能目标：掌握日常接单操作规范、掌握客户服务部门的具体业务

拓展目标：了解客户服务部门的作用、客服业务的流程

## 工作场景1 座席工作区域的使用规范

客服服务准则

知识点：客户服务部的作用

关键技能点：座席工作区域的使用规范

### 工作任务1：了解客户服务部门的作用

知识窗：客户服务部门肩负着“公司窗口”的神圣使命，快递公司的客户服务工作，一般由两大部分组成：前台服务（接单输单）和查询服务（处理问题）。客户服务工作与公司网络和作业部门有着密切的合作关系，其组成的两者均应当采取“首问负责制”，主动服务，他们是快递售前、售后服务的检视窗口，肩负着发现和处理各种问题的重任。

### 工作任务2：认知座席工作区域的使用规范

知识窗：客服人员座席工作区域使用规范，见图2-17。

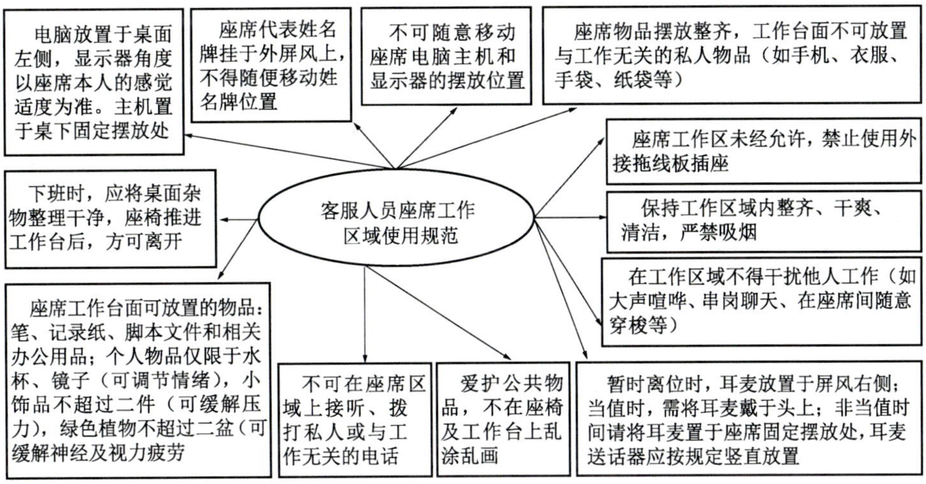


图 2-17　客服人员座席工作区域使用规范

## 工作场景 2　手机短信的编写规范

知识点：手机短信的编写规范

关键技能点：手机短信的编写规范

**工作任务：认知手机短信的编写规范**

知识窗：手机短信的编写规范，见表 2-38。

表 2-38　手机短信的编写规范

| 短信类型 | 信息内容 | 信息说明 |
|---|---|---|
| 订单信息 | 09001 新：001：月：0102732010：鸿兴：横岗西龙南路 327 号：陈小姐：8481××××：东莞：请尽早： | 09001 新：表示 9 日发出的第一条信息，第二条信息用“09002 新”表示，第三条“09003 新”，以此类推……（其数字后会累加新单、追件、修改、委托件、取消、自助下单等）<br>001：表示当天的第一个收件信息<br>月：表示为月结客户，如为“非”则表示为散单客户<br>0102732010：指下单的客户编码<br>鸿兴：表示寄件人的公司简称，无则不显示<br>横岗西龙南路 327 号：此为寄件公司或个人的收件地址 |
| 订单信息 | | 陈小姐：寄件方客户联系人<br>8481××××：寄件公司或个人的联系电话<br>东莞：该快件所寄的目的地<br>请尽早：此为备注栏，表示客服代表记录有关收件的其他信息 |
| 订单信息（预约当天收件） | 09001 新：001：月：0102732010：1500 鸿兴：横岗西龙南路 327 号：陈小姐：8481××××：东莞 | 1500 鸿兴：表示预约时间是下午 3 点到鸿兴公司收件。有时“1500”后只有姓氏或只有符号，则表示是个人寄件；无公司名，则是客户不愿意留下公司名称 |

续表

| 短信类型 | 信息内容 | 信息说明 |
| --- | --- | --- |
| 追 call 短信 | 09011 追：004：月：0102732011：丑丑：龙华大浪村富华工业园 4 栋：夏小姐：2812××××：杭州 | 09011 追：004：表示 9 日第 11 条信息为追件信息，所追的是当天的第四单信息“丑丑公司” |
| 取消寄件短信 | 09016 消：012：月：0102732012：长鸿：兴华路向南工业区 2 栋 3 楼：杨小姐：2607××××：香港：陈生取消 | 09016 消：012：表示 9 日第 16 条信息为取消信息，所取消的是当天的第 12 单信息<br>陈生取消：表示取消此份收件的为陈先生，若客户本人取消则只有“取消”二字 |
| 修改订单短信 | 09015 改：013：月：0102732013：吉华达：兴华大道新工业区：邓生：27120839：东莞．件中有漏，请回 | 09015 改：013：表示 9 日的第 15 条信息是修改第 13 单吉华达公司的短信；<br>件中有漏，请回：表示修改的内容 |
| 委托取件短信 | 09010 代：008：月：0102732014：堡狮龙：太平洋商贸大厦 14 楼：中山：2583××××：苏小姐： | 09010 代：008：表示 9 日第 10 条信息是第 8 单为委托件信息，委托到堡狮龙收件 |
| 电话语音自助订单信息 | 27003 电：003：月：0253816010：新丰：太平洋商贸大厦 11 楼：李小姐：838××××： | 27003 电：003：表示 27 日第 3 条信息来自“电话语音自助下单”的订单<br>月：表示月结客户，如为“非”，则表示为散单客户<br>0253816010：表示客户编码<br>新丰：客户公司名称<br>太平洋商贸大厦 11 楼：客户的收件地址<br>李小姐：寄件方客户联系人<br>838××××：寄件客户的联系电话 |

## 工作场景 3　接 单 操 作

知识点：接单工作的标准规范

关键技能点：日常接单操作规范

### 工作任务 1：熟悉接单工作的标准规范

知识窗：接单工作的标准规范，见表 2-39。

表 2-39　接单工作的标准规范

| 类别 | 具体任务 | 标准规范 |
|---|---|---|
| 工作任务 | 接单（客户发件） | 对于新客户，要详细询问：发件人姓名、公司名称、地址、电话、联系人、派送目的地、快件重量与体积、特殊服务要求等，对上述信息，要进行复述，得到客户确认后，告知客户上门取件的大致时间，并致结束语：欢迎您使用本公司的服务，谢谢您的来电 |
| | | 对于老客户，要在客户报出公司名称或电话号码时，能够从电脑中迅速调出客户的资料，核对联系人、联系电话、派送目的地；复述相关信息，得到客户确认后，告知客户上门取件的大致时间，并致结束语：感谢您对本公司的长期惠顾，谢谢您的来电 |
| | | 收到客户委托件的传真，记录完整的收方和寄方客户信息（公司名称、联系人、联系电话、特殊要求、付款方式等）；如有传真不清楚、付款方式不明确、地址不详等问题，要及时与委托方客户联系确认；如果没有问题，收到传真后，与寄方客户联系确认 |
| | 下单（通知取件） | 准确记录接单内容，快速输入电脑，保证客户资料的准确性 |
| | | 力争在 5 分钟之内，通知快件所属区域的收派员取件 |
| | | 如果是重货（大件），通知中转场主管，再通知大货司机取件 |
| | 跟进（取件） | 在规定时限内,客户反映无人取件,请客户继续等待,再次通知收派员尽快取件 |
| | | 超出规定时限,客户反映还未取件,将情况通知作业主管,派机动人员前往取件 |
| | | 如因截单时间已到，再迟就无法赶上作业班车，造成收派员取件失约，应向客户表示歉意，征求客户同意后，另约取件时间，并记录这一情况 |
| | 查询（协助） | 回答客户的业务查询时，要做到准确、到位，具体包括：服务热线、营业时间、服务范围、服务形式、产品种类、运费计算、禁运品、收派时限、截单时间、作业班车时间表等 |
| | | 灵活向客户作出留有余地的回答，对派送时间不可完全承诺 |
| | | 客户要求传真价格表、服务产品等资料，要力争在 10 分钟之内传真给客户 |
| | 投诉（协调） | 情节较轻、情况单纯的投诉，当时给予答复和解决 |
| | | 取件方面的投诉，接单员回答不了的，转交给接单部门主管处理 |
| | | 其他方面的投诉，接单员回答不了的，转交给查询部门主管处理 |
| 岗位要求 | 语言流利、规范、简练，声音柔美 | |
| | 有“急客户所急、想客户所想”的服务意识 | |
| | 有顾全大局、维护公司商誉的职业操守 | |
| | 严谨的工作态度，良好的沟通和协调能力 | |
| | 熟悉当地地理环境和收派员的区域划分情况 | |

续表

| | | |
|---|---|---|
| 岗位要求 | 能解答客户一般咨询，能初步处理客户投诉 | |
| | 传递信息与电脑记录时，能迅速、准确、完整、反应灵敏 | |
| | 耐心聆听客户投诉，具有应变能力，处理事情不卑不亢 | |
| | 熟悉公司业务，包括服务区域、货件种类、运送时间、运费计算、快件流程等 | |
| 注意事项 | 文明语 | 您好、请、欢迎、对不起、谢谢 |
| | 禁用语 | 不知道、不清楚、没办法、不关我的事、你找别的部门等 |
| | 不要对客户作出完全承诺，只能说正常情况下什么时间可以送达 | |
| | 接听客户查询电话时，要耐心听取、认真记录，不明白的地方主动问清楚 | |
| | 对待收派员要态度和蔼，尽可能为收派员提供便利 | |
| | 不可把工作情绪转移到收派员身上，影响一线员工的服务质量 | |
| | 当收派员手机无法联系时，应将情况做好记录，移交作业主管处理 | |

## 工作任务 2：掌握日常接单操作规范

### 工作任务 2-1：掌握操作流程 1——新客户

**知识窗：**操作流程，见图 2-18。

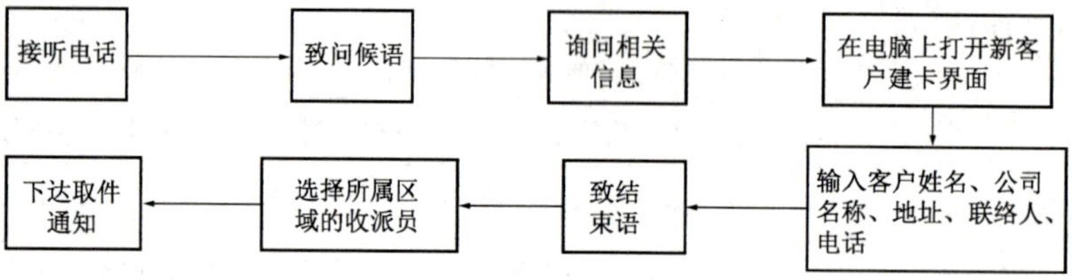


图 2-18　操作流程 1——新客户

### 工作任务 2-2：掌握操作流程 2——老客户

**知识窗：**操作流程，见图 2-19。

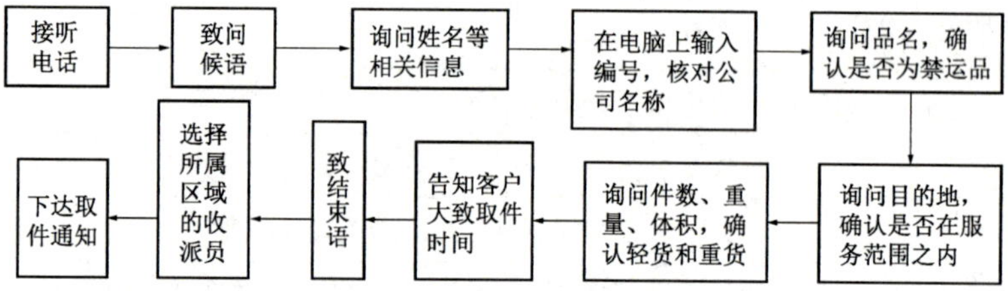


图 2-19　操作流程 2——老客户

### 工作任务 2-3：掌握操作流程 3——禁运品/限运品

**知识窗：**操作流程，见图 2-20。

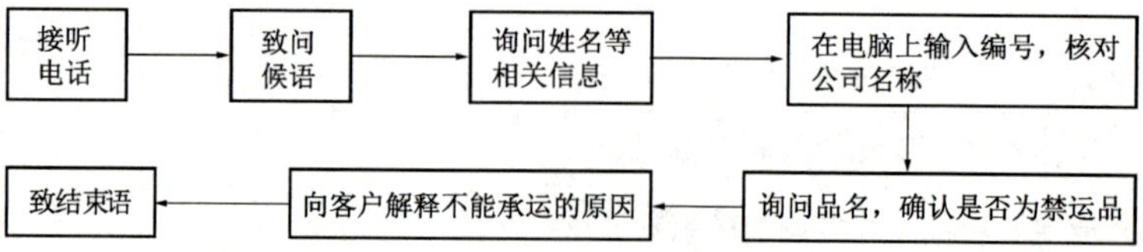


图 2-20　操作流程 3——禁运品/限运品

## 工作任务 2-4：掌握操作流程 4——客户投诉

**知识窗：**操作流程，见图 2-21。

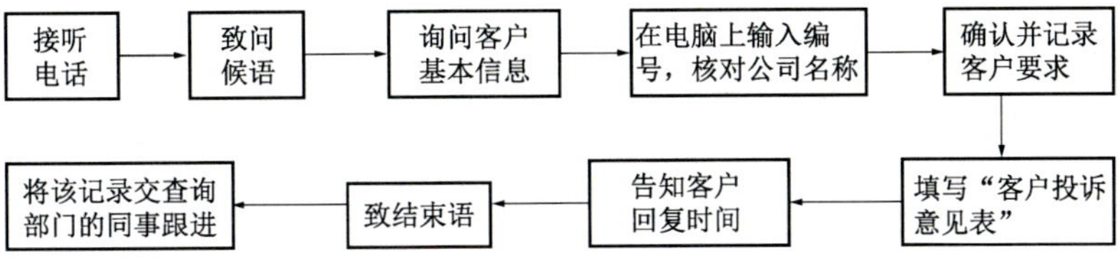


图 2-21　操作流程 4——客户投诉

## 工作任务 2-5：掌握结束语的种类

**知识窗：**结束语的操作，见图 2-22。

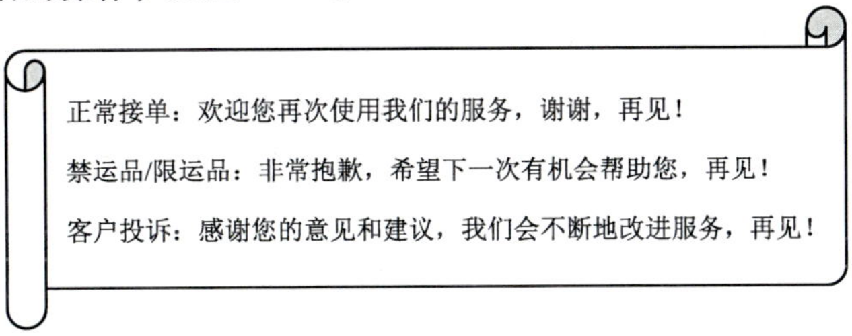


图 2-22　结束语

# 工作场景 4　客 服 业 务

**知识点：**客服工作的规范、客服业务的流程

**关键技能点：**客服的具体业务

## 工作任务 1：认知客服工作的规范

**知识窗：**客服工作标准规范，见表 2-40。

表 2-40　客服工作标准规范

<table>
<tr><th>类别</th><th>工作任务</th><th>标准规范：一级指标</th><th>标准规范：二级指标</th></tr>
<tr><td rowspan="8">岗位要求</td><td rowspan="5">接听态度</td><td colspan="2">多用“请问、请稍等、谢谢”等礼貌用语</td></tr>
<tr><td colspan="2">声音要清晰，语调要自然，语气要得体，音量要柔和</td></tr>
<tr><td colspan="2">节奏要适中，避免急而快；每说一小节，须略作停顿，让对方消化</td></tr>
<tr><td colspan="2">要表现出热心、耐心、诚心；要有问必答，不可搪塞或顶撞来电者</td></tr>
<tr><td colspan="2">对客户或同事，避免用命令式语言，如：“你快点儿回复我；你马上去收件！”</td></tr>
<tr><td rowspan="3">接听方法</td><td>迅速接听</td><td>电话铃响三声内，必须接听。因故铃声久响才接听，应首先向客户道歉。如：“实在抱歉，让您等了这么久”；“能告诉我，您的客户卡号吗?”</td></tr>
<tr><td>留言待复</td><td>接听电话前，准备好笔纸，记录电话信息，内容包括：对方卡号、姓名、电话及服务需求。客户来电处理完毕，要及时作出回复</td></tr>
<tr><td>礼貌挂机</td><td>要等客人挂机后，才可放下话筒。客户挂机前，要向客户致结束语。客户挂机前，不可与同事议论或抱怨客户。客户讲了粗话，也要耐心听完，不可提前挂机</td></tr>
</table>

续表

| 类别 | 工作任务 | 标准规范：一级指标 | 标准规范：二级指标 |
|---|---|---|---|
| 服务内容 | 做好数据统计，进行分类登记，将相关资料认真归档 | | |
| | 受理种类查询、咨询、投诉、理赔及各项问题件的处理工作 | | |
| | 受理各项问题后，与相关部门和人员及时沟通，做好跟进处理 | | |
| | 配合其他区域和营业中心的工作，发挥协调和桥梁作用，提升全公司的整体客服水平 | | |

### 工作任务2：了解业务的流程

知识窗1：业务流程，见图2-23。

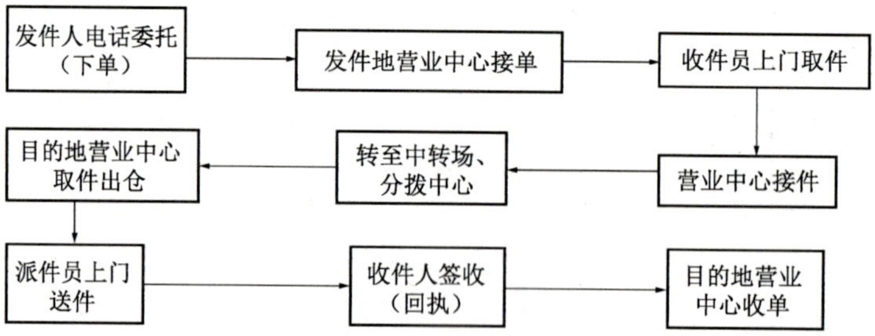


图2-23　业务流程

知识窗2：具体操作。

（1）接单下单：客户通过电话委托，要求取件（发件）；客服部门对此叫作接单，俗称客户下单。

（2）通知取件：接单部门根据客户提供的资料，将取件信息编成手机短信，转发给相应区域的收派员。

（3）取件接件：收派员接到通知后1小时内，前往客户处取件；在当班快件收完后，在规定时间内，将全部快件送回营业中心。

（4）输单分拨：营业中心对快件进行汇总，运单交客服部输单，快件送往本区域中转场、分拨中心分拣。

（5）分拣转运：中转场、分拨中心通过各线路作业班车，将不同快件分别送往目的地中转场、分拨中心。

（6）再分拣再转运：目的地中转场、分拨中心对快件再细分，送往最终目的地（收件人所在地区的营业中心）。

（7）到达最终目的地后，快件出仓2小时内，由派件员送达收件人手中（快件出现异常情况时，由发件地和收件地的双方客服部协同查询后妥善解决）。

### 工作任务3：掌握业务分类：咨询服务

知识窗1：操作流程，见图2-24。

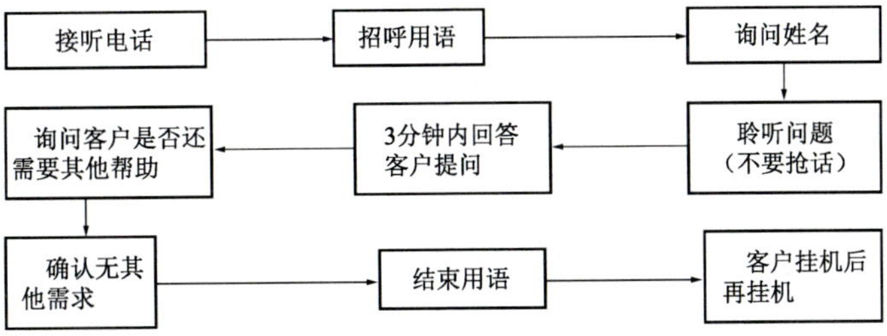


图 2-24　咨询服务操作流程

知识窗 2：注意事项。

（1）对业务流程要相当熟悉，尽量减少客户等待时间。

（2）不可随意将内部电话、内部资料等告诉客户。内部电话是指服务热线以外的所有后勤电话号码。内部资料是指营业执照复印件、网络内联络方式、公司制度以及客户资料等所有牵涉商业机密的资料。

（3）如客户索取业务宣传资料，记录客户传真号码和联系人后，在 30 分钟内回复客户。

（4）如不能及时回答客户问题，记录客户所提问题、电话号码和联系人，挂机后致电相关部门查询，在 30 分钟内回复客户。

## 工作任务 4：掌握业务分类：查询服务

知识窗 1：操作流程，见图 2-25。

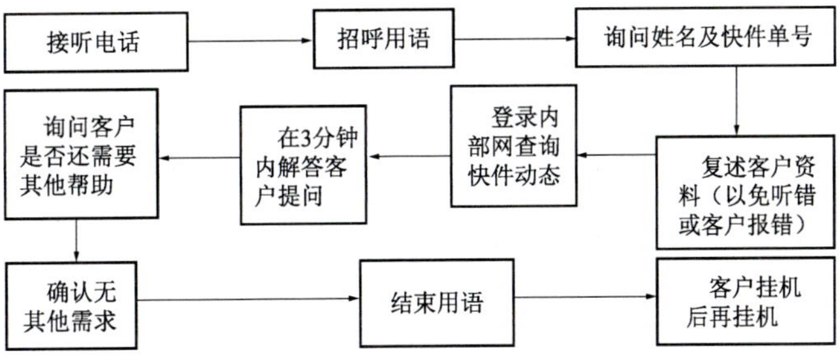


图 2-25　查询服务操作流程

知识窗 2：注意事项：

（1）如果查单系统里，没有所查快件资料或资料不完整，应记录下客户提出问题、联系电话和联系人，挂机后致电相关部门再做了解，力争在 30 分钟内回复客户查询结果。

（2）如果派件延误属实，则询问客户资料及联系电话，向辖区派件员或其他区查询员催派此件，在 30 分钟内回复客户。

（3）如果系统显示无回单资料，或客户反映无此签收人，则按派件人的员工号查询，询问客户资料及联络电话，告知客户回复时间。

（4）如果客户索要签收单，可从电脑中调出后打印再传真；或请作业内勤协助，直接传真给客户；也可建议客户上网查看，自己打印。

（5）解答客户问题，不可过于笼统，应避免过多的专业术语。

知识窗 3：查询服务内容。

查询服务内容，见图 2-26。

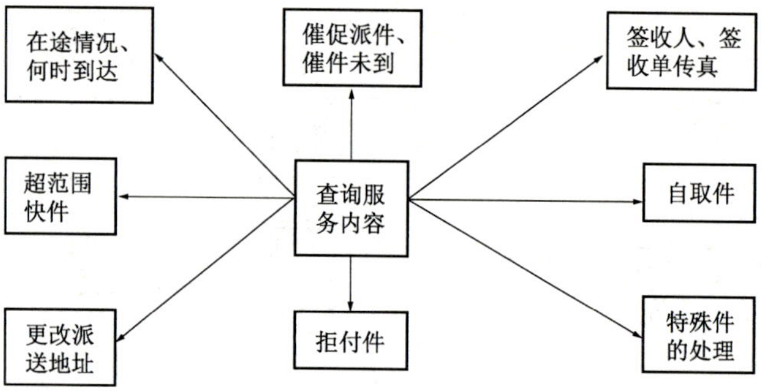


图 2-26　服务内容的查询

### 工作任务 5：掌握业务分类：投诉与理赔

### 工作任务 5-1：掌握贴错单情况的处理

**知识窗**：贴错单分为客户贴错单、收派员贴错单。通常情况下，两份运单互相贴错，有时会导致多份运单连环贴错。因客户原因导致的贴错单，须提供加盖公章的客户证明，产生的费用由客户承担。贴错单情况下的操作流程与规范话术，见表 2-41。

表 2-41　贴错单情况的处理

| 类别 | | 处　理 |
|---|---|---|
| 操作流程 | 外区贴错单 | 接到收件地（本区）作业部的通知（贴错单） |
| | | 通知发件地（外区）客服部查明情况，等待回复 |
| | | 打印运单第一联资料，传真到本区营业中心（仓管员） |
| | | 通知收派员收回此件，填写新运单，注明原因及原单号码 |
| | | 将新运单寄往原发件地（外区），录入处理结果，登记备案 |
| | 本区贴错单 | 接到收件地（外区）作业部的通知（贴错单） |
| | | 要求本区责任人查明情况 |
| | | 将运单号码告知收件地（外区）客服部，请求互调错件 |
| | | 填写新运单，注明原因及原单号码 |
| | | 录入处理结果，登记备案 |
| 规范话术 | 货件阴差阳错 | 客服：“请问，您交付货件时，运单是您亲自填写的吗？” |
| | | 客服：“您的两个快件，重量分别是×千克和×千克，目的地分别是上海和香港；请问，从外包装看，有没有什么区别？上海件是……？香港件是……” |
| | | 客服：“（确认是发件人贴错单）您放心，我们会尽快把两个错单快件互调过来；不过，由此产生的新运费，要由您或您的公司来支付；如果没有异议的话，我现在就通知收件地，互调两个错单快件。” |
| 说明 | | 同一家公司的错单快件，和两家不同公司的错单快件，互调纠正的操作流程是一样的，只是在内部投诉的处理方式上有所不同。同一家公司的错单快件，作为内部问题件来处理；客户原因导致的错单快件，客户可不作投诉。两家不同公司的错单快件，很明显是操作失误造成的 |

### 工作任务 5-2：掌握损坏件、破损件情况的处理

**知识窗：**有损坏件、破损件出现的情况下的操作流程与规范话术，见表 2-42。

表 2-42 损坏件、破损件情况的处理

| 项目 | 处理 | |
|---|---|---|
| 定义 | 损坏件、破损件，通常是由于包装不良、操作失误等原因，导致快件外包装损坏。一般的做法是为客户免费补寄“与损坏部分运费同等价格的”快件 | |
| 操作流程 | 接到客户投诉，询问姓氏及运单号码，询问寄送时间、包装详情、损坏程度及有何要求 | |
| | 尽快联系收派员，核实客户反映情况是否属实 | |
| | 如果客户夸大事实，经查实，属客户过错，可婉转拒绝受理 | |
| | 如果属于快件公司的过错，协商免费补寄“与损坏部分运费同等价格”的快件 | |
| | 如果客户不接受，提出更高索赔，听取主管意见后，再次与客户协商 | |
| | 如果客户仍不接受，则填写问题件通知单，转交客服代表跟进解决 | |
| | 将处理过程，录入电脑查询系统，登记备案 | |
| 注意事项 | 应注意沟通技巧，与客户不可发生直接冲突，不可使用如下词语：“东西烂了？那没办法，您的包装有问题！最多免费补寄一次，你自己看着办吧！” | |
| | 客户须从寄件日起 15 天以内，以书面形式提出索赔要求，并附相关证明文件 | |
| | 超过规定期限未提出索赔要求的，视为自动放弃索赔权利（详见运单背书条款） | |
| 规范话术 | 货件全部损坏 | 客服：“请问，您是什么时候收到快件的？请您大致描述一下签收时的包装情况，好吗？” |
| | | 客服：“非常抱歉，给您带来这么多麻烦，我代表公司向您表示深深的歉意！请您与收件人联系一下，我们为您免费补寄一票快件，您看可以吗？” |
| | 强烈投诉 | 客服：“您反映的情况，我已经做了详细记录，我们会尽快查明情况，给您一个满意的答复；请您留下联系电话，我会在 30 分钟内给您回复。您的宝贵意见，我会向公司反映；如果您还有什么情况，欢迎您随时与我联系，我是 5 号查询员，我姓白。” |
| | 快件物品变形：照常派送、安排补寄 | 客服：“非常抱歉，由于运输途中的不慎，造成您的快件物品部分变形，但没有太大问题；您先与您的客户联系一下，说明这个问题，好吗？如果你有其他更好的解决办法，请再与我们联系，我是 6 号查询员，我姓黄。” |
| | | 客服：“为了不耽误收件人的时间，请问贵公司是否还有相同的产品？为了表示我们的歉意，为您免费补寄一份与损坏部分相同重量的快件，为了安全起见，这次请您务必加固包装。” |

### 工作任务 5-3：掌握遗失件情况的处理

**知识窗：**有遗失件出现的情况下的操作流程与规范话术，见表 2-43。

表 2-43　遗失件情况的处理

<table>
<tr><th>项目</th><th colspan="2">处　理</th></tr>
<tr><td>定义</td><td colspan="2">收派员在取件后，由于某种原因将快件遗失，给客户造成经济损失。遗失件包括：全部遗失和部分遗失（如一票多件中的一件）。应考虑是否有错分或错发的情况，在确认查询无果后，再确定为遗失件</td></tr>
<tr><td rowspan="5">类型</td><td colspan="2">收件过程遗失</td></tr>
<tr><td colspan="2">派件过程遗失</td></tr>
<tr><td colspan="2">作业部有到件记录，但无派件记录</td></tr>
<tr><td colspan="2">发件地作业部有发件，但转运中心无到件</td></tr>
<tr><td colspan="2">分拣中心有发件记录，但收件地作业部无到件记录</td></tr>
<tr><td rowspan="7">操作流程</td><td colspan="2">接到发件地、收件地的快件遗失通知</td></tr>
<tr><td colspan="2">通知收件地、发件地的客服部，等候处理意见回复</td></tr>
<tr><td colspan="2">录入处理结果，登记备案</td></tr>
<tr><td colspan="2">向客户（发件人/收件人）说明情况，表示歉意</td></tr>
<tr><td colspan="2">建议客户，享受免费补寄快件（同等运费/同等重量）</td></tr>
<tr><td colspan="2">客户不接受，填写问题件通知单，客服代表上门拜访</td></tr>
<tr><td colspan="2">由客服部填写《理赔通知函》，须在同客户达成协议3天内，将《理赔结果回复函》（客服经理签字），转交财务部，理赔完毕、登记备案</td></tr>
<tr><td rowspan="6">规范话术</td><td>通知发件人</td><td>客服："您好！这里是××快递公司，我是客户服务部的5号查询员。非常抱歉，由于我们的操作失误，您×月×日寄往上海的运单号为××××的快件，可能遗失了，我们还在努力寻找。考虑到您的客户正急等着这一快件，我们建议您：马上补寄一票快件给您的客户，此次运费全免，您看可以吗？"</td></tr>
<tr><td>客户不认同理赔金额</td><td>客服："发生这样的事情，真是非常遗憾，再次向您表示歉意！您的意见我会立即向公司反映，很快会有专人和您联系，形成我们双方都能接受的解决方案，您看可以吗？"</td></tr>
<tr><td rowspan="4">客户来电，快件部分遗失</td><td>客服："请问，您的快件的外包装，有没有破损或拆过的痕迹？"</td></tr>
<tr><td>客服："（没有拆开过）麻烦您，向您的发件人确认一下，是否全部寄出了？我也会跟我的同事确认当时收件的情况。"</td></tr>
<tr><td>客服："您好，您的运单号码是××的快件，广州的收件人反映，您填写的是24个杯子，但收到时却只有20个，我想和您确认一下。"</td></tr>
<tr><td>客服："（拆开过）非常抱歉，给您带来了麻烦；您反映的情况，我已经做了详细记录，请给我一点时间，调查一下具体情况；请您留下联系电话，我会在30分钟内与您联系。"</td></tr>
</table>

## 工作任务 5-4：掌握投诉问题的处理

**知识窗**：处理投诉问题时的操作流程与规范话术，见表 2-44。

**表 2-44　投诉情况的处理**

<table>
<tr><th>项目</th><th colspan="2">处　理</th></tr>
<tr><td>注意事项</td><td colspan="2">对所有的投诉，客服部查询部门都要做好记录。投诉记录包括：投诉时间、投诉内容、向客户与责任人取证情况、裁定结果、解决方案等</td></tr>
<tr><td rowspan="4">操作流程</td><td colspan="2">接到客户投诉，询问客户姓名，询问当时的具体情况</td></tr>
<tr><td colspan="2">尽快联系收派员或客服人员，核实客户反映情况是否属实</td></tr>
<tr><td colspan="2">向客户致歉和解释，将过程录入电脑查询系统</td></tr>
<tr><td colspan="2">报送相关部门，核定责任人，作出处罚决定，登记备案</td></tr>
<tr><td rowspan="7">规范话术</td><td>快件没有准备好，收派员不愿等候</td><td>客服：“非常抱歉，我们的服务还不能让您满意，我代表公司向您表示歉意！我们的收派员，每天都必须在规定时间内，赶回公司交件，才能保证快件准时运出；如果取件时停留时间过长，就会延缓当天快件的操作时间，影响到及时出运；这一点，请您谅解和协作。您的快件准备好了吗？我会安排人员尽快取件。请随时和我联系，我是 3 号查询员，我姓王。”</td></tr>
<tr><td>要求加快派送速度</td><td>客服：“非常感谢您的意见和反映的情况，我们会研究解决方案，加快派送速度，让客户更加满意。”</td></tr>
<tr><td>收派员没有开具发票</td><td>客服：“非常抱歉，由于我们服务的缺失，给您带来了不便。收取运费的同时，为客户开具发票，这是我们的服务承诺；由于制度规定，收派员不能随身携带更多的发票，所以未能及时给你开具发票；请您放心，公司财务部会为您开好发票，在一个工作日内派人给您送去，这样可以吗？如果您未收到发票，请您随时和我联系，我是 2 号查询员，我姓李。”</td></tr>
<tr><td>包装不到位，收派员拒绝收件</td><td>客服：“非常抱歉，给您添了麻烦。您可能知道，快件在运输途中，不可避免地会震荡；如果包装得不够好，就很容易被损坏。收派员之所以不肯收您的快件，是担心您提供的包装不能很好地保护快件，一旦破损或损坏，会给您造成经济上和时间上的损失。如果收派员没有解释清楚，还请您原谅。我建议，您再做一次包装加固，我会通知收派员尽快取件，可以吗？”</td></tr>
<tr><td rowspan="3">派送延误</td><td>客服：“非常抱歉，给您带来不便；我会马上查明情况，尽快给您回复，过 10 分钟再和您联系，好吗？”</td></tr>
<tr><td>客服（非可控因素造成）：“非常抱歉，由于天气原因，您的快件所在航班误点了，可能要晚些时候才能送到；请您再等一等，好吗？我们会在快件到达的第一时间为您派送。谢谢您的谅解。”</td></tr>
<tr><td>客服（操作失误造成）：“非常抱歉！由于我们的失误，您的快件在运输途中，出了一点儿问题，请您不要着急，我们会尽快处理这件事情，把快件安全送到您的手中。”</td></tr>
</table>

## 模块三

# 形象与话术

## 工作情境 1　标准化形象

工作场景 1：形象标准与规范
工作场景 2：动作标准与规范

### 学习目标

素质目标：认知仪表总体要求
知识目标：熟悉员工形象标准
技能目标：掌握动作操作标准、动作服务规范
拓展目标：了解收派员形象要求

### 工作场景 1　形象标准与规范

客户服务规范

知识点：仪表总体要求
关键技能点：员工形象标准、收派员形象要求

**工作任务 1：认知仪表总体要求**

知识窗：仪表总体要求，见表 3-1。

表 3-1　仪表总体要求

| 序号 | 要　　求 |
|---|---|
| 1 | 员工工作期间应统一着工作服，并佩戴胸牌 |
| 2 | 员工应注重仪表仪容，要衣冠整洁，不准穿拖鞋、短裤上班；因私外出，不许穿工作服 |
| 3 | 男员工发不盖耳、不留胡须；女员工应保持清雅淡妆，不得浓妆艳抹 |
| 4 | 员工应讲究卫生，适时梳洗，勤剪指甲，身体不能有异味 |
| 5 | 员工应注意坐姿，上身挺直，与他人谈话时两腿不得翘叠和晃动。站立时应挺胸、收腹，不得叉腰、抱肩，不得倚靠他物 |

### 工作任务 2：熟悉员工形象标准

**知识窗：**员工形象标准，见表 3-2。

表 3-2　员工形象标准

| 考核点 | 男　性 | 女　性 |
|---|---|---|
| 面部 | 自然而有亲和力的微笑；面部时刻保持清爽干净，无汗渍、油污等不洁之物；眼睛明亮，眼角无污物 | 清爽干净，妆容整洁清新，不浓妆艳抹。眼睛明亮，笑容自然 |
| 头发 | 长短适中，勤洗（无头皮屑），不染发，不留长发；头发前不盖额、侧不掩耳、后不及领 | 长短适中，勤洗（无头皮屑），保持端庄的发型，长发以扎起来为宜 |
| 牙齿 | 保持清洁和口气清新 | 保持清洁和口气清新 |
| 胡须 | 经常剃须，不蓄须 | — |
| 胸牌 | 别在工作服左胸企业 LOGO 的上方，位置居中 | |
| 上装 | 扣子系到第二粒处，领口整齐外翻，下摆扎在裤子内 | 扣子系到第二粒处，领口整齐外翻，下摆放在裤外或裙外 |
| 身体 | 勤洗澡，无异味，严禁文身 | 无文身和文身贴纸，不使用气味浓烈的香水 |
| 皮带 | 深色系，皮带外露时不系艳色腰带，腰带上不挂钥匙及饰物 | — |
| 手 | 保持干净，指甲短而整齐，指甲内保持清洁 | 保持干净，指甲修剪整齐，不涂艳色指甲油 |
| 下装 | 着深色长裤，长短肥瘦要适宜，裤口自然下垂不挽起 | 着深色裤装或裙装，不穿短裙 |
| 鞋袜 | 深色皮鞋或休闲鞋，配深色袜子。鞋面保持清洁，不穿球鞋、老头鞋，不穿带钉鞋、露脚趾凉鞋及拖鞋 | 赤脚穿凉鞋时趾甲不涂过于怪异的颜色，比如黑色、蓝色、绿色等；鞋的色彩、款式与服装搭配协调，不穿拖鞋或拖式凉鞋 |
| 饰物 | 不佩戴过大或张扬的戒指、项链等 | 不佩戴过大或张扬的耳环、戒指、手镯、项链、腰带等 |

### 工作任务 3：熟悉收派员形象要求

**知识窗：**收派员形象要求，见表 3-3。

表 3-3　收派员形象要求

| 收派员形象警示歌 | 收派员服装规范 |
|---|---|
| 不穿工装不戴帽，<br>客户见了起问号；<br>货物不敢交给咱，<br>我的提成打水漂。 | 1. 工作时间应戴公司统一配发的工帽，要求工帽干净整洁，帽子不得歪戴、反戴<br>2. 上装统一着公司的工服，要求按季节穿着，保持干净整洁 |

续表

| 收派员形象警示歌 | 收派员服装规范 |
|---|---|
| 不穿工装不戴帽，<br>客户见了起问号；<br>货物不敢交给咱，<br>我的提成打水漂。 | （1）春秋季着夹克式工服，要求将衣服拉链提到胸前与公司的徽标同齐的位置，领子整齐外翻；内着衬衫，衬衫下摆束于腰带内。<br>（2）夏季着短袖 T 恤工服，要求领口纽扣系至第二粒，衣领整齐外翻，下摆束于腰带内。<br>（3）冬季南方员工着夹克式工服，北方员工在夹克式工服外着公司统一配发的棉服。<br>3. 下装着公司统一配发的长裤，要求干净整洁<br>4. 工作时间应着公司统一配发的皮靴，要求系好鞋带，鞋面干净、无泥垢 |

## 工作场景 2　动作标准与规范

**知识点**：动作操作标准

**关键技能点**：动作服务规范

### 工作任务 1：掌握动作操作标准

**知识窗**：动作操作标准，见表 3-4。

表 3-4　动作操作标准

| 工作任务 | 标准规范 |
|---|---|
| 工作姿势标准 | 站立时，不能挡住客户的视线 |
| | 必须遵循右侧通行的原则 |
| | 在通道、走廊行走时，必须放轻脚步，用快步走代替跑步，以免影响客户工作 |
| | 在行走时，如遇到客户，必须主动让客户先行 |
| | 人多时，必须注意躲避，以免损坏客户的快件 |
| | 在客户处，必须经客户允许，才能就座 |
| | 要移动椅子的位置时，必须先把椅子放在应放的地方，然后再坐 |
| | 离开座席时，必须把椅子放回原来的位置，并摆放整齐 |
| 不规范动作 | 与客户谈话时，不能双手插袋或交叉于胸前 |
| | 任何情况下都不能坐在桌子上 |
| | 不能坐在椅子上跷着二郎腿，左右摇晃 |
| | 不能叼着烟走路 |
| | 不能穿拖鞋上班 |
| | 不能在客户处随便乱翻东西 |
| | 不能在客户处大声打电话，或者大声说话 |
| 公共行为规范 | 爱护公共设施 |
| | 爱护公共绿地，不践踏草坪，不采摘花朵 |
| | 爱护园林设施，不乱刮、不乱画 |

续表

| 工作任务 | 标准规范 |
| --- | --- |
| 公共行为规范 | 遵纪守法、尊老爱幼、乐于助人、见义勇为 |
| | 严格遵守工作时间，做到不迟到、不早退 |
| | 不能在工作期间打扑克、打麻将、聚众赌博 |
| | 下班前，必须整理好所用物品，并在规定位置摆放整齐 |
| | 保持公共洗手间的清洁，务必冲水、洗手 |

## 工作任务 2：掌握动作服务规范

**知识窗 1**：动作服务规范，见表 3-5。

表 3-5　动作服务规范

| 工作任务 | 一级指标要求 | 二级指标要求 | 三级指标要求 |
| --- | --- | --- | --- |
| 接听 | 电话铃声响起时，应在第一时间内接听；有礼貌地问候客户后，根据客户要求，立即提供快捷和准确无误的服务，让客户感觉到亲切、热忱、彬彬有礼 | 问候语 | “您好，这里是××快递；我是××号查询员，我能帮您做些什么吗?” |
| | | 应做到 | 电话铃响后三声内接听 |
| | | | 热情、诚恳、亲切、自然、专注 |
| | | | 清楚地致以问候语，有礼貌地打招呼 |
| | | 应避免 | 与客户争论，或赌气挂机 |
| | | | 回答问题有气无力、无精打采 |
| | | | 使用过长的、技术性的行业术语 |
| | | | 不等客户挂机，为抢电话量提前挂机 |
| | | | 与同事商量处理办法，把客户冷落在一边 |
| | | 禁用语 | “我不知道，我不清楚，电话不是我接的。” |
| | | | “这事儿不归我管，你打别的电话吧!” |
| | | | “有事儿说事儿，不要扯别的。” |
| | | | “什么事啊？说话呀!” |
| 挂机 | 结束查询电话前，应致以亲切的结束语，等客户先挂机，才可放下话筒，切忌用力挂机 | 结束语 | 一般情况下：“谢谢您的来电，再见。” |
| | | | 挂机前确认：“您还有其他事情，需要我帮助吗?” |
| | | | 客户感谢时：“不必客气，欢迎您随时来电，再见。” |
| | | 应避免 | 为抢电话量提前挂机，或催促客户挂机 |
| | | | 在客户挂机前，与同事谈论客人或客户的投诉 |

续表

| 工作任务 | 一级指标要求 | 二级指标要求 | 三级指标要求 |
|---|---|---|---|
| 转接 | 客户所要查询的快件，是其他同事负责跟进的快件，此时要向客人做出解释 | 方法1 | 先告诉客户：“您的快件情况，我的同事比我更清楚，我要与她沟通一下，请您稍等一会儿。” |
| | | | 用手按住话筒下端，或按电话机上的Flash键，设置背景音乐让客户静候 |
| | | | 压低讲话音量，不要让客户听到同事间的对话 |
| | | | 沟通协商后，力争在30秒内回复客户 |
| | | | 即使没有满意的查询结果，也要尽快告诉客户：“不好意思，让您久等了；现在暂时无法答复您，需要再作了解；您能否留下电话？我会在10分钟内给您回复。” |
| | | | 务必兑现承诺，不论情况如何，力争在10分钟内回复客户 |
| 转接 | | 方法2 | 事先与有关同事沟通好，再将客户电话转接给已准备就绪的同事接听；转接前对客户说：“不好意思，您的快件是由××小姐负责跟进，我帮您转接好吗？” |
| | | | 若同事暂时联系不上，则这样回答：“不好意思，她不在座位上（她正在接听其他电话），过一会儿我让她给您回电话好吗？” |
| | | | 此时，要记录下对方的电话号码、来电的主要内容，及时转告有关同事，力争尽快回复客户 |
| | | 应避免 | 未做沟通交代就转接，使同事莫名其妙、措手不及 |
| | | | 未等有关同事拿起话筒，转接方（自己）就已挂机 |

知识窗2：装卸搬运、仓储、装车等动作服务规范。

能往下则不往上，能直行则不拐弯，能用机械则不用人力，能水平则不上斜，能连续则不间断，能集装则不分散，能滚动则不滑动，能滑动则不搬动，能白天则不晚上；大不压小，重不压轻，方不压圆，木不压纸；泡上重下，标签朝外，箭头朝上，面向主通道，堆码整齐，防止串味，上下压缝，奇偶相间，下垫上盖，留有垛距，干湿分离，异味分隔，远先近后，隔离得当，平衡配车。

## 工作情境2 规范化话术

工作场景1：服务用语的标准

工作场景2：取派件的标准话术

工作场景3：常见问题回答的技巧话术

工作场景4：客服咨询的规范话术

工作场景5：客服查询的规范话术

工作场景 6：电话服务的规范话术
工作场景 7：其他服务的规范话术

## 学习目标

素质目标：认知服务用语的标准化

知识目标：熟悉服务用语的标准、客服咨询的规范话术、其他服务的规范话术

技能目标：掌握取派件的标准话术、常见问题回答的技巧话术、不同情况的规范话术、电话服务的规范话术

拓展目标：了解问题回答的技巧

## 工作场景 1　服务用语的标准

客服中心标准话术

知识点：服务用语的标准

关键技能点：服务用语的标准

工作任务：熟悉服务用语的标准

知识窗：与客户沟通时，必须使用标准服务用语，让客户有一种亲切的感觉。服务用语标准见表 3-6。

表 3-6　服务用语标准

| 服务用语类别 | 标　　准 |
| --- | --- |
| 接听电话问候语 | “您好，×××为您服务。”（清晰、匀速） |
| 称呼使用规范 | 统一使用“您”代替“你” |
| 询问客户称呼 | “请问您贵姓？” |
| 探求客户需求 | “请问有什么可以帮到您？” |
| 需要客户协助起始问语 | 使用“请” |
| 客户等待过程示意 | “正在办理，请您稍等。”（超过 5 秒提示一次“请稍等”） |
| 恢复服务时致歉 | “不好意思，让您久等了。” |
| 与客户核对交谈的重要内容 | “跟您确认一下刚才所讲的信息，好吗？” |
| 改期回复客户 | “您好，我将在 15 分钟内回复您，好吗？” |
| 电话结束前询问客户 | “请问还有什么可以帮到您？” |
| 结束电话用语 | “我是小×，欢迎您来电，再见。” |
| 语速及语调 | 适中、清晰、配合客户语速及语调 |
| 常用礼貌用语 | “欢迎光临、请、您、对不起、没关系、谢谢、谢谢光临” |
| 常用问候语 | “您好、早上好、再见、谢谢、请您多关照” |

## 工作场景 2　取派件的标准话术

知识点：取派件的标准话术

关键技能点：取派件的标准话术

## 工作任务：掌握取派件的标准话术

**知识窗**：标准话术，见表 3-7。

表 3-7　取派件的标准话术

| |
|---|
| 子任务 1：取件前与客户电话沟通 |
| 标准话术<br>收派员：您好！×先生（女士），我是××快递公司的收派员×××，您有货物需要我们公司代为发送是吗？我想和您核实一下取货地点和取货时间。<br>×先生（女士）：已经准备好了，你直接过来吧，地址是……<br>收派员：好的，地址我已经记清楚了（详细地址记录在笔记本上，方便下次查阅和使用）。我这边还有几个快件需要派送，大约 20 分钟后去取货，您看可以吗？<br>×先生（女士）：好的，到了直接上楼找我就可以了。 |
| 子任务 2：进门 |
| 标准话术<br>收派员：您好！我是××快递公司的收派员×××，我是来收取×××公司×先生（女士）快件的。<br>接待员：×先生（女士），您好！××快递公司的收派员来收件。 |
| 子任务 3：取货 |
| 标准话术<br>收派员：×先生（女士）您好！我是××快递公司的收派员×××，请问您要发的货物准备好了吗？<br>×先生（女士）：我要寄这包样品。 |
| 子任务 4：货物是禁运品 |
| 标准话术<br>收派员：有些物品属于禁运物品，我们公司是不予受理的，请允许我为您当面检查一下，好吗？<br>×先生（女士）：你们有哪些物品是不收寄的呢？<br>收派员：比如说易燃易爆品、化学危险品以及国家禁止收寄的物品，我们都是不予受理的。<br>×先生（女士）：您放心，我这里没有你说的那些物品，不用检查了吧？ |
| 子任务 5：开箱验货 |
| 标准话术<br>收派员：为了对您负责，也为了您快件的安全，请允许我帮您确认一下物品的性质与数量，以免有什么遗漏好吗？<br>×先生（女士）：那好吧。 |
| 子任务 6：货物是航空禁运品 |
| 标准话术<br>收派员：对不起！×先生（女士），根据航空公司相关管理规定，您所发的物品是航空禁运品，所以很抱歉，无法为您提供航空快递服务。建议您通过我公司普件方式委托寄递此票货物。<br>×先生（女士）：那好吧，那么几天能够到达上海呢？<br>收派员：普件通过陆运约 3～4 个工作日就可以送达。 |

续表

| 子任务7：包装不合理及到付款确认 |
| --- |
| 标准话术<br>收派员：对不起！×先生（女士），您所包装的货物不符合快递运输的要求。为了货物的安全，我可以和您一起运用您手中的材料将货物合理包装；若您手中没有包装材料，我也能给您提供包装服务，但您需要对包装材料付费。<br>×先生（女士）：那你给我包装一下吧。<br>收派员：×先生（女士），这票货物是您付款还是收件人付款？<br>×先生（女士）：由收件人付款。<br>收派员：事先您和他/她联系确认过吗？<br>×先生（女士）：那没有。<br>收派员：×先生（女士），是这样的，如果这票货物到达目的地后，收方拒绝支付运费，会为您和我们都带来一定的不便，由于我们多次重复派送所产生的费用也会由您来承担。<br>×先生（女士）：好的，我确认一下吧。<br>……<br>×先生（女士）：已经确认完了，由收件人付款。<br>收派员：好的。 |
| 子任务8：提醒客户进行保险 |
| 标准话术<br>收派员：×先生（女士），您要运送的货物价值多少钱？我们运单有一项内容是您委托我们运送货物的声明价值。<br>×先生（女士）：价值2 000元。<br>收派员：×先生（女士），现在我们公司提供货物的保险，为了保障您的利益，我建议您为您的货物上份保险。况且保险费率才千分之三，买保险就是规避风险，买了放心。<br>×先生（女士）：我相信你们××快递公司，一直在你们公司走货，也没有出什么问题。<br>收派员：是这样的，我们可以承诺我们内部操作环节不出问题，可是不能保证货物在任何环节都不出异常，比如货物在航空/铁路运输过程中出现破损或者其他异常情况。因为如果出现问题，根据《中华人民共和国邮政法》是按照每千克20元的标准进行赔付的。<br>×先生（女士）：那好吧，就保险吧。 |
| 子任务9：客户签名 |
| 标准话术<br>收派员：×先生（女士），请在这里填上寄件日期、时间，并写上您的姓名好吗？<br>……<br>收派员：×先生（女士），（将运单“寄件人联”交给客户）这联是给您留底的，请您保管好，可以根据此凭证上的运单号，通过我公司网站进行跟踪查询。如有什么问题，以此单为证，好吗？ |

续表

| 子任务10：与客户道别 |
| --- |
| 标准话术<br>收派员：×先生（女士），××快递公司快递的网络已经遍布国内的32个省（自治区、直辖市）及港澳台地区，这是联系电话和服务范围。您以后有快件要发的话，请考虑××快递公司。<br>×先生（女士）：好的，我会考虑的。<br>收派员：谢谢您选择××快递公司的服务，欢迎您随时致电全国客户服务热线400×××××××，谢谢！再见。 |

## 工作场景3　常见问题回答的技巧话术

**知识点：** 常见问题回答的技巧话术

**关键技能点：** 常见问题回答的技巧话术

### 工作任务：掌握常见问题回答的技巧话术

**知识窗：** 常见问题回答的技巧话术，见表3-8。

表3-8　常见问题回答的技巧话术

| 子任务1：如果我的货在运输途中丢了怎么办？ |
| --- |
| 标准话术<br>首先，我们公司内部有严格的运输控制体系，此种情况发生的概率很小，我们的统计只有不到万分之一的程度，这个数字在国内是属于领先的水平。另一方面，对于出现的丢失和破损情况，我们不会逃避责任，我们内部同样有一套完善的理赔制度，会有专人负责跟进相应的理赔工作，并依照相关制度，采取合理的补救措施。<br>我们公司在货物操作流程上有一系列的安全监控措施，但如果货物在运输途中丢失，我们就按照相应的条款给您进行赔付，如果您购买了保险，提供齐全理赔资料，我们会按照保险规定赔给您；如果没有上保险，××快递公司会给予一定的经济补偿。为了减少损失，我们建议您为您的货物购买保险。 |
| 子任务2：如果货物晚点怎么办？ |
| 标准话术<br>我们××快递公司依托航空、公路、铁路三位一体的运输方式，是能够保证货物准点到达的。但是任何一家快递公司都无法避免货物晚点的发生，如果货物一旦晚点，我公司会减免部分运费，进行补偿。 |
| 子任务3：我怎么知道你们的快递是否安全？ |
| 标准话术<br>我们有规范的操作流程，为货物安全形成绿色保护通道；同时，我们有完善的信息跟踪系统，能够随时监控货物状态；在很多线路上配备自己的物流班车，所有货物都在我们的监控范围内，从而保障了货物的安全性，所以请您放心使用××快递公司，希望以后我们能够合作愉快。<br>我们从收您的物品开始，直到您客户的手中，物品经过的每一个环节通过条形码扫描，进行全程的跟踪服务，所以不论什么时候您想知道快件在何处，您只要致电我们的客服热线，或是登录我们公司网站，都可以查询到快件的实时状态。 |

续表

| 子任务4：你们公司的全国客户服务热线有时很难呼入成功，为什么呢？ |
|---|
| 标准话术<br>首先××快递公司优质的服务得到了广大客户的认可，业务量迅猛增长，前一段时间确实有这样的情况发生。我公司领导非常重视这个问题，已经通过增加座席、合理调班等方式改进工作，同时也欢迎您上我们网站 www. ×××××. com 下单，并随时提出宝贵意见，以便更好地提高我们的服务质量。 |

| 子任务5：你们公司查询或接单电话，有时为何很难打进？ |
|---|
| 标准话术<br>首先这是因为我们公司得到了广大客户的信任，我们的业务量增长非常迅猛，所以电话量也迅速膨胀。另外，为更好地服务客户，我们公司投入巨资，已经陆续在国内各分公司启用了国内领先的呼叫中心系统，并推出了全国统一服务热线“4008××××××”，来确保您的电话在最短的时间内接通。此外，我们公司还积极研究并推出了网上接单与电话自助服务，您可以先登录我们公司的网站或通过电话语音提示，自主办理各项业务。我们公司以后还将推出更为方便的客户桌面下单，您只需在自己电脑上就可以完成下单操作了，到时您使用我们的服务就更方便啦。 |

| 子任务6：请问拨打4008××××××客服热线，收费如何啊？ |
|---|
| 标准话术<br>4008××××××并非声讯电话，您拨打4008××××××客服热线所支付的费用标准与普通的市内费用一样，长途费用由我们公司承担。 |

| 子任务7：手机漫游期间能否拨打4008××××××客服热线啊？ |
|---|
| 标准话术<br>手机漫游期间也能拨打4008××××××，但在漫游后拨打此热线时，电话会直接接入手机开户当地我们分公司的客服部。因此如果手机漫游后，需要拨打漫游后当地客服部热线时，请用漫游当地的固定电话，拨打4008××××××。 |

| 子任务8：为什么××快递公司可以送到，你们公司送不到呢？（为什么没有××快递公司的服务网点那么广？） |
|---|
| 标准话术<br>每个公司的经营方式不同，我们公司与其他公司最大的差别就是，每一个服务网点是自己建设的，而不采用加盟或其他方式，这从快递体系上保证了快件的安全。我们也希望配合每个客户的发展，但同时我们也在评估我们的服务体系，对于达不到设点要求的区域，我们宁可不做，而不是将客户的快件交给当地的代理商，这也是对您负责啊！ |

| 子任务9：（假设：在该快递公司服务不占优势的前提下）我用××快递公司很久了，你们的服务和网络都还比不上他们，我不会用你们公司的。 |
|---|
| 标准话术<br>因为我们公司进入本地市场比较晚，本地的服务网络与××公司有一定的差距。但是，我们正在利用我们公司的综合优势，积极地提升本地的服务啊！另外，也正因为我们是后来者，我们才对客户有更高的重视度和配合的诚意啊！对客户来讲，多了我们公司这个选择，只会享受到竞争带来的好处，避免“鸡蛋都放在一个篮子”带来的风险啊！您可以考虑先试用我们公司几票业务，我会将运送结果提交给您参考，这样，您就可以通过与其他快递公司的比较，了解我们服务的特色和优势了。 |

续表

| 子任务 10：你们公司与其他快递公司相比，有什么优势？ |
| --- |
| 标准话术<br>我们××快递公司货物的产品比其他快递公司多，例如：普件业务、代收货款业务、仓储服务、到付业务、包装分拣、异地调货业务，等等。而且现在我们××快递公司普货及小件业务的性价比较高，网络覆盖面比较广，知名度也比较高。<br>我们××快递公司服务态度比较好，能更多地满足客户的个性化服务要求，货物跟踪查询更方便快捷，货物到达时限也较快。 |

| 子任务 11：为什么你们公司的价格比较贵？我觉得快递公司都差不多，你们公司有什么优势？ |
| --- |
| 标准话术<br>每家公司的价格模式都有所不同，但我们公司有很多优势是可以值得您考虑的。例如（可有选择性地列举）：<br>（1）我们注重安全性：我们公司的运输网络都是自己组建，并通过高科技的业务系统全程跟踪货物在各个运输环节的安全情况。<br>（2）我们有完善的售后服务，可以为您跟踪快件的行踪，实行限时收派件服务，上门收送、付款方式灵活，提供签回单等业务，出口件不会额外加收其他费用（如报关费），速度快、安全性高。<br>（3）我们不断推出增值服务，如短信服务，只要您在寄件时在运单上留下您的手机号码，快件在到达收方后就会收到我们公司发给您的短信，注明快件签收的情况。<br>所以物有所值，而且是“门对门”服务，付款方式灵活自由。您不妨先试试，体验一下我们公司的服务，相信不会让您失望的。 |

| 子任务 12：为什么你们的价格比较贵呢？ |
| --- |
| 标准话术<br>价格是服务的标志。××快递公司为您提供的是全程门到门服务，而且在货物时效和安全方面，都是通过航班和系统全程跟踪来进行服务和保障的，最快的速度，准确、安全的服务，让您和您的客户更满意。同时，在能提供我们这类服务的公司中，我们价格属于中等水平，您说价格还高吗？ |

| 子任务 13：为什么陆运件到件时间这么长，却和航空件收费一样？ |
| --- |
| 标准话术<br>因为您的物品虽然不是通过航空运输，但我们会通过陆运专线给您运达目的地，而陆运专线成本不低于航空运输，故我们的收费标准与航空件一致。 |

| 子任务 14：你们陆运件的到件时效承诺怎么这么含糊？ |
| --- |
| 标准话术<br>因为陆运件运输时效较长，考虑天气、车辆状况、交通等各方面因素，所以我们对时效方面的承诺是以天为单位的。 |

续表

| 子任务 15：是不是所有航空违禁品都可以走陆运？ |
| --- |
| 标准话术<br>不是，航空违禁品分为航空违法禁寄品与航空违规禁寄品，其中航空违法禁寄品是不能走陆运的。请问您需要投递的是什么物品？（根据客户的实际托寄物进行判断回复，如无法确定则以收派员上门查看核实为准） |

| 子任务 16：为什么××地寄过来走航空了，我寄回去却要走陆运，你们公司怎么回事啊？ |
| --- |
| 标准话术<br>因为各地的航空管理部门对于托寄物品内容规定有差异，所以可能会存在您所讲的情况。 |

| 子任务 17：怎么上个月寄的时候是可以走航空的，现在却不行了，要走陆运？ |
| --- |
| 标准话术<br>很抱歉，由于航空部门加大了安检的力度，因您所托寄的物品为航空违禁品，会对飞机的飞行安全构成威胁。如果一旦威胁航空安全，是要追究您法律责任的，所以我们建议您选择陆运。 |

| 子任务 18：你们收派员收取快件时，并没有告诉我将选择陆运服务，现在慢了这么多，怎么办？ |
| --- |
| 标准话术<br>很抱歉！我同事没有及时知会到您，现查询到您的快件已到达××，正常情况下××时间到达，请您放心，我将通知××地区的同事留意，快件到达后会第一时间联系您的客户，进行派送。<br>由于您的物品不能通过航空运输，我们是通过陆运专线给您运达目的地，航空、陆运因运输方式不同，到件时间上会有差异。现查看到您寄往××地的快件已到达××，预计×时可以派送到。 |

| 子任务 19：为什么有些线路你们可以寄液体，而其他线路却不行？ |
| --- |
| 标准话术<br>因为公司各流向的运输方式不同，部分线路通过公路运输，部分通过铁路运输，故存在不同的收寄标准。通过铁路运输安检较严格，因此部分线路不能寄液体。 |

| 子任务 20：你们收派员怎么变换得很快啊？ |
| --- |
| 标准话术<br>随着我们公司收派员所服务的区域客户数量增多，业务量增长，为了保证为您提供优质的服务质量，我们公司都会定期对收派员服务区域做适当的调整。收派员在工作时间内都会衣着工服、肩背工作包、胸戴我们公司工作证，如果您对收派员身份存在疑惑，则建议您可通过以下途径进行身份核实：<br>（1）要求收派员出示公司的工作证，检查工作证是否印制有我们公司的统一标志。<br>（2）通过拨打客服热线核实他们的身份。如果负责为您服务的收派员已离职，我们会用一份正式的通知函“××公司员工离职通知单”及时知会到您。<br>（3）如果您是通过拨打客服热线进入我们公司语音自助服务系统进行自助下单的，还可要求收派员提供收件验证码（此验证码在您进行自助下单操作时，由系统自动提供给您）。 |

续表

| 子任务21：你们公司号称速度很快，为什么下单说1个小时来取件，但好多次晚点呢？ |
|---|
| 标准话术<br>非常感谢您一直以来给予××快递公司的支持。因为这段时间我公司业务量不断增加，发件时间相对集中，不知道您有没有发现，很多人都在下班前一两个小时一次性下单，其实，这是很不划算的。在下班高峰期，车多、人多、快件多，在这个时段下单，偶尔会出现收派员迟到的现象。我们的服务是全天候的，请您适当调整发货时间，以免耽误您宝贵的时间。对于给您带来的不便，我代表公司向您道歉。 |
| 子任务22：为什么每次你们公司的收派员都那么忙，不愿意等我们一下啊？ |
| 标准话术<br>其实不是我们不愿意等，主要还是为了您快件更早到达目的地，我们公司每天有很多班次的快件中转，快件越早进入中转环节，您的客户就越早收到快件；如果收派时间错过了某个班次，就必须等下个班次。所以，我们会尽量避免由于等待而耽误了其他客户及时赶上某个中转这样的情况，这也是为我们客户着想呀，请您理解并给予支持，谢谢。 |
| 子任务23：客户付现金或签收件、寄件等时间拖延较长时，怎样与客户沟通？ |
| 标准话术<br>（1）××先生（女士），不好意思！因为我×点钟之前还有×个客户的货物等着取/派（表明催促的原因，让客户体谅您的难处），麻烦您尽快好吗？<br>（2）××先生（女士），如果您现在很忙，是否可以安排其他同事代您处理，或者您估计一个时间，我稍后再来取/送货物，可以吗？请您放心，我一定在约定的时间内准时到您处取/送货物。<br>（说话有多种方式，但前提是不能表现出不耐烦的神情，让客户明白"快递的主要价值在于快，我们对每个客户都是负责任的"） |
| 子任务24：收派员收现金时，有时有些客户一两元钱零头不愿给，或称重量时有些零头不愿计入，此时收派员也比较为难，该如何把握与解释？ |
| 标准话术<br>不好意思，快件回公司后还要复称的，差的数只能我补上，一两元钱对我私人来讲无所谓，我也很开心有这个机会帮到您，但公款就算是一元钱，都是一定要上交的，我们公司的财务制度非常严格，不允许我们多收或少收客户哪怕一角钱。 |
| 子任务25：客户知道自己所托寄的物品是"航空违禁品"，但表示以前都有寄过，并强烈要求一定要帮忙寄出，应如何回复？ |
| 标准话术<br>对于此种情况，应耐心地告知客户，对此种"违禁品"我们公司是不能收寄的，如收派员无意收寄了类似快件，同样会被航空公司"安检部门"查获并扣件，因此会延误快件的到件时间。如果我们公司因收到禁寄品导致飞机发生意外，公安部门还会追究相关的刑事责任，希望客户能予以理解。 |

续表

| |
|---|
| 子任务 26：客户说快件箱内保证没有违禁物品，且是私人物品，不方便给人看，不开箱检查，行不行？ |
| 标准话术<br>要耐心地告知客户"违禁品"的危害，且违禁品种类繁多，很多物品看上去没问题，实际上是有安全隐患的，未经专业培训的人员比较难以区分，所以必须开箱查验，确认无误之后方可收寄。如果我们公司因收到禁寄品导致飞机发生意外，公安部门还会追究相关的刑事责任，希望客户能予以理解。 |
| 子任务 27：对要求在运单价值栏上填写物品的真实价值，客户表示不理解，怎么办？ |
| 标准话术<br>×先生（女士），我们公司要求客户填写价值，是想了解此件的市场价值，因为我们公司对超过人民币 5 000 元以上的贵重物品，是不予收寄的。如果您的件是寄往香港，在海关例行检查时，海关工作人员也会对此快件进行估价。如果您填写的价值与实际的价值相差太大，会因此对您的快件进行滞留，重新进行定价，然后再决定是否给予出口。如果出现以上情况，会造成延迟派件，给您带来损失或不必要的麻烦。 |
| 子任务 28：你们为什么要求运单的地址填写这样的详细？ |
| 标准话术<br>我们公司现在采用电脑自动分拣系统分拨快件，这样快件就可以更快、更准确地到达目的地，但一定要提供详细、准确的地址，以供电脑识别；如果地址模糊不清，很容易造成投递错误，从而导致货物晚点或发生其他事故，所以为了您货物的安全，您一定要准确、详细地填写地址，确保快件可以及时分拨派送。 |
| 子任务 29：有些客户虽然接受了快递公司的赔偿标准，而实际上其内心还是不平衡的，在以后的合作中，时常向收派员抱怨，表示不满，此时收派员该如何更好地解释？ |
| 标准话术<br>收派员此时不要被客户带有人身攻击性的怨言所影响，不要急于解释或辩解。沉默是最好的解决办法，同时应保持带有理解、宽容的微笑，不宜做更多的解释，如解释可能会弄巧成拙。不妨以时间换空间，用我们热情、诚恳、周到的服务来消除客户的不满。 |
| 子任务 30：你们公司为什么不多给我们一些备用运单？ |
| 标准话术<br>我们公司收派员每天都会随身携带一定的运单、胶带等常用装备，但数量有限，所以提供给每位客户的运单数量会有限。如果您需要运单资料，也可随时拨打客服热线 4008××××××通知我们客服人员，她们将会安排专人给您派送运单 |
| 子任务 31：你们的服务是送到家门口，为什么有些地方超过范围就不送，有些还要自取？真不理解啊！ |
| 标准话术<br>现在我们公司的网络每月都在扩展，根据客户的意见我们明年也会进一步开通一些新区域，但考虑到有些地方实在太偏，会造成两种可能情况：一是保证不了高质量的快捷服务承诺；二是快件的安全隐患大。所以，我们建议您还是到就近的营业点部去取件，等不久开通以后，我们一定会尽快帮您送去。 |

续表

| 子任务32：这一瓶胶水（或其他航空禁寄品）要寄往上海，为什么不给寄啊？ |
|---|
| 标准话术<br>应礼貌地告知客户，“胶水”属于易燃物品，是航空禁寄品，因飞机上所有物品都是存放于“普通”的货舱，并不同于客舱，货舱内无减压功能，在飞机的飞行过程中，由于受高温、高压的影响，可能会发生燃烧的情况。所以为确保航空安全，快递公司不能收取此种类型的快件，请客户见谅。 |
| 子任务33：我们之前通过你们公司寄过电脑（或其他易碎品），现在你怎么就不收了呢？ |
| 标准话术<br>很感谢您选择我们的服务，由于您的托寄物属于易碎品/易损坏物品，对包装要求较高，为了您的快件安全，需要您提供良好的包装才可收寄。 |
| 子任务34：陶瓷、花瓶易碎品买保价不行吗？ |
| 标准话术<br>因为易碎品的特殊性，在运输途中很容易发生破损，保险公司对易碎品也是不予承保的，所以我们公司保价服务是不包括易碎品的。 |
| 子任务35：你们公司的收寄标准怎么天天在变啊？ |
| 标准话术<br>因为快件的运输会受到安检尺度以及重大活动的影响，以致临时会有收寄标准的变动，请您谅解。 |
| 子任务36：你们公司为什么不跟我们签月结啊？ |
| 标准话术<br>只要符合我们公司的月结条件——签订月结前，一个月内向我们公司支付的运费在人民币300元（含）以上，或通过我们公司的寄件量在10票（含）以上，且付款及时，信誉良好，就可以向我们公司申请月结。 |
| 子任务37：你们公司催收月结款为什么那么紧？ |
| 标准话术<br>因月结款付款日期是贵公司与我们公司签订月结协议时一起约定的，这个付款时间对我们公司的财务制度影响很大，如果超时付款，我们公司财务没办法结账，公司正常运作就会受影响。相信贵公司如果遇到同样情况，也会和我们一样左右为难，为了确保我们能给您提供优质的服务，所以希望您能理解并支持我们的工作，谢谢您对我们工作的配合。 |
| 子任务38：你们公司有没有打折优惠？ |
| 标准话术<br>真实的优惠不应是简单地体现在价格的优惠，而是在不额外增加客户费用的基础上，积极地提升服务的价值含量，多为客户提供一些增值服务，这才是我们公司提供的重要优惠。今后，我们公司也会根据不同客户的实际情况，制定出更多的个性化服务及优惠政策，让我们的客户享受更多多元化的优质服务。 |

续表

| |
|---|
| 子任务 38：你们公司有没有打折优惠？ |
| ××先生（女士），您好！我们执行的是全国统一价格，原则上没有任何打折优惠，还请您谅解！但如果您的寄发量达到一定标准，可以申请成为××快递公司的月结客户，我们会安排专业的市场人员与您进一步沟通。 |
| 子任务 39：为什么你们公司折扣那么少？××快递公司可以到七折。 |
| 标准话术<br>每个公司的经营方式和经营理念不同，我们公司追求的是为所有客户提供最高质量的服务，实现与客户共赢。我们公司会在确保不断提高整个服务体系高质量的运作前提下，尽量用更好的服务来回馈和报答我们的消费者。 |
| 子任务 40：我们公司前次的快件损坏了，这么久，怎么没人理我们啊？ |
| 标准话术<br>××先生（女士），您好！非常抱歉没能及时为您解决问题，可以把货物的运单号提供给我吗？我马上联系公司相关人员为您解决，或者您也可以直接拨打我们全国客户服务热线 400××××××，会有专门的客服人员为您解决。您看可以吗？<br>您好！不好意思，让您久等了。是这样的，对于任何问题件，我们都是由专门的部门负责跟进的。我会帮您了解详细的处理信息，明天给您答复好吗？（随后，一定记得和营销专员、客服部、分部经理沟通理赔事宜，第二天必须和客户解释清楚） |
| 子任务 41：我们公司的损失这么大，你们给我们的理赔却很低，这怎么行啊？ |
| 标准话术<br>给您造成损失和不便，我们十分抱歉。我们公司的理赔规定是以国家相关法律法规为基础制定的，相关法律法规规定：除客户自行购买保险或保价外，对于客户的货物损失，我们在理赔时，会从客户角度出发，尽量考虑货物的损失价值，保障客户的最大利益。作为长期与我们合作的客户，相信您也可以理解，我们只按重量收取了客户有限的服务费用，故对于全部货物的价值损失风险，我们希望能与客户一起来合理分担。 |
| 子任务 42：你们公司的包装为什么不能再美观一些？ |
| 标准话术<br>我们现在使用的包装袋是根据大部分客户的要求设计定做的，轻便、防水。我们也一直在对包装材料进行改进，如果您有其他宝贵的建议，欢迎您告诉我，我一定会把您的意见反映给公司，做出一款让大家满意的更漂亮、更实用的包装袋。谢谢您对我们的关心。 |
| 子任务 43：你们公司怎么不提供包装物料啊？ |
| 标准话术<br>由于很多客户速递的物品都是很不规则的，我们很难统一包装物料的规格，特别是有些易碎、易损件的包装，客户是最清楚物品价值的了，所以为了避免货品损坏，请您按照自己的标准准备好包装物料，我们的收派员会当场为您打好包装。 |

续表

| 子任务44：有时出现扣关问题，怎样向客户解释？ |
|---|
| 标准话术<br>对不起/不好意思！因海关例行检查（或海关电脑故障），所有快件现在在海关处等待检查，这是任何快递公司在货物出关时都不可避免的情况。麻烦您稍等一下，清关完毕后，我们公司会马上派送的，或者您待会拨打我们公司客户服务热线，她们会告诉您具体的清关情况，好吗？<br>您好，您的货物现在正处于海关滞留环节，我们正在密切注意货物的动向。需要您和收货人提供相关资料配合海关清关时，还请您配合。海关对货物进行查验，这是正常现象。如果您的货物不属于国家限制或禁止进口货物，就不会有任何问题。 |

## 工作场景4　客服咨询的规范话术

**知识点：** 客服咨询的规范话术

**关键技能点：** 客服咨询的规范话术

### 工作任务：熟悉客服咨询的规范话术

**知识窗：** 客服咨询的规范话术，见表3-9。

表3-9　客服咨询的规范话术

| 任务类别 | 咨询服务操作规范 |
|---|---|
| 派送地域范围、快件重量规定 | 客户：北京燕山地区，你们送不送？<br>客服：北京大部分地区是可以收送的，但燕山地区暂时没有开通业务；如果您方便的话，可以先寄到北京分公司，再通知收件人到分公司取件。 |
| | 客户：广东到上海的快件，运费怎么算？我现在寄的话，什么时候能送到？<br>客服：请问，上海的什么位置？<br>客户：浦东大厦。<br>客服：广东到上海的快件，首重1千克20元；50千克以内，每增加1千克加12元；正常情况下，××小时内能送到。（参照限时派送时间表）<br>我们开展了普货服务，如果您的货件超过100千克，可以免去首重，每千克只需5元；200千克以上，每千克只需4元，只是派送时间上，会比快件晚一个工作日。如果您的时间允许的话，您不妨尝试一下普货服务。如果您有需要，欢迎拨打下单热线：×××××× |
| | 客户：深圳到广州的快件，运费怎么算？什么时候送到？<br>客服：深圳到广州，首重1千克12元，每增加1千克加2元；正常情况下，××点之前可能送到（参照限时派送时间表）；如果您寄件的话，欢迎拨打下单热线：××××××。 |
| 快件送达时间 | 客户：深圳到北京的快件，多长时间可以送到？<br>客服：请问，北京的什么地方？如果是北京市区，航班正常的情况下，一般24小时之内送达，但不包括寄件的当天。如果是昌平区、通州区、大兴区等地，就要晚半天时间送到。 |

续表

| 任务类别 | 咨询服务操作规范 |
| --- | --- |
|  | 客户：价目单和报价单，请给我传真一份。<br>客服：××先生（女士），您的传真号是××××××，对吗？您要的资料，会在30分钟之内传给您，请您注意查收。如果30分钟后，您没有收到传真，请随时与我联系，我是××号查询员。 |
| 收费标准与具体价格 | 客户：怎么这么贵？很多公司都比你们便宜！<br>客服：请允许我解释一下，不同的公司有不同的服务价格，我们公司有三个优势，请您考虑：一是我们是合法注册的正规快递公司，那些价格便宜的公司，有些是不合法的，服务很难有保障。二是我们是安全可靠的网络式服务，有自己的车队和专业人员，物品传递是在内部网络中进行。三是我们有完善的售后服务，为您的快件做全程跟踪，是物有所值的服务；付款方式灵活自由，出口件没有额外收费。您不妨体验一下我们的服务，我相信不会让您失望的。<br>（如果客户不认同上述解释，不要再说下去，应婉转告诉客户，公司已开展市场调查，会根据实际情况作出相应调整，服务价格如有最新变动，会及时通知客户） |
|  | 客户：我要发送棉花，运费怎么算？<br>客服：如果您的棉花体积大于重量，就属于轻抛货。如果寄到省外，要通过航空运输，根据国际航协规定，轻抛货的计费重量，按货物长（厘米）×宽（厘米）×高（厘米）÷6 000计算，非航空件价格减半。如果是不规则的货物，包括圆锥圆柱状物体，按货物的长、宽、高的最大尺寸相乘，再除以6 000（航空件），或除以12 000（非航空件）。 |
|  | 客户：我想寄“椰肉干”到北京，可不可以？<br>客服：根据航空运输法规定：椰肉干属于易燃固体，是禁止运送的。实在抱歉，这件事给您帮不上忙；如果您有其他物品需要寄送，欢迎拨打下单热线：××××××。 |
| 禁运品、价值申报 | 客户：物品的真实价值，一定要填写在运单上吗？<br>客服：要求客户填写真实价值，是为了掌握这一票货物的市场价值，因为超过人民币5 000元以上的贵重物品，我们是不能收寄的。如果您的快件是寄往香港的，在海关例行检查时，您填写的价值与实际价值相差太大的话，您的快件可能会被扣留，被要求重新估价、重新制单再决定是否放行，就会延误派送，给您带来损失和麻烦。 |
|  | 客户：为什么不能上楼来取件和送件？<br>客服：实在抱歉，收派员的车上，还有很多要送的快件；您公司的楼下，没有保安和门卫，无法帮助照看作业车上的快件；如果上楼取件和送件，车上的其他快件有可能丢失或损坏，我们要保障所有快件的安全；如果您方便的话，麻烦您到楼下来寄件和收件，可以吗？<br>（收件或派件时，因当地治安条件限制等因素，造成收派员无法上楼收件或派件；此时，收派员应婉转地与客户协商，能否请客户下楼寄件或取件；当客户表示不理解时，应耐心向客户解释；如果客户不同意，收派员必须想办法上楼取件） |

## 工作场景5 客服查询的规范话术

知识点：不同情况的规范话术

关键技能点：不同情况的规范话术

### 工作任务1：掌握规范话术：在途情况、何时到达

知识窗：

客户：我想查一查，我的快件现在到哪儿了，运单号是××××××。

客服：（此件正在中转）航班正常情况下，最快应在×点以前到达目的地，麻烦您转告收件人，再耐心等候一下好吗？

客服：（此件已到达目的地）您的快件已于×日×点到达目的地营业中心；请放心，我们会在×点以前，送到收件人手中。

### 工作任务2：掌握规范话术：催促派件、催件未到

知识窗：相关话术，见表3-10。

表3-10 规范话术（催促派件、催件未到）

| 任务类别 | 定义 | 类型 | 客服答复规范话术 | 注意事项 |
|---|---|---|---|---|
| 时限内催件 | 客户在正常派件时间内，催促派件 | 催件正在派送中 | 请放心，您的快件会在×点以前送达，在派送第一时间交到收件人手中 | 正常派送时间内，客户查件或催件，应引导客户稍等，不可盲目拨打收派员电话，以免干扰收派员正常工作。超过正常派送时间或客户有特殊情况，可以帮助客户查询和催促。客户索要收派员的联系电话时，要了解客户的真实目的，最好将话题 |
| | | 催件已经到达，正准备派送 | 请放心，您的快件已于×点到达目的地，我们会在×点以前送到收件人手中 | |
| | | 催件正在中转 | 请放心，您的快件已在转运途中，会在×点以前到达目的地，我们会在第一时间派送 | |
| 超时限催件 | 客户在正常派送时间外，催促派件 | 催件已到，但没有派送记录 | 真不好意思，我马上为您查一查，在30分钟以内回复您好吗？ | |
| | | 航班因故取消 | 对不起，由于天气原因，航班临时取消，给您添麻烦了，实在抱歉！您的快件明天下午才能到达目的地，我们会在第一时间为您派送，好吗？ | |
| | | 催件尚未清关 | 对不起，由于海关例行检查，您的快件还在验货过程中；如果正常清关，我们会在第一时间为您派送，好吗？ | |
| | | 航空安检扣货 | 实在抱歉，您的快件是液体，属于禁运品，被海关扣货；如果您要求退回扣货，需要填写航空违禁品退回申请书，我们可以为您代办手续，欢迎您随时和我们联系（注意：客户要求退回，须填写申请表格并盖章；客户同意放弃，客户须出示证明） | |

续表

| 任务类别 | 定义 | 类型 | 客服答复规范话术 | 注意事项 |
|---|---|---|---|---|
| 超时限催件 | 客户在正常派送时间外，催促派件 | 催件超过正常派送时间 | 实在抱歉，您的快件还没收到吗？正常情况下，在这个时段，快件应该派送完毕了。您能否询问一下其他人，是否有人代您签收了呢？欢迎您随时和我们联系 | 引开，换一种方式帮助客户，尽量不要将收派员的电话告诉客户 |
| | | 催件滞留 | 真对不起，昨天下午 4 点，为您派送过了；但因收件人出差，无人签收，快件已拿回公司，请您随时与我们再联系，协商一个稳妥的解决方案 | |
| | | 催件已到目的地，但没有签收记录 | 实在抱歉，您的收件人还没有收到快件吗？您看这样好吗，建议您的收件人，直接和当地营业中心联系，那里的服务热线是××××××，我会提前向他们打招呼，请他们尽快为您安排派送（如果客户不同意这样做，应马上联系目的地客服部解决问题） | |
| 催件未到，要求索赔 | | | 客服：非常抱歉！请您告诉我运单号码和收件地址，我会催办这件事，等快件一到，在第一时间为您派送，您看好吗？还有其他什么要求，请随时与我们联系 | |

## 工作任务 3：掌握规范话术：查询签收人、签收单传真

**知识窗**：相关话术，见表 3-11。

表 3-11　规范话术（查询签收人、签收单传真）

| 任务类别 | 客服答复规范话术 |
|---|---|
| 查询签收人 | 客服：您查询的快件于 9 月 18 日下午 4 点 30 分送达，签收人是××先生/女士 |
| 对他人代收不满 | 客服：请您稍等，我马上帮您查一下具体原因，在 30 分钟以内回复您好吗？<br>客服：让您久等了，情况是这样的，当时收件人李小姐刚好不在，就由她的同事张小姐签收了 |
| 要求签收单传真 | 客服：您的传真号是×××××××，对吗？我会在 30 分钟以内传真给您，请留意查收；如果未收到，请随时和我联系，我是 6 号查询员，我姓黄 |
| 反映无此签收人 | 客服：给您添麻烦了，我马上帮您查一下，请把您的联系电话告诉我好吗，在 30 分钟以内我会给您回复 |

## 工作任务 4：掌握规范话术：超范围快件

**知识窗**：相关话术，见表 3-12。

表 3-12 规范话术（超范围快件）

| | |
|---|---|
| 定义 | 目的地超出了本公司的服务范围 |
| 处理方法 | 免费退回、更改派送地址、收件人自取、客户要求改变承运人（交其他快递公司操作） |
| | 因客户导致的超范围快件，所产生的费用由客户承担，须提供加盖公章的客户证明 |
| 操作流程 | 如更改派送地址，须客户提供书面确认 |
| | 做好书面资料登记工作，将跟进过程及结果，输入查询系统备案 |
| | 客户要求改变承运人（交其他快递公司操作），原快递公司须声明：对其结果不承担任何责任 |
| 客服答复规范话术 | 客服：对不起，您昨天寄往杭州的快件，收件人地址偏远，已超出我公司的收送范围；请问，您在杭州，有没有其他亲友，把快件改寄给其他人，可以吗？ |
| | 客服：或者，我们免费退回您的快件，再协商其他办法，可以吗？ |
| | 客服：或者，麻烦您的收件人，自己去当地办事处取回快件，可以吗？当地办事处的电话是××××××，请您提前和他联系，好吗？ |

## 工作任务5：掌握规范话术：自取件

**知识窗**：相关话术，见表3-13。

表 3-13 规范话术（自取件）

| | | |
|---|---|---|
| 定义 | | 因尚未开通该地区派送业务，要求客户自取；或因涉及商业秘密，客户要求自取 |
| 处理方法 | | 客户在备注栏写明“自取”，并签名确认，在运单自取栏里打钩 |
| | | 快件到达目的地仓库后，仓管员须将自取件与正常派送件区分放置 |
| | | 根据运单上的联系电话，联系收件人到所在仓库取件 |
| | | 联系电话不通，或收件人拒绝取件时，须将运单号码及原因，上报客服部解决 |
| | | 客户自取快件时，须提供身份证；他人代取时，须提供委托函及代取人身份证 |
| 客服答复规范话术 | 指责收派员收件时没讲清楚 | 客服：真对不起，您的心情我非常理解；由于我们工作的疏忽，给您带来了麻烦，我代表公司向您表示歉意！您看这样好吗，您能否与您的收件人商量一下，把快件改派到我们的服务范围之内、他又能够接受的新地址？如果可以的话，我们马上为您安排派送，好吗？ |
| | 发件人最终同意联系收件人自取 | 客服：非常感谢您的谅解和协助！我们会尽快通知您的客户取件，欢迎您随时和我联系，我是5号查询员，我姓白 |

## 工作任务6：掌握规范话术：更改派送地址

**知识窗**：相关话术，见表3-14。

表 3-14　规范话术（更改派送地址）

| | |
|---|---|
| 定义 | 由于派送地址无人签收、收件人搬迁或其他原因，客户要求将快件改寄其他地址 |
| 处理方法 | 收件人要求更改派送地址，必须向发件人确认此事 |
| | 确认运单号码，确认快件正在运输途中，要求客户传真确认函 |
| | 确认两程运费的支付人，确认新的收费事项，重新制作运单 |
| 操作流程 | 确认快件是否已被派送；客户须提供更改派送地址的确认函 |
| | 重新制作运单，传真确认函，做好登记工作 |
| | 先程运费是寄付的，须确认后程运费的支付人 |
| | 先程运费是到付的，须确认两程运费的支付人 |
| | 跟进过程及结果，输入查询系统备案（后程/第二程运费，是指“转寄地”到“目的地”的运费） |
| 客服答复规范话术 | 客服：麻烦您，与新收件人确认付款方式好吗？如果转寄后的新收件人拒付运费，双程运费仍由您来支付；如果同意的话，我们马上为您安排转寄 |
| | 客服：麻烦您，填写一份要求转寄的证明，写清楚新收件人的详细信息，签字同意由您支付双程运费；如有其他问题，请随时和我联系 |

## 工作任务 7：掌握规范话术：拒付件

**知识窗**：相关话术，见表 3-15。

表 3-15　规范话术（拒付件）

| | | |
|---|---|---|
| 定义 | | 因客户原因或快件操作失误，收件人拒付运费的到付快件 |
| 处理方法 | | 收件人同意付费后，再次派送（最佳结果） |
| | | 改为寄付，加收手续费，再次派送（客户原因） |
| | | 改为寄付，不收手续费，再次派送（操作失误） |
| | | 改为寄付，发件人同意快件作废（客户证明） |
| | | 退回发件地，由发件人支付双程运费（易产生争议） |
| | | 双方均拒付，三个月后，快件自动作废（通知客户） |
| 操作流程 | | 通知发件地客服部（收件人拒付） |
| | | 发件地客服部发传真，发件人同意改为寄付专用函 |
| | | 通知收件地仓管员处理结果，录入电脑查询系统（登记备案） |
| | | 财务部确认收款，录入电脑查询系统（登记备案） |
| | | 拒付件派送成功，录入电脑查询系统（登记备案） |
| 客服答复规范话术 | 收件人要求改到付为寄付 | 客服：您好！这里是××快递公司，我是 6 号查询员；您有一个运单号是×××××的快件，收件人是××公司，但他们不同意付费，提出把“到付”改为“寄付”，要求您支付运费；由于运费拒付，您的快件现在滞留在××分公司，希望您与收件人协商一下，尽快确认运费支付方式；如果您同意改为寄付的话，要加收 20 元手续费，您看可以吗？ |

续表

| | | |
|---|---|---|
| 客服答复规范话术 | 虽改为寄付，但不收手续费 | 客服：您反映的情况，我们需要调查一下，麻烦您留下联系电话，我会在 30 分钟内回复您，好吗？<br>客服：您好，我们已经调查清楚，确实是业务员填错单，而导致对方拒付；这次拒付件的手续费，应由我公司来承担。麻烦您，在下一次寄件时，协助我们确认付款方式，好吗？谢谢 |
| | 客户不认同手续费 | 客服：我们的业务量很大，如果客户都要求更改付款方式，就会影响我们的正常派送；我们只是希望您寄件时，与收件人协商好付款方式，这样会保证您的快件顺利派送 |
| | | 客服：如您同意改为寄付，我会把《改寄付确认函》传给您签字，再安排人上门收款，我们会尽快安排二次派送。谢谢您的理解与合作 |
| | 客户不认同退件的返程收费 | 客服：对不起，我们已经把您的快件，安全送到您指定的地点；由于收件人拒付等缘故，您要求退回快件；由此产生的返程运费，还需您来支付。打个比方，您坐的士去看朋友，刚好朋友不在家，您又坐车返回；您不会因为找不到朋友，而不付车费吧？不好意思，我只是打个比方，希望您理解和配合我们的工作，好吗？ |
| | 改为寄付后，快件作废 | 客服：不好意思，快件作废，需要您的签名确认，您还须支付第一程运费；如果您同意的话，我会把作废证明书传真给您。麻烦您，收到传真、签字确认后，回传给我，好吗？单据上有回传的号码。非常抱歉，给您带来麻烦，谢谢您的合作 |
| | 双方拒付，通知客户，快件作废 | 客服：非常抱歉，如果您与收件人都不肯支付运费的话，按照行业规定，三个月后快件将自动作废；由于我们已经向您提供了前期服务，请您支付第一程的运费。谢谢您的合作 |

## 工作任务 8：掌握规范话术：特殊件的处理

**知识窗：**相关话术，见表 3-16。

表 3-16　规范话术（特殊件的处理）

| 项目 | | 处理规范 |
|---|---|---|
| 名称 | 定义 | |
| 退回件 | 因操作失误造成的退回件 | 贴退回标签，直接退回发件地（作业中心） |
| | 因客户原因要求退回的货件 | 先程运费为寄付的，重新开单退回发件地；付款方式填为到付的，由发件人承担返程运费 |
| | | 先程运费为到付的，运费须改为寄付，退件运费重新开单；付款方式填为到付的，新旧两单一同寄往发件地，派件员持单收取双程运费 |
| 错发件 | 由 A 地寄往 B 地的快件，因客户或收派员操作失误，错将快件寄至 C 地 | 错发件的转寄，视为一票新快件，须重新填制运单，即以 C 地为原寄地，将货物寄往 B 地；新单的发件人仍按旧单填写，但新单的原寄地（A 地）代码，须改为转寄地代码（C 地） |
| | | 原运单为寄付的，由 C 地重新开单，转寄运费由 A 地支付（客户或收派员） |

续表

<table>
<tr><th colspan="2">项目</th><th rowspan="2">处理规范</th></tr>
<tr><th>名称</th><th>定义</th></tr>
<tr><td>错发件</td><td></td><td>原运单为到付的，由 C 地重新开单，先程运费由 A 地支付（客户或收派员），转寄运费由 B 地客户支付</td></tr>
<tr><td rowspan="4">转寄件</td><td rowspan="4">由 A 地寄至 B 地的快件，客户又要求转寄 C 地</td><td>旧单寄付、新单到付的，由 C 地支付运费</td></tr>
<tr><td>旧单到付、新单寄付的，由 A 地支付运费</td></tr>
<tr><td>旧新两单均为寄付的，由 A 地支付运费</td></tr>
<tr><td>新旧两单均为到付的，由 C 地支付运费</td></tr>
<tr><td rowspan="3">委托件</td><td rowspan="3">第三方委托快件公司，到客户甲的公司取件，寄到客户乙的公司</td><td>委托件四要素：第三方（A）、寄件方（B）、收件方（C）、付费方（D）</td></tr>
<tr><td>委托件分类：收件方委托件、第三方委托件。第三方委托：A 公司委托快递公司，到 B 公司取件，送到 C 公司；收件方委托：A 公司委托快递公司，到 B 公司取件，送回 A 公司</td></tr>
<tr><td>付费方式：寄付（B 方）、到付（C 方）、第三方付（A 方）</td></tr>
</table>

## 工作场景 6　电话服务的规范话术

**知识点：电话服务的规范话术**

**关键技能点：电话服务的规范话术**

**工作任务：掌握电话服务的规范话术**

**知识窗：**电话服务的规范话术，见表 3-17。

表 3-17　电话服务的规范话术

| 任务类别 | 操作规范 |
| --- | --- |
| 新客户发件 | 接单员：您好！××快递公司，我是 3 号接单员；请问，我可以帮您做些什么？<br>女客户：我要寄件。<br>接单员：请问，小姐贵姓？<br>客户：姓徐。<br>接单员：请问徐小姐，您在我们公司，登记过卡号吗？<br>客户：什么卡号？没有。<br>接单员：那好，欢迎您使用××快递，现在就为您建卡，卡号就是客户档案的编号。<br>接单员：请问，您的公司名称？<br>客户：采森公司。<br>接单员：是彩色的彩，还是采取的采，森林的森吗？还是生活的生？<br>客户：是采取的采，森林的森。<br>接单员：请问，您公司的详细地址？ |

续表

<table>
<tr><th colspan="2">任务类别</th><th>操作规范</th></tr>
<tr><td colspan="2">新客户发件</td><td>客户：中山路48号，远方大厦A座5层。<br>接单员：中山路48号，远方大厦A座5层，对吗？<br>客户：完全正确。<br>接单员：请问，您的联系电话？<br>客户：83787989。<br>接单员：83787989，对吗？<br>客户：对，没错儿。<br>接单员：谢谢徐小姐，请您稍等。（将客户信息输入网络系统）<br>接单员：对不起，让您久等了；我已经为您建立了客户档案，您的卡号是152083，请您记好。<br>客户：152083，太长了，忘了怎么办？<br>接单员：请放心，如果忘了卡号，说出电话号码，也能查到您的信息，只是调出时间会长一些。<br>客户：哦，知道了。<br>接单员：请问，您要寄送什么物品？<br>客户：玩具样品。<br>接单员：请问，寄到哪里呢？<br>客户：深圳。<br>接单员：请问，大概有多重呢？<br>客户：差不多5千克吧。<br>接单员：我们会在1小时以内，到您的公司取件；为了提高服务效率，下次请您提供卡号好吗？<br>客户：好的，谢谢你啊！<br>接单员：不必客气，请问，还有别的事情，需要我帮助吗？<br>客户：没有了。<br>接单员：再一次感谢您的惠顾，希望再听到您的电话，再见</td></tr>
<tr><td>老客户发件</td><td>客户<br>提供卡号</td><td>接单员：您好！××快递公司，我是3号接单员；请问，我可以帮您做些什么？<br>女客户：我要寄件。<br>接单员：请问，小姐贵姓？<br>客户：姓王。<br>接单员：请问王小姐，您登记过卡号吗？<br>客户：卡号是152083。<br>接单员：好的，请稍等；（查电脑确认后）是远方大厦的采森公司吧？<br>客户：是的。<br>接单员：请问，您要寄送什么物品？<br>客户：布料样品，很轻的。<br>接单员：请问，寄到哪里？<br>客户：深圳。</td></tr>
</table>

**续表**

| 任务类别 | | 操作规范 |
|---|---|---|
| 老客户发件 | 客户<br>提供卡号 | 接单员：好的，王小姐，我们会在 1 小时以内，到您的公司取件。<br>客户：越快越好啊！<br>接单员：好的，知道了；请问，还有别的事情，需要我的帮助吗？<br>客户：没有了。<br>接单员：欢迎您再次使用我们的服务，谢谢，再见 |
| | 客户<br>忘记卡号 | 接单员：您好！××快递公司，我是 5 号接单员；请问，我可以帮您做些什么？<br>女客户：我要寄件。<br>接单员：请问，小姐贵姓？<br>客户：我姓王。<br>接单员：请问王小姐，您的客户登记卡号码，能告诉我吗？<br>客户：忘了，想不起来了。<br>接单员：没关系，请告诉我，您公司的电话号码。<br>客户：83787989。<br>接单员：好的，请稍等；（查电脑确认后）您是远方大厦的采森公司吧？<br>客户：对，是我。<br>接单员：请问，您要寄什么物品？<br>客户：衣服。<br>接单员：寄到哪里呢？<br>客户：东莞。<br>接单员：请问，衣服大概有多重？<br>客户：很轻的，也就 3～5 千克吧。<br>接单员：知道了，我们会在 1 小时内，到您的公司取件；下一次希望您能提供卡号，谢谢合作。<br>客户：好吧，取件快一点儿好吗？<br>接单员：知道了；请问，还有别的事情，需要我的帮助吗？<br>客户：没有了。<br>接单员：欢迎您再次使用我们的服务，谢谢，再见 |
| 禁运品<br>和限运品 | 烟花样品 | 接单员：请问，您要寄送什么物品？<br>客户：烟花样品。<br>接单员：非常抱歉，《国家道路运输法》规定，烟花样品是禁运品，快递公司不能承运。<br>客户：噢，是这样啊，那就算了吧，我们再想别的办法。<br>接单员：请问，还有别的事情，需要我的帮助吗？<br>客户：没有了。<br>接单员：非常抱歉，希望下一次有机会帮助您，再见 |
| | 手机 | 接单员：请问，您要寄送什么物品？<br>客户：手机。<br>接单员：非常抱歉，手机的递送业务，我们公司暂时还没有。 |

续表

| 任务类别 | | | 操作规范 |
|---|---|---|---|
| 禁运品和限运品 | 手机 | | 客户：为什么呢？<br>接单员：由于投保问题，暂时无法解决，所以还不能提供这项服务。<br>客户：哎呀，能不能帮我解决一下啊？<br>接单员：这件事真的帮不上您，还请您多多谅解；再问问其他快递公司，您看好吗？<br>客户：好吧，再说也没用了。<br>接单员：请问，还有别的事情，需要我的帮助吗？<br>客户：就是手机的事儿，算了吧。<br>接单员：非常抱歉，希望下一次有机会帮助您，再见 |
| | 现金 | | 接单员：请问，您要寄送什么物品？<br>客户：现金。<br>接单员：非常抱歉，按国家有关法规，快递公司不能运送现金、支票和私人信函。<br>客户：我还要寄别的东西。<br>接单员：只要不是禁运品和限运品，我们马上可以帮您下单。<br>客户：布料样品，可以吧？<br>接单员：当然可以，请问大约有多重？<br>客户：1 千克左右。<br>接单员：好的，我们会在 1 小时以内，到您的公司取件。<br>客户：请快一些好吗？<br>接单员：知道了；请问，还有别的事情，需要我的帮助吗？<br>客户：没有了。<br>接单员：欢迎您再次使用我们的服务，谢谢，再见 |
| 客户其他要求 | 催促取件 | 在规定时限内 | 女客户：我等了这么久，怎么还不来取件？<br>接单员：对不起，请问小姐贵姓？<br>客户：姓徐。<br>接单员：徐小姐，能否提供卡号，让我查一下好吗？<br>客户：卡号是 152083，不是早就下单了吗？<br>接单员：好的，请稍等；（查电脑确认后）您是远方大厦的采森公司吧？<br>客户：是啊！<br>接单员：徐小姐，电脑记录显示，您是 9 点 10 分通知我们的。<br>客户：是啊，怎么现在还没到呢？<br>接单员：按照服务时限，应该在 10 点 10 分以前取件，现在是 10 点整，我想收派员快到了。<br>客户：那我只好再等了，我还有别的事情要做呢！<br>接单员：对不起，请您再耐心等一会儿；还有别的事情，要我帮助吗？<br>客户：没有了，快点儿来取件就好了。<br>接单员：谢谢合作！欢迎您再次使用我们的服务，再见 |

续表

| 任务类别 | | | 操作规范 |
| --- | --- | --- | --- |
| 客户其他要求 | 催促取件 | 超过规定时限 | 接单员：让您久等了，电脑记录显示，您是9点30分通知我们取件，是这样吗？<br>客户：现在是10点40分，都过了一个多小时了，怎么还没有来人呢？<br>接单员：实在抱歉，我马上查一查有关情况，催促我的同事尽快赶到您的公司，在10分钟内我再给您回复，好吗？<br>客户：就这样吧，有什么办法！<br>接单员：请问，还有别的事情，要我帮助吗？<br>客户：没有了。<br>接单员：欢迎您再次使用我们的服务，谢谢，再见 |
| | 变更取件时间 | | 接单员：您好！××快递公司，我是3号接单员；请问，我可以帮您做些什么？<br>男客户：原先说好上午来取件，现在我要出去办事，改到下午来取件，好吗？<br>接单员：请问，先生贵姓？<br>客户：姓张。<br>接单员：请问张先生，您的卡号是多少？<br>客户：152083。<br>接单员：好的，请稍等；（查电脑确认后）您是远方大厦的采森公司吧？<br>客户：是的。<br>接单员：电脑记录显示，您是10点20分通知我们取件的。<br>客户：是的，上午就不要来了。<br>接单员：好的，张先生，我会通知收派员，下午3点左右取件，您看好吗？<br>客户：那就麻烦你们了，下午我在公司等你们好了。<br>接单员：不必客气，还有别的事情，要我帮助吗？<br>客户：没有了。<br>接单员：欢迎您再次使用我们的服务，谢谢，再见 |
| | 索要运单和文件袋 | | 接单员：您好！××快递公司，我是3号接单员；请问，我可以帮您做些什么？<br>男客户：我们公司经常寄件，运单和文件袋用光了，想让你们带一些过来。<br>接单员：请问，先生贵姓？<br>客户：姓张。<br>接单员：请问张先生，您的卡号是多少？<br>客户：152083。<br>接单员：好的，请稍等；（查电脑确认后）您是远方大厦的采森公司吧？<br>客户：是的。<br>接单员：请放心，我会通知我的同事，尽快把您要的东西送去。<br>客户：那就麻烦你们了。<br>接单员：不必客气，还有别的事情，要我帮助吗？<br>客户：没有了。<br>接单员：欢迎您再次使用我们的服务，谢谢，再见 |

续表

| 任务类别 | | | 操作规范 |
| --- | --- | --- | --- |
| 客户其他要求 | 添加物品 | | 接单员：您好！××快递公司，我是3号接单员；请问，我可以帮您做些什么？<br>女客户：刚才我寄了一票快件，事后发现漏了一件东西，请收派员再来取一下。<br>接单员：请问，小姐贵姓？<br>客户：姓徐。<br>接单员：徐小姐，请提供卡号，让我查一下好吗？<br>客户：卡号是152083。<br>接单员：好的，请稍等；（查电脑确认后）您是远方大厦的采森公司吧？<br>客户：是的。<br>接单员：请问，您的运单号是多少？<br>客户：0203545688。<br>接单员：我来复述一下，请您再核对一次，0203545688，对吗？<br>客户：完全正确。<br>接单员：好的，我马上通知收派员，在10分钟内给您回电话，好吗？<br>客户：那就谢谢了。<br>接单员：不必客气，还有别的事情，要我帮助吗？<br>客户：没有了。<br>接单员：欢迎您再次使用我们的服务，谢谢，再见 |
| 客户其他要求 | 取消寄件 | 取件后，要求取消 | 接单员：您好！××快递公司，我是3号接单员；请问，我可以帮您做些什么？<br>女客户：我寄错东西了，不要寄了，马上取消，你们已经把快件取走了。<br>接单员：请问，小姐贵姓？<br>客户：姓徐。<br>接单员：徐小姐，请提供卡号，让我查一下好吗？<br>客户：卡号是152083。<br>接单员：好的，请稍等；（查电脑确认后）您是远方大厦的采森公司吧？<br>客户：是的。<br>接单员：请问，您的运单号是多少？<br>客户：0102454366。<br>接单员：我来复述一下，请您再核对一次，0102454366，对吗？<br>客户：完全正确。<br>接单员：好的，我会通知收派员，把您寄错的快件送回去，过一会儿我再与您联系，好吗？<br>客户：那就谢谢了。<br>接单员：不必客气，还有别的事情，要我帮助吗？<br>客户：没有了。<br>接单员：欢迎您再次使用我们的服务，谢谢，再见 |

续表

<table>
<tr><th colspan="3">任务类别</th><th>操作规范</th></tr>
<tr><td rowspan="3">客户其他要求</td><td>取消寄件</td><td>取件前，要求取消</td><td>客户：我刚才下过单（通知取件），现在情况有变，东西不寄了。<br>接单员：您是要取消打算寄往香港的那份快件吗？<br>客户：是的，你们不用来取件了。<br>接单员：知道了，我会通知我的同事，取消您的快件</td></tr>
<tr><td rowspan="2">投诉</td><td>发件人投诉收派员不愿等候，未取件就离开了</td><td>接单员：您好！××快递公司，我是3号接单员；请问，我可以帮您做些什么？<br>客户：我要投诉！<br>接单员：请问，先生贵姓？<br>客户：姓张。<br>接单员：张先生您好，您要反映什么情况？请讲。<br>客户：我已下单寄件，偏巧开会的时候，收派员来了，让他等一会儿都不行，没取件就走了！<br>接单员：张先生的心情，我非常理解；请您把卡号告诉我，我来查一下情况，好吗？<br>客户：152083。<br>接单员：好的，请稍等；（查电脑确认后）您是远方大厦的采森公司吧？<br>客户：是啊！<br>接单员：张先生，您反映的情况，我已经做了详细记录，我会在10分钟内给您答复，好吗？<br>客户：还等什么？现在就答复好了！<br>接单员：请您放心，我马上通知我的同事，再去您的公司取件。好吗？<br>客户：就这样吧！<br>接单员：感谢您的来电，您反映的情况我会向公司汇报，处理结果也会及时通知您，可以吗？<br>客户：只要把事情办了，我不再说什么。<br>接单员：我们会不断地改进服务，让客户更加满意，谢谢合作，再见</td></tr>
<tr><td>收件人投诉快件损坏</td><td>接单员：您好！××快递公司，我是3号接单员；请问，我可以帮您做些什么？<br>女客户：我要投诉！<br>接单员：请问，小姐贵姓？<br>客户：姓王。<br>接单员：王小姐您好，您要反映什么情况？请讲。<br>客户：我收到的快件，让你们损坏了，这不是耽误事吗？<br>接单员：王小姐的心情，我非常理解；请您把卡号告诉我，我来查一下情况，好吗？<br>客户：卡号？不知道！我是收件人，哪来什么卡号？<br>接单员：不好意思，那麻烦您，告诉我快件的运单号，好吗？</td></tr>
</table>

续表

| 任务类别 | | | 操作规范 |
| --- | --- | --- | --- |
| 客户其他要求 | 投诉 | 收件人投诉快件损坏 | 客户：运单号是1212323587。<br>接单员：您反映的情况，我已经做了详细记录；能告诉我，您的联系电话吗？<br>客户：83787989。<br>接单员：好的，我知道了；我会在10分钟以内回复您，双方协商一个合理的解决方案，好吗？<br>客户：就这样吧。<br>接单员：感谢您的来电，您反映的情况我会向公司汇报，处理结果也会及时通知您，可以吗？<br>客户：我等你们的电话。<br>接单员：我们会不断地改进服务，让客户更加满意，谢谢合作，再见 |

## 工作场景7　其他服务的规范话术

知识点：其他服务的规范话术

关键技能点：其他服务的规范话术

**工作任务：熟悉其他服务的规范话术**

知识窗：其他服务的规范话术，见表3-18、表3-19。

**表3-18　其他服务的规范话术1**

| 任务类别 | | 操作规范 |
| --- | --- | --- |
| 回答客户询问 | 服务范围 | 您说的地址，属于我们的服务范围，可以取件和派送；如果您的物品准备好了，请随时来电，通知我们取件；谢谢您的惠顾，希望再次听到您的电话，再见 |
| | | 实在抱歉，您说的收件人地址，不属于我们的服务范围，暂时无法派送；如果方便的话，可以先寄到离收件人最近的我们营业中心，再联系您的收件人，自己上门取件 |
| | 快件价格 | 上海到广州的快件，首重运费1千克20元（基价）；50千克以内，每增加1千克，按标准加收运费（加价）；具体计算方法，请登录我们的网站下载价格表，也可以到我们的营业中心直接索取 |
| | 普货价格 | 货物超过100千克，免收首重运费，每千克5元；200千克以上，每千克4元，派送时间上比快件晚一个工作日；如果您时间允许的话，建议您使用比较经济的普货服务 |
| | 重货价格 | 重货300～500千克，免收首重运费，每千克8元；501～1 000千克，每千克7元；1 001千克以上，每千克6元；在派送时间上和普货基本相同 |

**续表**

| 任务类别 | | 操作规范 |
|---|---|---|
| 答复客户要求 | 索要发票 | 非常抱歉，给您带来不便；收取运费的同时，为客户开具发票，这是我们的职责 |
| | | 由于收派员身上所带的发票有限，所以未能及时给您开发票 |
| | | 请您放心，我会督促收派员，在一个工作日内，把发票送到您那里，好吗? |
| | 要求保价 | 关于快件保价问题，实在抱歉，由于某些原因，我们目前还没有推出这项服务，请您谅解 |
| | 要寄高价值物品 | 价值超过 5 000 元人民币的贵重物品，我们是不能收寄的 |
| | | 如果您的快件是寄往境外的，在海关例行检查时，您填写的价值与实际价值相差太大的话，您的快件可能会被扣留，要求重新估价和重新制单，再决定是否放行，就会延误派送，给您带来损失和麻烦 |
| | 索要收派员手机号码 | 实在抱歉，收派员的手机号码，我无法向您提供；您可以留下您的电话，我会通知收派员与您联系，可以吗? |
| | 要求到站接货（委托） | 如果是到行李房取件，我们无法提供收件人证明，也不能垫付寄存费；请您想其他办法解决，好吗? |
| | | 如果是直接到车上取件，就不存在前面说的问题，我会安排同事去提货，我们随时与您保持联系 |
| 平息客户不满 | 取件员不愿等待 | 非常抱歉，我们的服务还不能让您满意，我代表公司向您表示歉意 |
| | | 我们的收派员，每天都必须在规定时间内，赶回公司交件，才能保证快件准时运出 |
| | | 如果取件时停留时间过长，就会延缓当天快件的操作时间，影响到及时运出 |
| | | 这一点，请您谅解和协作。您的快件准备好了吗? |
| | | 我会安排人员尽快取件。请随时和我联系，我是 3 号查询员，我姓王 |
| | 开箱检查快件 | 开箱核对货物的内容和数量，是对客户负责的必要手续，也是为了保证货物安全准时送达目的地 |
| | | 有些货物，在运输中可能会对其他货物造成损伤，或者是某些禁运的 |
| | | 特别是境外件或航空件，海关或机场都会做详细检查，如果被查出有违禁品，货物就会被扣留，甚至拿不回来；在时间和金钱上，都会给您或您的公司带来损失和麻烦 |
| 其他答复 | 查询转接 | 查询部门的同事，对这件事的经过，比接单部门更清楚，我帮您转接好吗？请稍等 |
| | 易碎品 | 请您提供一个良好的内包装，如果收派员认为包装不妥，就无法收寄，请您多多配合，好吗? |
| | 禁运品 | 您要寄的物品是液体，属于禁运品或限运品，无论是何种包装，我们都不能收寄，请您谅解 |

续表

| 任务类别 | | 操作规范 |
|---|---|---|
| 其他答复 | 委托件 | 我建议您，是否让发件人和我们联系？如果不方便，也没关系，我们可以传去一份委托函，您填好以后，再传真给我们，双方确认好以后，我们就会为您安排取件和派件 |
| | 委托函传真/报价表传真 | 请告诉我，您的传真号码，我在 5 分钟之内传给您；如果 10 分钟后，未收到传真，请再与我联系；我是 3 号接单员，我姓罗 |
| | 不完全承诺当天转运或送达 | 截单时间快到了，我们会尽快赶到您的公司取件，如果赶不上今天的作业班车，就要第二天上午转运您的快件，您看可以吗？ |
| | | 您寄往浙江乌镇的快件，今天可能无法送到收件人手中；但明天上午，情况正常的话，应该能送达，您看可以吗？ |

表 3-19　其他服务的规范话术 2

| 实例任务 | 操作规范 |
|---|---|
| 感同身受 | 我能理解 |
| | 我非常理解您的心情 |
| | 我理解您怎么会生气，换成是我，我也会跟您一样的感受 |
| | 请您不要着急，我非常理解您的心情，我们一定会竭尽全力为您解决的 |
| | 如果我碰到您这么多的麻烦，也会是您现在这样的心情 |
| | 发生这样的事，给您带来不便了，不过我们应该积极面对才是，对吗 |
| | 没错，如果我碰到您这么多的麻烦，我也会感到很委屈的 |
| | 我非常理解您的心情，请放心，我们一定会查证清楚，给您一个满意的答复 |
| | 我真的很能理解，请放心，我们一定查证清楚，然后给您回复 |
| | 听得出来您很着急 |
| | 感觉到您有些担心 |
| | 我能体会到您很生气，让我来给您提供其他的建议，您看好吗 |
| | 我能感受到您的失望，我可以帮助您的是…… |
| | 我能感受得到，××情况、业务给您带来了不必要的麻烦 |
| | 如果是我，我也会很着急的…… |
| | 我与您有同感…… |
| | 是挺让人生气的…… |
| | 您好，给您带来这么多的麻烦，实在是非常抱歉，如果我是您的话，我也会很生气的，请您先消消气，给我几分钟时间给您说一下这个原因，可以吗 |
| | 您说得很对，我也有同感 |

续表

| 实例任务 | 操作规范 |
| --- | --- |
| 感同身受 | 给您造成的不便，非常抱歉，我们的心情跟您一样 |
| | 您的心情我可以理解，我马上为您处理 |
| | 先生，我真的理解您…… |
| | 没错，如果我碰到这样的麻烦，相信也会有您现在这样的心情 |
| 被重视 | 先生，你都是我们××年客户了 |
| | 您都是长期支持我们的老客户了 |
| | 您对我们业务这么熟，肯定是我们的老客户了，不好意思，我们出现这样的失误，太抱歉了 |
| | 先生，很抱歉之前的服务让您有不好的感受，我们对于客户的意见是非常重视的，我们会将您说的情况尽快反映给相关部门去做改进 |
| 用“我”代替“您” | “您把我搞糊涂了”换成“我不太明白，能否再重复下您说的问题?” |
| | “您搞错了”换成“我觉得可能是我们的沟通存在误会” |
| | “我已经说得很清楚了”换成“可能是我未解释清楚，令您误解了” |
| | “您听明白了吗?”换成“请问我的解释，您清楚吗?” |
| | “啊，您说什么?”换成“对不起，我没有听明白，请您再说一遍，可以吗?” |
| | “您需要”换成“我建议……／您看是不是可以这样，……” |
| 站在客户角度说话 | 这样做主要是为了保护您的利益 |
| | 如果谁都可以帮您办理这么重要的业务，那对您的利益是很没有保障的 |
| | 我知道您一定会谅解的，这样做就是为了确保向您一样对我们有着重要意义的忠诚顾客的权益 |
| 怎样的嘴巴才最甜 | 麻烦您了 |
| | 非常感谢您这么好的建议，我们会向相关部门反映，因为有了您的建议，我们才会不断进步 |
| | （客户不满意但不追究时）谢谢您的理解和支持，我们将不断改进服务，让您满意 |
| | 先生，您都是我们的老客户了，我们当然不能辜负您的信任…… |
| | 这次给您添麻烦了，其实，我们也挺不好意思，您所说的情况我们将记录下来，并反馈给相关部门，会尽可能避免问题的再次出现…… |
| | 非常感谢您向我们提供这方面的信息，这会让我们的服务做得更好 |
| | 您这次问题解决后，尽管放心使用 |
| | 感谢您对我们工作的支持，希望您以后能一如既往地支持我们 |
| | 感谢您对我们的服务监督，这将让我们做得更好 |
| | 感谢您对我们的支持，您反馈的建议，将成为我们日后改进工作的重要参考内容 |

续表

| 实例任务 | 操作规范 |
|---|---|
| 怎样的嘴巴才最甜 | 谢谢您对我们反映的情况，我们会加强工作的培训，也欢迎您对我们工作随时进行监督 |
| | 谢谢您对我们反映的情况，该问题一向是我们非常重视的问题，目前除了××可以受理外，我们还提供了其他渠道，也希望您如果有更好的建议，也可以提供给我们 |
| | 针对您刚才所反映的情况，我们也会不断地去改善，希望改善后能给您带来更好的服务 |
| | 让您产生这样的疑惑，也让您生气了，实在抱歉 |
| | 非常感谢您对我们的关心和支持，我们会尽快完善 |
| | 您的建议很好，我很认同 |
| | 非常感谢您提供给我们的宝贵建议，有您这样的客户，是我们的荣幸 |
| 拒绝的艺术 | ×先生，我很能理解您的想法，但非常抱歉，您的具体要求，我们暂时无法满足，我会先把您遇到的情况，反馈给相关部门，查证后，再与您联络，好吗 |
| | 您说的这些，确实是有一定的道理，如果我们能帮您，一定会尽力，不能帮您的地方，也请您谅解 |
| | 尽管我们目前暂时无法立刻去处理或解决这件事情，但我可以做到的是…… |
| | 感谢您对活动的支持！由于很多的客户都有兴趣参加，××已兑换完了/指定的产品没有货了（卖完了），请您留意以后的优惠活动 |
| | ×先生，感谢您对我公司××活动的关注，目前我们还没有收到最新的通知，建议您先到网站首页上了解，或者迟点再咨询我们 |
| | 非常感谢您的关注，现在暂时没有开展××活动，请您稍后留意 |
| | ×先生，非常感谢您的反馈，我们会尽最大的努力改进这方面的问题，也希望您能一如既往地支持和监督我们的工作，谢谢 |
| | ×先生，您的心情我能够理解，那您希望我们怎样帮您解决呢 |
| | ×先生，您是我们的客户，尽量让您满意，这是我们的工作要求，不好意思，您说的这些，确实是有一定的道理，如果我们能帮您，一定尽力，不能帮您的地方，也请您谅解 |
| 缩短通话 | 您好，为了方便您了解（记忆），我现在将该内容通过短信（邮件）发给您，请您留意查询 |
| | 因涉及的内容较多，具体内容我会通过邮件方式发给您，以便于您详细了解，好吗 |
| 如何让客户“等” | 不好意思，耽误您的时间了 |
| | 等待之前先提醒：“先生，请您稍等片刻，我马上为您查询” |
| | 等待结束恢复通话：“先生，谢谢您的等待，已经帮您查询到……/现在帮您查询到的结果是……” |

**续表**

| 实例任务 | 操作规范 |
| --- | --- |
| 如何让客户“等” | 请您稍等片刻，马上就好 |
| | 由于查询数据需要一些时间，不好意思要耽误（您）一点时间 |
| | 感谢您耐心的等候 |
| 记录内容 | 请问您方便提供具体情况吗（发生的详细地址、时间、现象等）？我们给您记录，方便我们尽快查询处理，感谢您的配合 |
| | 谢谢您向我们提供的宝贵意见，我们会将该意见记录并向有关部门反映 |
| | 我非常希望能够帮助您，针对这件事，我们一定会有专人尽快帮您处理，请您放心…… |
| | 先生您好！××现在是在普及的阶段，正因为有您的使用，我们才知道新活动推出以后使用的不足，非常感谢您及时把这不足之处反馈给我们 |
| | 这可能是我们工作人员的失误，我们会马上反馈您这个问题，请放心，我们会给您一个满意的处理结果 |
| | ×先生，您的提议我很认同，我会记录下来，希望能够尽快实施，敬请留意！非常感谢您的宝贵意见 |
| | 非常抱歉，给您造成不便，请您稍等，我们马上测试一下，好吗？<br>如确实有故障，跟客户解释：谢谢您跟我们反映此这情况，我们会马上上报故障处理，请您稍后再试，好吗 |
| | 非常抱歉，给您造成不便，出现此情况肯定是某个环节出现了问题，您可以放心，如果是我们的问题，我们一定会负责到底，给您一个说法 |
| 其他 | 如果您对我解释不满意，可以提出您的建议，以便我以后改善？（面对与客户陷入僵局时） |
| | 您好，您的彩铃很（动听、特别、不错、有个性等）（需要外呼时） |
| | 您的满意是我们的追求，祝您有个阳光好心情（当客户对我们解决了他的问题表示感谢的时候） |
| | “请输入您的密码验证，请关注页面提示”，把关注页面提示放在后面可起提示作用 |
| | 没关系，我只是担心您会错过这些优惠，等您下次有更好的建议时/以后我们有其他活动时，我们再联系您 |
| | 请您放心，您要求办理的退款已办理（取消）成功！；请您放心，您的话费我已帮您查询过，没有问题！；请您放心，您反映的问题已为您记录 |
| | 感谢您的建议 |
| | 非常感谢您的耐心等待 |
| | 别着急，请您慢慢讲，我会尽力帮助您的 |

续表

| 实例任务 | 操作规范 |
| --- | --- |
| 其他 | 感谢您的批评指正，我们将及时改正，不断提高服务水平 |
| | 谢谢，这是我们应该做的 |
| | 我们会将您反映的问题与相关部门联系，请您留下联系电话，我们将在×小时内给您答复 |
| | 也许我说得不够清楚，请允许我再解释一遍 |
| | 请问您具体遇到什么麻烦，您放心，我们一定会尽力帮您 |
| | 请告诉我们您的想法，我们很乐意聆听您的意见 |
| | 先生，非常感谢您把您遇到的麻烦及时告诉我们 |
| | 您都是我们信用度非常好的客户，我们会第一时间帮助到您 |
| 结束语 | 祝您生活愉快 |
| | 祝您中大奖 |
| | 当客户说他在开车时，结束语：路上要注意安全 |
| | 祝您生意兴隆 |
| | 希望下次有机会再为您服务 |
| | 祝您一路顺风 |
| | 天气转凉了，记得加衣保暖 |
| | 今天下雨，出门请记得带伞 |
| | 祝您周末愉快 |
| | 祝您旅途愉快 |

# 模块四

# 快递业务员技能训练

## 快递业务员之快件处理练习题

### 一、单选题

1. 以下不属于快件处理作用的是（　　）。

A. 集散作用　　B. 控制作用　　C. 协同作用　　D. 仓储作用

2. 以下不属于航空运输方式的是（　　）。

A. 自有飞机运输　　B. 契约运输　　C. 包机运输　　D. 集中托运

3. 易碎物品放置时需要在快件底部至少低于作业面（　　）的时候才能放手。

A. 20 厘米　　B. 30 厘米　　C. 40 厘米　　D. 50 厘米

4. 以下说法不正确的是（　　）。

A. 封志在运输途中保证了快件的安全、明确了责任

B. 托盘和拖车使用时，不可以反向操作

C. 总包接收和处理要求两人或两人以上作业

D. 不同批次的总包可以同时接收和处理，以便节省时间

5. 体积重量的计算方法（　　）。

A. 长(厘米)×宽(厘米)×高(厘米)/6 000(千克/立方厘米)= 体积重量(千克)

B. 长(厘米)×宽(厘米)×高(厘米)= 体积重量(千克)

C. 长(厘米)×宽(厘米)×高(厘米)/6 000(千克/厘米)= 体积重量(千克)

D. 长(厘米)×宽(厘米)×高(厘米)/6 000(千克/立方厘米)= 体积重量(米)

6. 快件运单粘贴注意事项不正确的是（　　）。

A. 运单粘贴必须保持平整；运单不能有褶皱或折叠或破损

B. 挤出运单袋内的空气，再粘贴胶纸，避免挤破运单袋

C. 使用不干胶运单直接粘贴时，应张贴在骑缝线上

D. 运单要与内件一致，避免运单错贴在其他快件上

7. 铁路运输单件货物实际重量一般不超过（　　）。

A. 30 千克　　B. 50 千克　　C. 60 千克　　D. 80 千克

8. 快件包装注意事项说法错误的是（　　）。

A. 禁止使用一切报刊类物品作为快件的外包装，如报纸、海报、书刊、杂志等

B. 对于价值较高的快件，采用包装箱进行包装，包装时应使用缓冲材料

C. 对于一票多件的快件，如果是国际快件，必须按照一票多件操作规范进行操作

D. 任何包装材料都不可重复使用

9. 信件类快件分拣的操作要求错误的是（　　）。

A. 分拣时操作人员站位距分拣格口的距离要适当，一般在60～80厘米左右

B. 一次取件数量在20件左右

C. 分拣后的快件，保持运单一面向上并方向一致

D. 分拣出的其他非本分拣区域的快件应及时互相交换

10. 以下（　　）禁寄物品属于危害公共卫生。

A. 鸦片（包括罂粟壳、花、苞、叶）、吗啡、可卡因、海洛因、大麻、冰毒、麻黄素及其他制品等

B. 如尸骨、动物器官、肢体、未经硝制的兽皮、未经药制的兽骨等

C. 如国家秘密文件和资料、国家货币、有价证券、仿真武器、珍贵文物、濒危野生动物及其制品等

D. 淫秽出版物、宣传品、照片、唱片、影片、录像带、激光视盘、计算机存储介质及其他物品

11. 以下说法正确的是（　　）。

A. 在国内范围互相寄递的物品（如卷烟、雪茄烟），每件以两条为限，两种合寄时也限制在500支以内

B. 寄往中国香港、澳门、台湾地区的个人物品，每次价值以不超过人民币1 000元为限

C. 寄往中国香港、澳门、台湾地区的个人物品，每次价值在500元以内部分免税，超出500元的部分需征税

D. 如果寄达国（或地区）对某些寄递物品有限量、限值的规定，应按照寄达国的规定办理

12. 以下有关总包封装的质量检查内容说法错误的是（　　）。

A. 检查对需要赶发时限的快件是否优先封发处理，是否赶发指定的航班或航次

B. 检查操作系统信息处理是否符合要求

C. 检查快件面单信息是否完整

D. 检查总包的袋牌、封志、袋身（笼或箱体）、重量等规格是否符合要求

13. 以下包装图示标志名称与图形不一致的是（　　）。

A.  怕晒　　B.  重心

C.  禁止翻滚　　D.  向上

14. 以下说法错误的是（　　）。

A. 对一票多件的快件进行集中扫描

B. 如果扫错快件，应及时在操作系统中执行数据删除

C. 条码污染、受损无法扫描时，应手工键入条码信息
D. 扫描条码时，距快件条形码 10～50 厘米，使激光束覆盖条形码
15. 以下不属于交接单使用范围的是（　　）。
A. 收寄派送网点与分拣中心之间的总包交接
B. 快件运输环节与分拣中心或中转站之间的总包交接
C. 分拣中心或中转站与委托运输方之间的总包交接
D. 分拣中心与分拣中心之间的总包交接
16. 以下不属于总包交接单作用的是（　　）。
A. 真实记录了两作业环节交换总包时实际发生的相关内容，是快件业务处理的证明
B. 是快递企业与委托承运部门或企业进行运费结算的依据
C. 是发件人与发件网点之间的付款依据
D. 是进行总包查询和赔偿的凭证
17. 以下属于机械总包步骤中最前面的是（　　）。
A. 扫描包牌条码信息
B. 拆解结束，注意拆解实际件数与系统信息进行比对
C. 验视快件总包路向，将误发的总包拣选出来
D. 每总包开拆完毕，将快件贴有运单的一面向上，整齐放到运输机上传输分拣
18. 对轻抛物品描述正确的是（　　）。
A. 比较体积重量和实际重量，实际重量大于体积重量的，一般称为轻抛件
B. 比较体积重量和实际重量，体积重量大于实际重量的，一般称为轻抛件
C. 比较体积重量和实际重量，一样大的一半称为轻抛件
D. 对于轻抛件，要取实际重量作为计费重量

19. 快件的单件包装规格任何一边的长度不宜超过（　　），长、宽、高三边长度之和不宜超过（　　）。

A. 100 厘米　　B. 150 厘米　　C. 200 厘米　　D. 300 厘米
20. 快件包装的原则描述错误的是（　　）。
A. 外表美观　　B. 适合运输　　C. 便于装卸　　D. 适度包装
21. 以下不属于快件的赔偿责任分类的是（　　）。
A. 保价快件　　B. 保险快件　　C. 到付快件　　D. 普通快件
22. 以下对快递服务特点说法不正确的是（　　）。
A. 快递服务的本质反映在一个“快”字上，快速是快递服务的灵魂
B. 快递服务具有仓储、保管的作用
C. 快递服务是“门到门”“桌到桌”的便捷服务
D. 快递服务能够提供业务全程监控的实时查询
23. 关于快件信息安全基本要求叙述错误的是（　　）。
A. 快件在处理过程中，所有工作人员都可以查看快件信息
B. 快递从业人员不得私自抄录或向他人泄露收、寄件人的名址、电话等快件信息
C. 严禁将快件私自带到与工作无关的任何场所
D. 发现包装破损并有可能暴露内件信息时，应立即报告主管人员

24. 二氧化碳系列灭火器（　　）。
A. 适用于扑灭油类、易燃液体、可燃气体、电器和机械设备等的初起火灾
B. 适用于扑灭A类和B类的初起火灾，是目前国内外油类火灾基本的扑救方式
C. 适用于扑灭可燃固体、可燃液体、可燃气体以及带电设备的初起火灾
D. 适用于油田、炼油厂、原油化工企业、车库、飞机库、港口和油库等场所
25. 以下灭火方法属于隔离法的是（　　）。
A. 用水扑灭一般固体物质的火灾，通过水吸收大量热量，使燃烧物的温度迅速降低，最后使燃烧终止
B. 用二氧化碳、氮气、水蒸气等降低氧气浓度，使燃烧不能持续
C. 用泡沫灭火剂灭火，泡沫覆盖燃烧体表面，在冷却的同时让火焰和空气隔离开来，达到灭火的目的
D. 用干粉灭火剂通过化学作用，破坏燃烧的链式反应，使燃烧终止
26. 以下说法正确的是（　　）。
A. 全国分为省、自治区和直辖市
B. 中国位于赤道以北，亚洲东部，太平洋西岸
C. 中国陆地面积约960万平方千米，位居世界第三，是亚洲面积最大的国家
D. 中国所濒临的海洋，从北到南，依次为渤海、黄海、东海和南海
27. 以下地名读音错误的是（　　）。
A. 桓（huán）仁　　B. 隰（xí）县
C. 耒（lěi）阳　　D. 枞（cóng）阳
28. 以下姓氏读音错误的是（　　）。
A. 柏（bǎi）　　B. 宦（huàn）
C. 皇甫（huáng fǔ）　　D. 翟（zhai）
29. 快递实物保存期限最低为（　　）。
A. 3个月　　B. 6个月　　C. 一年　　D. 一年半
30. 对邮政、快递行业工作人员利用职务上的便利私自开拆、隐匿和毁弃邮件和快件的行为，规定（　　）。
A. 对犯有本罪的处两年以下有期徒刑或拘役
B. 对犯有本罪的处一年以下有期徒刑或拘役
C. 对犯有本罪的处两年以下有期徒刑
D. 对犯有本罪的处半年以下有期徒刑或拘役
31. 总包接收的顺序（　　）。
A. 按寄达地比较近的先接收　　B. 按寄达地远的先接收
C. 按车辆先到达的先接收　　D. 按车辆后到达的先接收
32. 总包交接验收的顺序排在最先的是（　　）。
A. 检查快件运输车辆送件人员提交的交接单内容填写是否有误
B. 核对到站快件运输车辆的发出站、到达站、到达时间，并在交接单上批注实际到达时间
C. 引导快件运输车辆安全停靠到指定的交接场地

D. 检查总包是否有破损等异常现象

33. 总包接收验视的内容错误的是（　　）。

A. 总包发运路向是否正确　　B. 总包的规格、重量是否符合要求

C. 总包是否有水湿　　D. 检查总包内快件是否破损

34. 处理场地快件的安全要求说法不正确的是（　　）。

A. 任何人不得将私人拎包（袋）带进处理现场

B. 快件处理场地可以长时间保存快件

C. 快件处理场地不得存放易燃、易爆和强腐蚀性物品

D. 发现安全隐患或设备非正常运转时，要及时报告或处理

35. 总包拆解后的异常情况不包括（　　）。

A. 快件总包包牌所写快件数量与总包袋内快件数量不一致

B. 拆出的快件外包装破损、断裂、有拆动痕迹

C. 拆出的快件属误封发寄错误

D. 运单寄达地属于超区范围

36. 信息录入要求不包括（　　）。

A. 安全性　　B. 真实性　　C. 完整性　　D. 及时性

37. 对快件运单描述错误的是（　　）。

A. 快件运单又称快件详情单

B. 收件人或其代理人填写并签发的重要的运输单据

C. 是快递企业与寄件人之间的寄递合同

D. 快件运单对企业和客户双方都具有法律约束力

38. 快件运单粘贴注意事项说法正确的是（　　）。

A. 使用不干胶运单直接粘贴时，应尽量贴在骑缝线

B. 胶纸应覆盖快件运单，以免磨损而使其破损

C. 使用胶纸时，可以使用有颜色或带文字的透明胶纸覆盖运单内容

D. 运单应粘贴在最大的平整的表面

39. 以下说法正确的是（　　）。

A. 纺织类物品，用纸质或塑料袋包装

B. 小件物品以气泡垫等材质较软的材料进行全部或局部包装

C. 粉末状物品，用容器包装并做好衬垫

D. 特产类物品必须进行保护性包装

40. （　　）属于常见的分拣种类。

A. 按地址分拣　　B. 按简称分拣

C. 按邮编分拣　　D. 按区号分拣

## 二、多选题

1. 条形码技术的特点（　　）。

A. 输入速度快　　B. 准确度高　　C. 成本低

D. 可靠性强　　E. 灵活实用

2. 快件的计费方法说法错误的是（　　）。

A. 以重量为基础，实施“取大”的方法
B. 以实效为依据，体现“快速高价”的方法
C. 以实际重量为准
D. 首重加续重方法
3. 航空运输的特点（　　）。
A. 破损率低、安全性好
B. 运量大、运费低廉
C. 投资大、运量小、费用高、易受天气影响
D. 在长距离递送快件的速度方面优势明显
E. 机动灵活、简捷方便
F. 运载量小，在途中易发生事故
4. 快递实物传递网的组成要素（　　）。
A. 呼叫中心　　B. 大区或省级网
C. 处理中心　　D. 区域或省内网
E. 调度营运中心　　F. 收派处理点或营业网点
G. 运输线路　　H. 同城或市内网
5. 以下读音错误的是（　　）。
A. 巴彦淖（zhào）尔　　B. 鄱（pāng）阳
C. 无棣（dì）　　D. 郯（tán）城
E. 迭（dié）部　　F. 东莞（wǎn）

## 三、判断题

1. 卸载使用的机械或工具，特殊情况下可以载人。（　　）
2. 二氧化碳灭火器存放应不能靠近热源或日晒，注意防潮，定期检查驱动气体是否合格。（　　）
3. 中国快递起步是在 20 世纪 70 年代末至 90 年代初。（　　）
4. 铁路运输是我国综合运输网主力，也是快递运输必不可少的方式之一。（　　）
5. 盗窃罪是指以非法占有为目的，私密窃取公私财物数额较大或者多次盗窃公私财物的行为。（　　）
6. 快件初分拣是指将快件一次性直接分拣到位（即快件的寄达地或派送路段），然后进行再次分拣。（　　）
7. 国内快件运单使用蓝、黑色笔书写或打印，禁止使用铅笔或红笔书写。（　　）
8. 分拣中心规模越大、级别越高，设置的分拣区域就越少。（　　）
9. 快件直封就是快件分拣中心按快件的寄达地点把快件封发给到达城市的分拣中心。（　　）
10. 扫描员对运单信息审读不细或书写潦草，容易造成对相关信息判断有误，导致误分。（　　）
11. 外国海关对限制寄递物品的规定：如果寄达国（地区）对某些寄递物品有限量、限值的规定，应按照寄递国的规定办理。（　　）
12. 车辆封志是固封在快件运输车辆车门的一种特殊封志，其作用是防止车辆在运输途

中被打开，保证已封车辆完整地到达目的地。（　）

13. 快件清单从内容上分为普通快件清单、保价快件清单、代收款清单。（　）

14. 总包的封装，是将多个发往同一寄达地的快件集中规范地放置在袋或容器里，并将袋或容器口封扎的过程。（　）

15. 登单就是登记快件封发清单。（　）

16. 总包是指将寄往各个地方的多个快件集中装入的容器或包（袋）。（　）

17. 交接单是快递网络中收派和处理两个部门在交接总包时的一种交接凭证。（　）

18. 车辆封志：一种是实物封志，是无形的封志；一类是信息封志，是有形的封志。（　）

19. 发出总包时，收方负责逐包扫描，同时验视总包，复核总包数量、规格。收方负责监督总包数量。（　）

20. 快件处理场地必须设置防爆系统，关键部位要安装摄像头。（　）

21. 总包拆解实质上是对总包内快件的接收，其特点是交接双方不是面对面地当场交接，而是一种“信誉交接”。（　）

22. 总包拆解作业就是开拆已经接收的进站快件总包，将快件由总包转换为散件。（　）

23. 将扫描结果与信息比对，如果出现不符，系统自动判断上传结果并记录。（　）

24. 对于不规则物品的体积测量：取物品的最长、最高、最宽边进行量取。（　）

25. 运单上不得写有“秘密”“机密”“绝密”以及部队番号、代号和暗语等。（　）

26. 精密仪器及电子产品类物品可采用布袋、麻袋、纸箱包装。（　）

27. 限寄就是国家为适应控制某些物品流通和保护某些物品特许经营权的需要，将一些物品的寄递限定在一定范围内。（　）

28. 总包的包签是可用于区别快件的所属企业和运输方式及发运路向等的信息标志。（　）

29. 发运计划的内容包含：发运时间、路由、车次（航班）、运量、停靠交接站点以及到开时间等。（　）

30. 车辆开行后，在操作系统发送快件信息。（　）

31. 不同批次或车次的总包可以混在一起接收。（　）

32. 接收总包时不需要在接收单上注明时间。（　）

33. 对于不符合标准的总包，可以先放一边由专人处理。（　）

34. 总包接收时要核对交方车辆和押运人员的身份是否符合业务要求。（　）

## 快递业务员之快件处理练习题　答案

### 一、单选题

1. D. 仓储作用
2. B. 契约运输
3. B. 30 厘米

4. D. 不同批次的总包可以同时接收和处理，以便节省时间
5. A. 长(厘米)×宽(厘米)×高(厘米)/6 000(千克/立方厘米)=体积重量(千克)
6. C. 使用不干胶运单直接粘贴时，应张贴在骑缝线上
7. B. 50 千克
8. D. 任何包装材料都不可重复使用
9. A. 分拣时，操作人员站位距分拣格口的距离要适当，一般在 60～80 厘米
10. B. 如尸骨、动物器官、肢体、未经硝制的兽皮、未经药制的兽骨等
11. D. 如果寄达国（或地区）对某些寄递物品有限量、限值的规定，应按照寄达国的规定办理
12. C. 检查快件面单信息是否完整
13. A.  怕晒
14. D. 扫描条码时，距快件条形码 10～50 厘米，使激光束覆盖条形码
15. D. 分拣中心与分拣中心之间的总包交接
16. C. 是发件人与发件网点之间的付款依据
17. C. 验视快件总包路向，将误发的总包剔除出来
18. B. 比较体积重量和实际重量，体积重量大于实际重量的，一般称为轻抛件
19. B. 150 厘米　　D. 300 厘米
20. A. 外表美观
21. C. 到付快件
22. B. 快递服务具有仓储、保管的作用
23. A. 快件在处理过程中，所有工作人员都可以查看快件信息
24. A. 适用于扑灭油类、易燃液体、可燃气体、电器和机械设备等的初起火灾
25. C. 用泡沫灭火剂灭火，泡沫覆盖燃烧体表面，在冷却的同时让火焰和空气隔离开来，达到灭火的目的
26. A. 全国分为省、自治区和直辖市
27. D. 枞（cóng）阳
28. D. 翟（zhai）
29. B. 6 个月
30. A. 对犯有本罪的处两年以下有期徒刑或拘役
31. C. 按车辆先到达的先接收
32. C. 引导快件运输车辆安全停靠到指定的交接场地
33. D. 检查总包内快件是否破损
34. B. 快件处理场地可以长时间保存快件
35. D. 运单寄达地属于超区范围
36. A. 安全性
37. B. 收件人或其代理人填写并签发的重要的运输单据
38. D. 运单应粘贴在最大平整的表面
39. D. 特产类物品必须进行保护性包装

40. A. 按地址分拣

二、多选题

1. A. 输入速度快 B. 准确度高 C. 成本低 D. 可靠性强 E. 灵活实用

2. A. 以重量为基础，实施“取大”的方法 B. 以实效为依据，体现“快速高价”的方法 D. 首重加续重方法

3. A. 破损率低、安全性好 C. 投资大、运量小、费用高、易受天气影响 D. 在长距离递送快件的速度方面优势明显

4. A. 呼叫中心 C. 处理中心 E. 调度营运中心 F. 收派处理点或营业网点 G. 运输线路

5. A. 巴彦淖（zhào）尔 B. 鄱（pāng）阳 F. 东莞（wǎn）

三、判断题（T 正确，F 错误）

| | | | | | | |
|---|---|---|---|---|---|---|
| 1. F | 2. F | 3. T | 4. T | 5. T | 6. F | 7. T |
| 8. F | 9. T | 10. T | 11. F | 12. T | 13. T | 14. T |
| 15. T | 16. F | 17. F | 18. F | 19. F | 20. F | 21. T |
| 22. T | 23. T | 24. T | 25. T | 26. F | 27. T | 28. T |
| 29. T | 30. T | 31. F | 32. F | 33. F | 34. T | |

# 快递业务员之快件收派练习题

## 第一章　职业道德

### 一、选择题（不定选项）

1. 职业道德的主要内容有爱岗敬业、（　　）。

A. 诚实守信　　B. 注重小团体利益

C. 办事公道　　D. 服务群众

2. 以下不属于职业道德作用的是（　　）。

A. 有助于促进社会生产力的发展，提高劳动生产率

B. 有助于调节人们在职业活动中的各种关系

C. 有助于提高工资水平

D. 有助于提高个人道德修养

3. 向客户提供服务时，语言文明体现在（　　）。

A. 使用本地方言　　B. 使用规范、礼貌的语言

C. 与客户耐心交流　　D. 很快的语速

### 二、判断题

1. 职业道德是调整职业内部、职业之间、职业与社会之间的各种社会关系的行为准则和道德规范。（　　）

2. 由于快递行业的特殊性，快递行业各岗位难以体现职业道德精神。（　　）

3. 保守秘密、确保安全是快递业务员的职业守则内容之一。（　　）

4. “遵纪守法”，就是要求快递业务员严格遵守国家的各项法律法规和企业内部的规章制度。（　　）

5. 重信誉、守信用是快递业务员“诚实守信”的体现。（　　）

6. 快递业务员对客户个人信息需要保守秘密，无须对寄递快件的相关信息进行保密。（　　）

7. 快递业务员在工作期间，需要统一着装，并注意保持工装整洁。（　　）

## 第二章　快递服务概述

### 一、选择题（不定选项）

1. 快递服务的灵魂是（　　）。

A. 价廉　　B. 包装优良　　C. 快速　　D. “门到门”服务

2. 快递流程主要包括快递收寄、（　　）、快件运输和快件派送四大环节。

A. 快件处理　　B. 快件包装　　C. 快件储存　　D. 快件加工

3. 快递流程的基本要求是（　　）、安全便捷。

A. 有序流畅　　B. 优质高效　　C. 流程精简　　D. 成本节约

4. 在快递信息网络中所传输的信息不包括（　　）。

A. 单个快件运单的信息　　B. 快件总包的信息

C. 总包路由的信息　　D. 收派员信息

## 二、判断题

1. 快递服务中，所有收寄、分发、运输、投递的信件和包裹必须是单独封装的。（　）

2. 快递网络可分为快件传递网络和信息传输网络。（　）

3. 快递呼叫中心不属于快件网络系统的一个组成部分。（　）

4. 在快递网络中，区域或省内网是大区域或省际网的延伸，在快件传递网络中起着承上启下的作用。（　）

5. 在快递网络中，同城或市内网负责快件的收取和派送，但不负责快件的分拣、封发等工作。（　）

6. 快递信息网实现了企业快递信息资源最大限度的综合利用与共享。（　）

# 第三章　快递业务基础知识

## 一、选择题（不定选项）

1. 快件内件分类，可分成（　）。

A. 信件类快件　　B. 包裹类快件　　C. 单箱式快件　　D. 集箱式快件

2. 快件按快件时限分类可分为（　）。

A. 标准服务快件　　B. 延长时限快件

C. 承诺服务时限快件　　D. 特殊要求时限快件

3. 快件按赔偿责任可分为（　）。

A. 到付快件　　B. 保价快件　　C. 保险快件　　D. 普通快件

## 二、判断题

1. 关于快件的概念：快件是快递服务组织依法收寄并封装完好的信件和包裹等寄递物品的统称。（　）

2. 经营进出境快件业务的快递企业，应通知收、发件人交纳或代理收、发件人交纳快件的进出口税款。（　）

3. 海关查验快件时，由海关负责快件的搬移、开拆、重封包装等工作。（　）

4. 在进出境快件当中，如果发现禁止进出境的物品，可以立即自行处理。（　）

# 第四章　快递服务礼仪

## 一、选择题（不定选项）

1. 非语言修养的具体要求有举止要文明、（　）。

A. 衣着要得体　　B. 容貌端正　　C. 有良好的心境　　D. 仪表要大方

## 二、判断题

1. 语言修养是服务礼仪的基本要求之一。（　）

2. 语言规范是语言修养的内容之一，语言礼貌不属于语言修养内容。（　）

3. 快递服务人员应统一着工装。（　）

## 第五章　安全知识

### 一、选择题（不定选项）

1. 快递从业人员应特别履行的义务有（　　）。

A. 遵守社会公德

B. 及时报告

C. 保守秘密

D. 不得非法持有属于国家秘密的文件、资源和其他物品

2. 下列不属于工伤事故预防措施的是（　　）。

A. 临时补救措施　　B. 工程技术措施

C. 教育措施　　D. 管理措施

3. 以下不属于职业病的预防措施的是（　　）。

A. 建立空气中毒物浓度测定制度

B. 员工加强身体锻炼

C. 合理使用劳动防护用品，尽量减少快递企业常见的职业伤害

D. 增加通风排气设备，将有毒气体及时排出

4. 自行车驮载快件时，自行车后端不宜超出车身（　　）。

A. 0.3 米　　B. 0.5 米　　C. 1 米　　D. 1.5 米

5. 常见灭火器的种类有（　　）。

A. 二氧化碳系列灭火器　　B. 泡沫灭火器

C. 干粉灭火剂　　D. 冲水灭火器

### 二、判断题

1. 快递从业人员不得私自抄录或向他人泄露收、寄件人的名址、电话等快件信息。（　　）

2. 不得隐匿、毁弃或非法开拆快件，发现这类现象应立即制止。（　　）

3. 因长期接触有毒有害因素而引起的职业病伤害不属于工伤保险范畴。（　　）

4. 为保障快件安全，快件不得交由他人捎转带，不得乱扔乱放，不可让他人翻阅。（　　）

5. 在道路同方向画有两条以上机动车道的，左侧为慢速车道，右侧为快速车道。（　　）

6. 在快件处理场地，如有需要，场地内可以私接乱拉电源、电线。（　　）

7. 在场地内，消防器材及设施须由专人负责，定点放置。（　　）

8. 要用隔离法灭火，应该使用泡沫灭火剂灭火。（　　）

9. 在灭火基本方法中，化学抑制法是用二氧化碳、氮气、水蒸气等降低氧气浓度，使燃烧不能持续。（　　）

## 第六章　地理与百家姓知识

### 一、选择题（不定选项）

1. 中国的陆地面积约有（　　）万平方千米。

A. 920　　B. 940　　C. 960　　D. 980

2. 在世界地理中，地球表面总面积约（　　）亿平方千米。

A. 5　　B. 5.1　　C. 5.6　　D. 6

二、判断题

1. 中国陆地面积在世界各国中排名第二，仅次于俄罗斯。（　　）

2. 阜新市所处的省份为辽宁省。（　　）

3. 在世界海洋中，北冰洋不属于四大洋之中。（　　）

4. 地球上有七大洲，其中大洋洲并不在七大洲之列。（　　）

## 第七章　计算机与条码知识

一、选择题（不定选项）

1. 以下属于计算机病毒的特点是（　　）。

A. 传染性　　B. 不可抵御性　　C. 人为性　　D. 破坏性

2. 不属于条形码技术特点的是（　　）。

A. 输入速度快　　B. 准确度高　　C. 成本比较高　　D. 可靠性强

二、判断题

1. 计算机的五大部件包括：控制器、运算器、存储器、输入设备、输出设备。（　　）

2. 国内大部分快递公司使用的条形码为一维的 39 码、128 码。（　　）

## 第八章　相关法律、法规和标准的规定

一、选择题（不定选项）

1. 在《快递服务》标准中，规定经营快递业务最低雇佣员工数为（　　）人。

A. 10　　B. 15　　C. 20　　D. 25

2. 消费者的权利有保障安全权、知悉真情权、（　　）。

A. 自主选择权　　B. 监督检查权　　C. 公平交易权　　D. 依法求偿权

二、判断题

1. 在员工资质方面，快递人员必须具备相应的教育背景和职业资格条件，并且要求取得相应的国家职业资格证书。（　　）

2. 快递企业必须实行备案制度。（　　）

3. 根据快递市场管理办法，快递企业没有统计上报的义务。（　　）

4. 快递运单的实物保存期限为不少于 6 个月。（　　）

5. 违约责任和争议的解决不属于合同内容。（　　）

6. 口头形式属于合同形式之一。（　　）

7. 依据《刑法》规定，对于快递行业从业人员私自开拆、隐匿和毁弃快件的行为，将处两年以下有期徒刑或拘役。（　　）

8. 请求消费者协会调节是争议解决的环节之一。（　　）

## 第九章　快件收寄

一、选择题（不定选项）

1. 在上门揽收流程中，有一个接收信息的环节。以下不属于接收客户寄件需求信息方

式的是（ ）

A. 快递企业客服人员通知　　B. 客户直接致电
C. 客户短信告知　　D. 网上系统直接下单

2. 在验视快件环节，以下不属于验视内容的是（ ）。
A. 快件的重量　　B. 快件的规格
C. 验视是否属于禁止或限制寄递的物品　　D. 快件的数量

3. 在快递实际操作中，不属于地理区域范围标识的形式是（ ）。
A. 企业自行进行区域标识　　B. 行政区划标识
C. 电话区号标识　　D. 邮政编码标识

4. 快件的流转主要有四个环节，即收寄、（ ）、运输、派送。
A. 仓储　　B. 包装　　C. 处理　　D. 加工

5. 下列不属于快件时限的是（ ）。
A. 快件收寄时限　　B. 快件处理时限
C. 快件运输时限　　D. 快件仓储时限

6. 以下属于航空运输的优点的是（ ）。
A. 机动灵活、简捷方便　　B. 破损率低、安全性好
C. 能够实现“门到门”交接　　D. 运输成本低

7. 航空运输的局限性是投资大、（ ）。
A. 运量小　　B. 易发生事故　　C. 费用高　　D. 易受天气影响

8. 公路运输的优点在于（ ）。
A. 短途快件集散运送具有优越性　　B. 机动灵活、简捷方便
C. 能够实现“门到门”交接　　D. 运量大

9. 铁路运输的局限性是（ ）。
A. 费用高　　B. 易受天气影响　　C. 速度较慢　　D. 安全性差

10. 下列不属于背书条款的主要内容的是（ ）。
A. 查询方式与期限　　B. 快递价格规定
C. 客户和快递企业双方的权利与责任　　D. 赔偿的有关规定

11. 以下不属于客户快件查询渠道的是（ ）。
A. 邮件查询　　B. 网站查询　　C. 电话查询　　D. 网点查询

12. 快件的查询内容包括（ ）。
A. 快件的包装质量　　B. 所处的服务环节
C. 快件的重量　　D. 所在位置

13. 客户电话查询时，快递企业应在（ ）分钟内告知客户。
A. 10　　B. 20　　C. 30　　D. 40

14. 快件的查询信息有效期应为快递企业收寄快件之日起（ ）年内。
A. 1　　B. 2　　C. 3　　D. 4

15. 下列哪一项不属于快件的索赔因素（ ）。
A. 延误　　B. 包装不规范　　C. 丢失　　D. 损毁

16. 在快件赔偿限额方面，信件类按照本次服务费用的（　　）倍进行赔偿；包裹类按照实际损失的的价值进行赔偿，但最高不超过本次服务费用的(　　）倍。

A. 2　　B. 3　　C. 5　　D. 6

17.《快递服务》邮政行业标准对快件重量的规定为：国内单件快件重量不宜超过（　　）千克。

A. 30　　B. 40　　C. 50　　D. 60

18. 在验视快件时，体积重量不宜超过（　　）千克。

A. 20　　B. 50　　C. 80　　D. 100

19. 根据《快递服务》邮政行业标准的规定：快件的单件包装规格任何一边的长度不宜超过（　　）厘米，长、宽、高三边长度之和不宜超过（　　）厘米。

A. 150　　B. 200　　C. 300　　D. 400

20. 对于航空快件的最大规格的规定：非宽体飞机载运的快件，每件快件重量一般不超过（　　）千克；宽体飞机载运的快件，每件快件重量一般不超过(　　)千克。

A. 50　　B. 80　　C. 200　　D. 250

21. 航空快件的最小规格，每件快件的长、宽、高之和不得小于（　　）厘米。

A. 20　　B. 40　　C. 50　　D. 60

22. 我国海关对限制寄递物品有限量和限值规定：在国内范围互相寄递卷烟、雪茄烟，每件以（　　）条为限；寄递烟丝烟叶，每次均各以（　　）千克为限，两种合寄时不得超过（　　）千克。

A. 二条　　B. 四条　　C. 5　　D. 10

23. 寄往国外的个人物品，每次价值以不超过人民币（　　）元为限；中药材、中成药以人民币（　　）元为限。

A. 200　　B. 500　　C. 1 000　　D. 1 500

24. 以下不属于包装原则的是（　　）。

A. 适合运输原则　　B. 提高价格原则

C. 便于装卸原则　　D. 适度包装原则

25. 便携式手提秤的不足之处在于（　　）。

A. 测量时误差较大　　B. 体积稍大，不便携带

C. 吊钩容易损坏　　D. 计量范围有限

26. 支票按支付票款的方式分为（　　）。

A. 现金支票　　B. 电子支票　　C. 转账支票　　D. 普通支票

27. 关于发票，发票从税目上主要划分为（　　）。

A. 定额发票　　B. 增值税专用发票

C. 营业发票　　D. 手写发票

28. 影响快递企业选择运输方式的首要因素是（　　）。

A. 快件时效　　B. 安全保障性

C. 运输成本　　D. 人力安排

29. 运单粘贴时要求美观、大方，运单与快件边缘留出（　　）厘米的距离最合适。

A. 2　　B. 3　　C. 4　　D. 5

30. 对信件类进行赔偿时，按照本次服务费用的（ ）倍进行赔偿。

A. 1　B. 2　C. 3　D. 4

31. 对包裹类快件进行赔偿时，按照最高不超过本次服务费用的（ ）倍进行赔偿。

A. 2　B. 3　C. 5　D. 7

32. 寄递物品的验视内容有寄递物品的性质、（ ）、内包装是否适合运输。

A. 寄递物品外包装是否合理　B. 寄递物品的名称

C. 寄递物品的实际数量　D. 寄递物品是否有内包装

33. 支票的有效期为（ ）天。

A. 5　B. 10　C. 15　D. 20

## 二、判断题

1. 收寄流程包括验视、包装、运单填写和款项交接等环节。（ ）

2. 在上门揽收过程中，告知客户阅读运单背书条款不是上门揽收流程中的环节。（ ）

3. 在称重计费时，快件的资费不需要填写在运单上。（ ）

4. 寄付记账是收取快件资费的支付方式之一。（ ）

5. 在快件计费时，以重量为基础，实施“取小”的方法，即选择实际重量和体积重量两者之中的较低者。（ ）

6. 在快件计费方法中，通常采用首重加续重的方法，即将快件资费分为首重资费和续重资费。（ ）

7. 快件时限直接反映了一票快件从收寄开始到第一次派送的时间间隔。（ ）

8. 关于快件保价，快递企业以快件声明价值为限承担快件在处理过程中发生的遗失、损坏、短少等赔偿责任，而不需要承担在收派和运输过程中发生的遗失赔偿责任。（ ）

9. 快递企业可以为客户提供代办快件保险手续的服务。（ ）

10. 在对快件进行保价时，客户物品的声明价值允许超过物品的实际价值。（ ）

11. 关于快件保价，对于不易确定和计量实际价值的快件，允许办理保价运输，一般设置最高限额。（ ）

12. 快递企业一般都规定了保价物品的最高赔偿价值，客户填写的快件声明价值可以超出本企业规定的最高赔偿价值限制。（ ）

13. 快递运单是一种由寄件人或其代理人签发的重要的运输单据。（ ）

14. 收件人存根联是客户签收快件的证明，也是快递企业收取到付费用及记账款的依据，但它不能作为投诉和理赔的依据。（ ）

15. 在进行运单填写时，在收件人地址栏，凡寄往购物中心、大型商城、集贸市场等地方的，不需要注明专柜名称及号码。（ ）

16. 快件在进行寄件人签署时，如有需要，可以由业务员替代寄件人签字。（ ）

17. 在快件收派时，业务员必须提示客户阅读背书条款。（ ）

18. 参照《邮政法》关于邮件转移所有权的规定，在未派送给收件人之前，快件应归寄件人所有。（ ）

20. 各类麻醉药物不属于禁止寄递物品的种类。（ ）

21. 贵重中药材及其制成药属于限制寄递物品。（ ）

22. 在进行快件包装时，主要看经过包装后的快件是否能够经受长途运输和正常碰撞、摩擦、震荡和压力以及气候变化等的影响而不致损坏。（　）

23. 包装时，可以使用报纸杂志类物品作为快件的外包装。（　）

24. 对于重复利用的旧包装材料，清除原有运单及其他特殊的快件标记后可以继续使用。（　）

25. 第三方记账属于营业款的结算方式之一。（　）

26. 使用铁路运输，在长距离递送快件的速度方面优势明显。（　）

27. 使用航空运输，在短途快件集散运送上具有优越性。（　）

28. 使用公路运输，长途运输成本高且时效慢。（　）

29. 快递运单又称快件详情单，是由寄件人或其代理人签发的一种运输单据。（　）

30. 快递运单并不能作为出口报关单证来办理相关手续。（　）

31. 快件放置的方向、防辐射等标签应该粘贴在快件的侧面，便于识别。（　）

32. 需要多面见到的贴纸，可以贴在包装箱的角上。（　）

33. 在进行封箱操作时，每个可拆封的骑缝线都需粘贴。（　）

34. 快件保险是风险由个人转移到快递企业的一种风险防范机制。（　）

35. 不可抗力、第三人侵权属于快件保价的风险范围。（　）

36. 快件保险不设置最高限额。（　）

37. 保价运输条件下支付的是“保价附加服务费”，属于快递公司营业款。（　）

38. 快件保价的风险承担者是保险公司。（　）

39. 由于延误导致内件直接价值丧失的快件，应按照快件丢失或损毁的标准进行赔偿。（　）

40. 在快件赔偿标准中，快件发生丢失时，免除本次服务费用。（　）

41. 当快件部分损毁时，进行快件赔偿按照快件丢失赔偿的规定执行。（　）

42. 当内件与寄件人填写品名不符时，按照完全损毁赔偿。（　）

43. 网点查询是快件的查询方式之一。（　）

44. 当快件已经被送到收方客户处时，该票快件仍可以进行更址。（　）

45. 快件尚未出口验关前可进行更址。（　）

46. 如果快件尚未首次派送，该票快件可撤回。（　）

47. 如果首次派送但尚未派送成功，该票快件不可撤回。（　）

48. 快件撤回时，需收取相应的撤回费用。（　）

49. 快件尚未出口验关时，此票快件可以撤回。（　）

50. “藏独”、“法轮功”、“台独”标识属于影响国家安全的物品。（　）

51. 麻黄素不属于麻醉药物，可以进行寄递。（　）

52. 未经硝制的兽皮、未经药制的兽骨属于危害公共卫生的物品种类。（　）

53. 国家货币和有价证券允许寄递出境。（　）

54. 体积微小的五金配件、纽扣及其他易散落、易丢失的物品，此类快件可以用塑料袋作为内包装进行寄递。（　）

55. 精密仪器及电子产品类物品，应采用纸箱或全木箱包装，快件与箱壁应预留约 2 厘米的空隙。（　）

56. 在对快件进行包装时，如有需要，可以使用报纸、杂志等报刊类物品作为快件的外包装。（ ）

57. 寄递国内快件时，若单票重量不超过1千克，且每件快件外包装形状相同、体积最大的快件一侧面积小于运单的，可以多件捆扎寄递，但必须批注运单号码。（ ）

58. 快件包装的检查方法之一——“看”，是指检查外包装是否有明显的破损或撕裂。（ ）

59. 快件包装的检查方法之一——“感”，是指用手晃动快件，感觉寄递物品与包装物壁之间有无摩擦和碰撞。（ ）

60. 快件打包时采用“+”字形打包法，适用于快件体积相对较小且长宽高三边长相差不大的快件。（ ）

61. “井”字形打包法适用于体积很大的矩形快件。（ ）

62. 电子计重秤不能长期在去皮状态下使用。（ ）

63. 快件处理业务员在录入运单上的相关信息时，为节省时间，可以简化输入。（ ）

64. 客户在运单上盖章签署时，每一联运单必须在寄件人签署栏盖章，可以是不同的章。（ ）

65. 客户在运单上盖章签署后，业务员如果要旁注寄件人姓名时，可以覆盖寄件人原有的盖章内容。（ ）

66. 看钞票的水印有无层次和主体效果，是识别人民币真伪的基本方法之一。（ ）

67. 支票允许有轻微的涂改或折叠痕迹。（ ）

68. 出票单位现金支票背面有印章盖模糊了，可把模糊印章打叉，重新再盖一次。（ ）

69. 收款单位转账支票背面有印章盖模糊了，收款单位可带转账支票及银行进账单到出票单位的开户银行去办理收款手续。（ ）

## 第十章 快件派送

### 一、选择题（不定选项）

1. 下列分别属于铁制平板车的优、缺点的是（ ）。

A. 抗腐蚀性强　　B. 承重能力较强

C. 自重较重　　D. 价格较高

2. 派件准备时需准备好个人证件，个人证件包括居民身份证、（ ）。

A. 工作证　　B. 职业资格证　　C. 驾驶证　　D. 行驶证

3. 交接单制作的基本要求是（ ）。

A. 信息精细　　B. 信息完整　　C. 信息准确　　D. 字迹工整

4. 以下属于快件排序方法的是（ ）。

A. 根据优先快件排序　　B. 根据快件时效排序

C. 根据由近而远的地址排序　　D. 根据收件人类别排序

5. 在进行派送路线设计时，应考虑的原则是（ ）。

A. 保证派送时限　　B. 先重后轻，先大后小

C. 派送车辆大小　　D. 减少空白里程

6. 快件按址派送时，在进行快件排序环节，应考虑的因素是（　　）。
A. 地理位置　　B. 客户身份　　C. 交通状况　　D. 时效要求
7. 在捆扎快件时，合理确定捆扎方式需考虑快件的（　　）。
A. 数量　　B. 重量　　C. 体积大小　　D. 包装材料
8. 下列不属于绑带使用时的注意事项的是（　　）。
A. 硬钩所勾拉的物体须稳固，钩子不能滑动、不能脱落
B. 由于绑带具有很强的拉伸能力，所以绑带有略微破损时仍可以继续使用
C. 使用绑带前，确保绑带硬钩牢固
D. 使用绑带捆扎时，注意不要把绑带拉伸得过长
9. 快件安全保管的原则是（　　）。
A. 小件不离身的原则　　B. 零散快件集装携带的原则
C. 大件不离视线的原则　　D. 专人跟踪保管
10. 在搬运重物前，应采取的个人防护措施有（　　）。
A. 穿戴工作服即可　　B. 戴防护手套
C. 穿防护鞋　　D. 穿护腰
11. 下列不属于装车时应遵循的原则的是（　　）。
A. 先装先派送的快件、后装后派送的快件
B. 大不压小
C. 重不压轻
D. 易碎件单独摆放
12. 属于代收货款的注意事项是（　　）。
A. 提前电话核实客户信息　　B. 寄件人实时跟踪
C. 核实收件人身份　　D. 提醒收件人查验快件
13. 在无法派送快件的移交要求中，不属于整理、复核快件时的内容的是（　　）。
A. 清点运单数量和无法派件成功的快件数量
B. 按派送地址分类摆放
C. 检查无法派送快件的外包装是否完好无损
D. 把运单整理整齐，准备交接
14. 在登记无法派送快件的信息时，登记内容包括运单单号、（　　）以及无法派送的原因。
A. 快件重量　　B. 快件外包装情况
C. 派送人员　　D. 派送时间
15. 在常用捆扎材料中，不属于绳子的特点的是（　　）。
A. 弹力很强　　B. 拉力强　　C. 耐腐蚀　　D. 重量轻

## 二、判断题

1. 在快件派送前，可以不必进行仪容仪表准备，但要做好用品用具准备。（　　）
2. 当面交接、签字确认是进行快件交接的两个原则。（　　）
3. 手工登记是制作派送交接单的基本方式之一，且一般为一式两联。（　　）
4. 派送段的地域范围划分依据，是各路段内的业务量和业务员的工作时间。（　　）

5. 检查快件交接时，应该及时检查快件外包装是否完好、封口胶纸是否正常、有无撕毁重新粘贴的痕迹。（　）

6. 检查运单是否脱落、湿毁，不是快件交接时的检查内容。（　）

7. 如果派送地址超出了自身所负责的派送区域，收件员仍可以收件。（　）

8. 在快件派送的两种方式中，网点自取是目前快递服务的主流形式。（　）

9. 在进行客户签收时，客户可以在扫描设备上签字，采用电子签收方式。（　）

10. 在常见的捆扎材料中，绑带的最大特点是弹力非常强，拉伸范围在100%～180%。（　）

11. 在选择捆扎材料时，由于绳子缺乏弹性，故在快件捆扎中使用得较少。（　）

12. 检查重心是否偏移，是快件捆扎时的检查内容之一。（　）

13. 在大雾天气，快件上不需要加盖防雨用具。（　）

14. 对于特别大、特别重的快件，在派件时，应该有专门的派送车辆和人员负责。（　）

15. 在快件表面，有突出的钉、钩、刺的快件，捆扎时可以集装，与其他快件放置在一起。（　）

16. 在搬运货物时，应用手掌紧握物体，不可以用手指抓住物体。（　）

17. 在搬运货物时，可以适当用背脊的力量，缓慢平稳地将物体搬起。（　）

18. 在传送重物时，应该只移动双脚，而不应只扭转腰部。（　）

19. 搬送货物时，可以一下子将重物提至腰以上的高度，以便快速操作。（　）

20. 重物的高度不应超过工作人员的眼睛。（　）

21. 当有两人或两人以上一起搬运货物时，应该由一人指挥，保证步伐统一的同时提起、放下物体。（　）

22. 用小车推运货物时，物体可以在人的后方。（　）

23. 在用摩托车派送快件时，当放置不下快件，可将小件挂在车把上，以充分利用资源。（　）

24. 在快件装卸时，应轻拿轻放，普通快件离地面50厘米可脱手，易碎快件须离地面5厘米方可脱手。（　）

25. 在员工对快件进行中转操作时，由于劳动强度大，操作员工可以坐在快件上，但不得踩压快件。（　）

26. 在半装车时，应按阶梯形码放，而不是垂直码放。（　）

27. 在装车时，快件的质量可以适当超过行驶证上标注的允许装载的质量。（　）

28. 在派送代收货款业务的快件时，结算方式为现金结算且金额较大的，应该提前通知客户，告知客户应付金额，提请客户准备应付款项。（　）

29. 快件派送时，当收件人不在，可以由收方客户指定其他人代签收，代收人无须出具有效的身份证件。（　）

30. 到付，是指快件寄件人与收件人达成共识，由第三方支付快递服务费用的一种付款方式。（　）

31. 在进行代收款业务时，由快递企业代寄件人收取的款项中，通常包括货款、税款、海关签贴费等。（　）

32. 电子签收属于客户签收快件的方法之一。 (　　)

33. 对无法派送的快件进行移交时，对业务员交回的无法派送的快件要重新进行称重。 (　　)

34. 对无法派送快件进行扫描的目的，就是方便客户通过快递企业的查询网站查询快件状态。 (　　)

35. 在派件过程中，如因外包装破损或其他原因客户拒绝接收时，需在运单上填写拒收原因，但无须在“备注栏”签名。 (　　)

36. 确认付款方式时，如果客户选择记账，则应在运单账号栏注明客户的记账账号。 (　　)

37. 根据快件大小排序是快件排序的方法之一。 (　　)

38. 减少空白里程是派送路线的设计原则之一。 (　　)

39. 二次派送的快件不属于优先派送快件的主要类型之一。 (　　)

## 第十一章　客 户 服 务

### 一、选择题（不定选项）

1. 以下几项，哪些方式最适合于业务推介（　　）。

A. 电视广告宣传　　B. 发放宣传资料

C. 主动询问客户需求　　D. 利用客户向客户进行推荐

2. 不属于客户维护作用的是（　　）。

A. 留住老客户，可使企业的竞争优势长久

B. 留住老客户，可以持续保持良好的企业形象

C. 留住老客户，会使成本大幅度降低

D. 留住老客户，大大有利于发展新客户

3. 客户维护的方法有（　　）。

A. 客户拜访　　B. 定期开展客户会议

C. 书信电话联络　　D. 妥善处理客户异议

4. 不属于客户信息采集原则的是（　　）。

A. 主观性　　B. 真实性　　C. 及时性　　D. 完整性

5. 个性化收派需求信息的采集内容包括（　　）。

A. 客户的产品质量　　B. 客户的业务量

C. 所寄快件的重量范围　　D. 每月的快递费用

### 二、判断题

1. 业务员在收派快件的过程中，应主动向客户介绍快递产品，这一行为称为业务推介。 (　　)

2. 业务推介过程中，业务员需重点关注客户需求。 (　　)

3. 在向客户进行业务推介时，并不要求详细介绍快递产品如何满足客户需求以及如何给客户带来利益。 (　　)

4. 保持积极的心态是进行业务推介时需注意的事项之一。 (　　)

5. 在业务推介环节，不需要展现专业的服务水平。 (　　)

6. 要与客户建立长期稳定的伙伴关系，必须进行客户维护。 （ ）
7. 收派件时对客户的观察属于客户基本信息采集方法之一。 （ ）
8. 安全性是客户选用快递企业标准的主导因素之一。 （ ）

# 快递业务员之快件收派练习题　答案

## 第一章　职业道德

一、选择题（不定选项）　1. ACD　2. C　3. BC

二、判断题　1～5√ × √ √ √　6～7× √

## 第二章　快递服务概述

一、选择题（不定选项）　1. C　2. A　3. ABD　4. D

二、判断题　1～5√ √ × √ ×　6√

## 第三章　快递业务基础知识

一、选择题（不定选项）　1. AB　2. ACD　3. BCD

二、判断题　1～4√ √ × ×

## 第四章　快递服务礼仪

一、选择题（不定选项）　1. ACD

二、判断题　1～3√ × √

## 第五章　安全知识

一、选择题（不定选项）　1. BCD　2. A　3. B　4. A　5. ABC

二、判断题　1～5√ √ × √ ×　6～9× √ √ ×

## 第六章　地理与百家姓知识

一、选择题（不定选项）　1. C　2. B

二、判断题　1～4 × √ × ×

## 第七章　计算机与条码知识

一、选择题（不定选项）　1. ACD　2. C

二、判断题　1～2√ √

## 第八章　相关法律、法规和标准的规定

一、选择题（不定选项）　1. B　2. ACD

二、判断题　1～5√ √ × √ ×　6～8√ √ √

## 第九章　快件收寄

一、选择题（不定选项）

1. C　2. D　3. A　4. C　5. D　6. B　7. ACD　8. ABC　9. C　10. B　11. A　12. BD　13. C　14. A　15. B　16. AC　17. C　18. B　19. AC　20. BD　21. B　22. AD　23. CA　24. B　25. A　26. ACD　27. BC　28. AC　29. D　30. B　31. C　32. BCD　33. B

二、判断题

1～5 √ × × √ ×　6～10 √ √ × √ ×　11～15 √ × √ × ×

16～20 × √ √ √ ×　21～25 √ √ × √ √　26～30 × × √ √ ×

31～35 √ √ √ × ×　36～40 √ √ × √ √　41～45 × √ √ × √

46～50 √ × √ √ √　51～55 × √ × √ √　56～60 × √ √ √ ×
61～65 √ √ × × ×　66～69 √ × √ √

## 第十章　快件派送

一、选择题（不定选项）

1. BC　2. ACD　3. BCD　4. ABC　5. ABD　6. ACD　7. ABC　8. B　9. ABC　10. BCD　11. B　12. ACD　13. B　14. CD　15. A

二、判断题

1～5 × √ √ √ √　6～10 × × × √ √　11～15 √ √ × √ ×
16～20 √ × √ × √　21～25 √ × × × ×　26～30 √ × √ × ×
31～35 √ √ √ √ ×　36～39 √ √ √ ×

## 第十一章　客户服务

一、选择题（不定选项）　1. BCD　2. B　3. ACD　4. A　5. BCD
二、判断题　1～5 √ √ × √ ×　6～8√ √ √

# 快递业务员职业技能测试题——1

## 一、单选题（每题1分，共40分）

1. 下列职业道德中的（　　）很好地诠释了“童叟无欺”原则。

A. 诚实守信　B. 办事公道　C. 服务群众　D. 爱岗敬业

2. 下列职业道德的（　　）是社会主义职业活动的宗旨。

A. 诚实守信　B. 办事公道　C. 服务群众　D. 爱岗敬业

3. 下列（　　）反映了职业道德不仅是一种“软约束”，还是一种“硬约束”。

A. 特殊性　B. 强制性　C. 稳定性　D. 多样性

4. 快件传递网络的构成不包括（　　）。

A. 客服中心　B. 监控中心　C. 运输线路　D. 营业网点

5. 收寄流程，是指业务员从客户那里收取快件的全过程，但不包括（　　）。

A. 验视　B. 包装　C. 运单填写　D. 计重收费

6. 快递服务的定义是由下面（　　）规定的。

A.《快递市场管理办法》　B.《中华人民共和国邮政法》

C.《快递服务》　D.《快递收费》

7. 下列（　　），是除交纳运费外，还需要按照声明价值费率交纳保价费的快件。

A. 保价快件　B. 保险快件　C. 普通快件　D. 普通同城快件

8. 依据《中华人民共和国邮政法》及其实施细则的规定，对于没有保价的普通包裹类邮件按照实际损失的价值进行赔偿，但最高不超过本次邮寄费的（　　）倍。

A. 3　B. 4　C. 5　D. 6

9. 下列（　　）是快递企业的核心业务。

A. 基本业务　B. 增值业务　C. 代收货款业务　D. 普通快件

10. 下列（　　）不适合于女性坐姿。

A. 正襟危坐式　B. 双腿斜放式

C. 前伸后曲式　D. 大腿叠放式

11. 快递形象礼仪不包括（　　）。

A. 面部卫生　B. 口腔卫生

C. 头发卫生　D. 服装卫生

12. 关于快件安全内容，以下说法错误的是（　　）。

A. 防止损毁　B. 防止被盗　C. 防止泄密　D. 防止腐烂

13. 对非机动车收派保障快件安全的注意事项，表述不正确的是（　　）。

A. 快件不交由他人捎转带，不乱扔乱放

B. 收派快件时，不出入于与工作无关的场所

C. 上楼取件时须让清洁工人看管

D. 雨雪天准备好防雨防冻物品

14. 利用机动车收派保障快件安全的注意事项，表述不正确的是（　　）。

A. 派送快件用的机动车后车厢玻璃应安装防护网

B. 上楼取件时须让清洁工人看管

C. 发生快件、车辆被盗的情况，快件业务员应立即报警

D. 摩托车装快件的容器应加装锁具

15. 目前中国有____个省级行政区，包括____个省、____个直辖市，____个自治区和____个特别行政区。(　　)

A. 32、23、4、5、2　　B. 32、23、5、4、2

C. 34、23、4、5、2　　D. 34、23、5、4、2

16. 在我国的行政区域中，下列（　　）不是自治区。

A. 海南　　B. 新疆　　C. 宁夏　　D. 西藏

17. 下列（　　）不是我国三大主要的经济发展区域。

A. 长江三角洲　　B. 珠江三角洲　　C. 环渤海地区　　D. 港澳台地区

18. 中央处理器的英文名称为（　　）。

A. CD-ROM　　B. CPU　　C. ROM　　D. RAM

19. 计算机在开机操作时，应遵循的顺序是（　　）。

A. 先开主机，再开外设　　B. 先开外设，再开主机

C. 可随时开启　　D. 外设主机同时开启

20. 计算机的 IP 地址由____个字节组成，每个字节最多包括____位十进制数，范围为____。(　　)

A. 4，3，1～254　　B. 3，4，1～252

C. 3，4，1～192　　D. 4，3，1～168

21. 根据合同是否以交付标的物为成立要件，合同分为（　　）。

A. 双务合同和单务合同　　B. 有偿合同和无偿合同

C. 诺成性合同和实践性合同　　D. 要式合同和非要式合同

22. 在我国，发明专利权的期限为____，实用新型和外观设计的专利权期限为____。(　　)

A. 20 年，10 年　　B. 10 年，20 年

C. 10 年，10 年　　D. 20 年，20 年

23.《快递服务》标准规定，快递服务组合及其分支机构必须到国家行政主管部门登记、备案，并具备一定的资金、场地和设备，以及最低雇佣（　　）名合格的员工，才准予开业。

A. 10　　B. 20　　C. 15　　D. 25

24.《快递服务》标准规定，快递最长服务时限，同城不得超过____，异地不得超过____。(　　)

A. 24 小时，72 小时　　B. 72 小时，24 小时

C. 24 小时，24 小时　　D. 72 小时，72 小时

25.《中华人民共和国邮政法实施细则》由国务院于（　　）发布实施。

A. 1987 年 1 月 1 日　　B. 1990 年 11 月 12 日

C. 1986 年 12 月 2 日　　D. 1988 年 11 月 12 日

26.（　　）是公路运输的特点。

A. 具有破损率低、安全性好的优点
B. 在长距离递送快件的速度方面优势明显
C. 具有投资大、运量小、费用高、易受天气影响等局限性
D. 能够实现快件“门到门”的交接
27. （　　）不是铁路运输的特点。
A. 载运量大、费用较低廉　　B. 不易受气候条件影响
C. 运输速度慢，易受运输轨道限制　　D. 具有破损率低、安全性好的优点
28. （　　）不是航空运输的经营方式。
A. 自有飞机运输　　B. 包机运输
C. 班机运输　　D. 集中托运
29. 交接单主要用于三个交接环节，下列不正确的是（　　）。
A. 收寄派送网点与分拣中心之间的总包交接
B. 快件运输环节与分拣中心或中转站之间交换的总包交接
C. 分拣中心与委托运输方之间
D. 收寄派送网点与委托运输方
30. 委托运输使用的交接内容一般不登记（　　）。
A. 发件站　　B. 驾驶人员
C. 到件站　　D. 航班号或车次
31. （　　）不是交接单的作用。
A. 运费结算的依据　　B. 快件业务处理的证明
C. 总包查询和赔偿的责任　　D. 总包的清单
32. 下列交接验收注意事项，（　　）不正确。
A. 必须在交接单上批明接收时间
B. 如果总包数量与交接单信息不符，应直接退回发件站
C. 明确车辆到达的时间是否延误
D. 检查封志是否完好
33. （　　）不是车辆封志的种类。
A. 实物封志　　B. 信息封志　　C. 虚拟封志　　D. 三角粘贴
34. 标识的粘贴不包括（　　）。
A. 正面粘贴　　B. 侧面粘贴　　C. 背面粘贴　　D. 三角粘贴
35. 质脆易碎品选择（　　）进行包装。
A. 文件封　　B. 加有防震材料
C. 塑料袋　　D. 材质较软的包装
36. 不规则、超大、超长的物品选择（　　）进行包装。
A. 气泡垫等材质较软的材料　　B. 纸箱子
C. 麻袋　　D. 塑料袋
37. 总包盛装不能过满，装袋不宜超过整袋的（　　）。
A. 1/3　　B. 2/3　　C. 1/2　　D. 3/4
38. （　　）不属于总包质量检查。

A. 检查总包的规格是否符合要求
B. 检查是否有遗留未处理的快件
C. 检查信息处理操作是否符合要求
D. 检查总包的数量是否符合要求
39. 下列表述与总包堆放和码放的基本要求不符的是（　　）。
A. 根据不同的航班和车次及赶发时限、价值的先后顺序建立堆位
B. 车次和航班的代码和文字等相近、相似的堆位，要相互远离，以免混淆
C. 各堆位之间应有明显的隔离或标志，留有通道
D. 快件总包应立式放置，整齐划一，排列成行
40. 下列表述与业务员在离开收寄处理点之前仪容仪表要求不符的是（　　）。
A. 身着公司统一制服，服装要熨烫整齐，摆好衣领
B. 工牌佩戴在胸前，适当佩戴装饰物
C. 整理好自己的仪容
D. 调整好心态和情绪

## 二、判断题（每题 1 分，共 30 分）

1.《中华人民共和国邮政法》关于邮政企业的规定也适用于快递企业。（　　）

2. 公民、法人违反合同或者不履行其他义务的，应当承担刑事责任。（　　）

3. 道路交通法规定，当事人逃逸或者故意损坏、伪造现场，毁灭证据，使交通事故责任无法认定的，应负大部分责任。（　　）

4. 职业道德是从业人员在职业活动中应遵循的行为准则，涵盖了从业人员与服务对象、职工与职工、职业与职业之间的关系。（　　）

5. “爱岗敬业，勤奋务实”，就是要求快递业务员热爱快递事业，树立责任心和事业心，踏踏实实地勤奋工作。（　　）

6. 国家对禁止出入境物品有明确的规定：限制出入境物品，主要不是整体禁止该种物品的出入境，而是对数量、价值进行限制。（　　）

7. 按照付费方式划分，快件分为：第三方付费快件、收件人付费快件、寄件人付费快件、支票付费快件。（　　）

8. 快件是对快件服务组织依法收寄并封装完好的信件和包裹等寄递物品的统称。（　　）

9. 所谓内件，是指客户寄递的信息载体、包裹载体和物品。根据信息载体和物品的概念，国内快件主要可分为信件类快件和包裹类快件两种。（　　）

10. 全程时限是指快件由收寄到完成派送全过程所花费的最大人工限度。（　　）

11. 快件处理，包括快件收寄、派送两个主要环节，是指快递企业在获得订单后有快递业务员上门服务，完成从客户处收取快件和收寄地址的过程。（　　）

12. 快件延误，是指快件的投递时间超出快递服务组织标准的服务时限，但尚未超出彻底延误时限。（　　）

13. 增值业务，是指快递企业利用自身优势，在提供基础业务的同时，为满足客户特殊需求而提供的延伸服务。代收货款业务是目前较多快递企业推出的一项增值业务。（　　）

14. 快递时限是指完成快件处理、运输、派送等环节所规定的最大时间限度。按照快件

运行的流程，又可分为全程时限和作业段时限。（　　）

15. 国家法律、法规明文禁止寄递的物品共有 14 类。（　　）

16. 若快递企业发现了快件中含有禁止出境的物品，应立即做销毁处理。（　　）

17. 礼仪就是人们在社会交往活动中应共同遵守的行为规范和准则。（　　）

18. 快递服务人员在派件途中产生的各项费用，如：联系电话费、过路费、过桥费，要向收件客户收取。（　　）

19. 无论货物是否包装好，快递服务人员都要询问和验视客户所托寄物品的内容。若所寄物品为违禁品时，可帮助客户用多层包装寄递。（　　）

20. 《中华人民共和国安全法》规定，公民不得非法持有属于国家机密的文件、资料和其他物品的义务。（　　）

21. 快件从业人员可以抄录收、寄件人的姓名、地址、电话等快件信息。（　　）

22. 灭火的基本方法有：冷却法、窒息法、隔离法和化学抑制法。（　　）

23. 计算机病毒不能通过硬盘传播。（　　）

24. 从维度看，条形码主要分为一维条码和二维条码两种。（　　）

25. 《快递市场管理办法》规定，从事快递经营活动不需要办理备案手续。（　　）

26. 快递服务合同：没有履行背书的告知义务，用户没有予以确认，导致合同无效的，不适用《民法通则》的相关规定。（　　）

27. 快递运单所附合同条款即属于格式合同条款。（　　）

28. 计算机病毒从本质上来说也是一种程序，是计算机自身故障造成的。（　　）

29. 互联网上的每一台服务器或者计算机都有一个唯一的 IP 协议地址。（　　）

30. 电子邮件地址的格式为：服务器域名@用户名。（　　）

## 三、填空题（每题 1 分，共 10 分）

1. 职业道德就是从事某种职业劳动的人们，在劳动过程中形成的、依靠其内心信念和特殊社会手段来维系的、以善恶进行评价的__________、__________和__________的总和。

2. 快递服务主要采用__________、__________的直达服务方式。

3. 快递按运输方式划分，可分为__________、__________和__________三大方式。

4. 快件处理包括快件__________和__________两个主要环节，是快件流程中贯穿上下环节的枢纽，在整个快件传递过程中发挥着十分重要的作用。

5. 快件收寄分为__________和__________两种形式。

6. 快件延误是指快件的投递时间超出快递__________的时限，但尚未超出彻底延误时限。

7. 入境的快件，应该在运输工具申报入境后__________小时内向海关办理报关手续；出境的快件，应当在运输工具离境前__________小时向海关办理报关手续。

8. 快件业务按照寄达范围划分为：__________、__________。

9. 从内容上讲，礼仪构成的要素是________、________、__________、__________。

10. 业务员在等候客户开门时，应该站在距门__________ m 处，等待客户同意后方可进入房间内。

## 四、名词解释（每题 2 分，共 6 分）

1. 快递传递网络

答：

2. 作业段时限

答：

3. 礼仪的媒介

答：

五、简答题（每题3分，共6分）

1. 职业道德的重要作用

答：

2. 快递服装礼仪的要求

答：

六、计算题（每题4分，共4分）

一票从深圳寄往广州的快件（陆路运输，系数为12 000），使用纸箱包装，纸箱长、宽、高分别为60厘米、40厘米、30厘米，快件实重5千克，快递企业的资费价格为下表格，这份快件的资费是多少？

| 区间 | 20千克及以下 | 20千克以上 |
|---|---|---|
| 上海——广州 | 6元/千克 | 4元/千克 |
| 深圳——广州 | 3元/千克 | 2元/千克 |

答：

七、论述题（每题4分，共4分）

操作考试时，如果给你几个玻璃杯、一些报纸、包装箱等材料要求你包装，你该怎么处理？需要注意哪些问题？

## 快递业务员职业技能测试题——1答案

一、单选题（每题1分，共40分）

1.（B） 2.（C） 3.（B） 4.（B） 5.（B） 6.（A） 7.（A）
8.（A） 9.（A） 10.（D） 11.（D） 12.（D） 13.（C） 14.（B）
15.（C） 16.（A） 17.（D） 18.（B） 19.（B） 20.（A） 21.（C）
22.（A） 23.（C） 24.（A） 25.（B） 26.（D） 27.（D） 28.（C）
29.（D） 30.（B） 31.（C） 32.（B） 33.（C） 34.（C） 35.（D）
36.（A） 37.（B） 38.（D） 39.（A） 40.（B）

二、判断题（每题1分，共30分）

1.（√） 2.（×） 3.（×） 4.（√） 5.（√） 6.（√） 7.（×）
8.（√） 9.（×） 10.（×） 11.（×） 12.（×） 13.（√） 14.（√）
15.（√） 16.（×） 17.（√） 18.（×） 19.（×） 20.（√） 21.（×）

22.（√） 23.（√） 24.（√） 25.（√） 26.（×） 27.（√） 28.（×）
29.（√） 30.（×）

## 三、填空题（每题1分，共10分）

1. 心理意识、行为原则 行为规范
2. 门到门、桌到桌
3. 航空、公路 铁路
4. 分拣 封发
5. 上门揽收 网点收寄
6. 服务组织承诺服务
7. 24 4
8. 同城快递服务、异地快递服务
9. 礼仪的主体、礼仪的客体、礼仪的媒介、礼仪的环境
10. 1米

## 四、名词解释（每题2分，共6分）

1. 快递传递网络

答：快递传递网络是由快递呼叫中心、收派处理点或营业点、处理中心和运输线路，按照一定的原则和方式组织起来并在调度运营中心的指挥下，按照一定的运行规则传递快件的网络系统。

2. 作业段时限

答：作业段时限是指快件传递过程中每一作业段不应超过的最大时间限度。作业段时限是快递企业产品的时间定额，具体可分为收寄阶段时限、处理阶段时限、运输阶段时限和派送阶段时限。

3. 礼仪的媒介

答：礼仪的媒介，即礼仪活动所依托的一定的媒介。具体是由人体礼仪媒介、物体礼仪媒介和事体礼仪媒介等构成的。

## 五、简答题（每题3分，共6分）

1. 职业道德的重要作用

答：

① 有助于促进生产力的发展，提高劳动效率；

② 职业道德是社会主义精神文明的重要组成部分，有利于社会稳定；

③ 有助于调节人们在职业活动中的各种关系；

④ 有助于提高个人职业道德修养。

2. 快递服装礼仪的要求

答：

① 快递服务人员应着公司统一工装；

② 快递服务人员身着的工装要熨烫整齐，不得有污损；

③ 衣服袖口须扣上，衣领要摆好，上衣下摆须束在裤内；

④ 系深色皮带，鞋带要系好，保持鞋面干净，不得穿着拖鞋或高跟鞋上班。

## 六、计算题（每题4分，共4分）

一票从深圳寄往广州的快件（陆路运输，系数为12 000），使用纸箱包装，纸箱长、

宽、高分别为 60 厘米、40 厘米、30 厘米，快件实重 5 千克，快递企业的资费价格为下表格，这份快件的资费是多少？

| 区间 | 20 千克及以下 | 20 千克以上 |
|---|---|---|
| 上海——广州 | 6 元/千克 | 4 元/千克 |
| 深圳——广州 | 3 元/千克 | 2 元/千克 |

答：此票快件的体积重量为:60(厘米)×40(厘米)×30(厘米)/6 000=12（千克）

12(千克)×3(元/千克)= 36（元）

**七、论述题（每题 4 分，共 4 分）**

答案略。

## 快递业务员职业技能测试题——2

### 一、单选题（每题1分，共40分）

1. 俗话说“干一行，爱一行”说的是职业道德中的（　　）。

A. 爱岗敬业　B. 诚实守信　C. 办事公道　D. 奉献社会

2. （　　）不是职业道德的特点。

A. 特殊性　B. 强制性　C. 灵活性　D. 多样性

3. 职业道德的作用不包括（　　）。

A. 有助于促进社会生产力的发展，提高劳动效率。

B. 是社会主义物质文明的重要内容，有利于社会稳定。

C. 有助于调节人们在职业活动中的各种关系。

D. 有助于提高个人道德修养。

4. 快递服务属于（　　）。

A. 物流服务　B. 货代服务　C. 运输服务　D. 通信服务

5. 快递服务的特点不包括（　　）。

A. “快”　B. “门到门”、“桌到桌”

C. 具有高效服务的网络　D. “次日达”

6. 国际快递、国内异地快递和同城快递的业务种类不包括（　　）。

A. 港澳台国际快递服务　B. 国内异地快递服务

C. 国际快递服务　D. 同城快递服务

7. 中国快递服务的发展，大致经历了三个发展阶段，但不包括（　　）。

A. 20世纪90年代至21世纪初：成长阶段

B. 21世纪初至今：快速发展阶段

C. 20世纪70年代末至90年代初：初步阶段

D. 21世纪初至今：过渡阶段

8. 中国快递服务的发展，呈现出以下发展趋势，不包括（　　）。

A. 系统集成化　B. 园区便利化　C. 标准统一化　D. 快捷高效化

9. 按照快递业务运行顺序，快递流程主要包括四大环节，但不包括（　　）。

A. 快件收寄　B. 快件处理　C. 快件运输　D. 快件中转

10. 按照（　　）划分，国内快件主要可分为信件类快件和包裹类快件。

A. 重量　B. 内件性质　C. 包装　D. 寄达范围

11. 快件延误是指快件的投递时间超出快递（　　）的时限，但尚未超出彻底延误时限。

A. 《快递服务》标准规定　B. 《邮政法》规定

C. 快递服务组织承诺　D. 《快递市场管理办法》规定

12. 入境的快件，应该在运输工具申报入境后（　　）小时内向海关办理报关手续。

A. 4　B. 12　C. 18　D. 24

13. 从内容上讲，不属于礼仪构成要素的是（　　）。

A. 礼仪的方式 B. 礼仪的主体 C. 礼仪的客体 D. 礼仪的环境

14. 非语言修养不包括（ ）。

A. 衣着要得体 B. 讲普通话 C. 仪表要大方 D. 心境要良好

15. 工伤预防措施不包括（ ）。

A. 工程技术 B. 管理 C. 心理 D. 经济

16. 快件安全的内容不包括（ ）。

A. 防止损毁 B. 防止偷窃 C. 防止延误 D. 防止泄密

17. 中国目前有（ ）个直辖市。

A. 4 B. 3 C. 2 D. 1

18. 长三角不包括（ ）。

A. 上海 B. 安徽 C. 江苏 D. 浙江

19. 亳州的“亳”发音为（ ）。

A. bo B. hao C. ke D. mao

20. 新西兰属于（ ）。

A. 亚洲 B. 非洲 C. 南美洲 D. 大洋洲

21. （ ）属于输出设备。

A. 键盘 B. 扫描仪 C. 打印机 D. 鼠标

22. 病毒的特点不包括（ ）。

A. 潜伏性 B. 非人为性 C. 可触发性 D. 破坏性

23. 万国邮政联盟成立于（ ）。

A. 1874 年 B. 1840 年 C. 1986 年 D. 1995 年

24.《快递服务》邮政行业标准规定，快递最长服务时限，异地不得超过（ ）小时。

A. 24 B. 48 C. 72 D. 96

25.《中华人民共和国邮政法》最新修订版自（ ）起实施。

A. 2009 年 10 月 1 日 B. 2008 年 8 月 11 日

C. 2008 年 7 月 1 日 D. 2009 年 4 月 24 日

26. （ ）是不同流向快件的吞吐集散口，是贯通上下环节枢纽，是快递服务的心脏。

A. 快件收寄 B. 快件派送 C. 快件签收 D. 分拣封发处理

27. 快件处理的作用不包括（ ）。

A. 集散作用 B. 转运作用 C. 控制作用 D. 协同作用

28. （ ）是指快件的运输线路不能直接到达目的地，需要过中转环节再次处理后，转发至目的地的过程。

A. 中转 B. 直封 C. 封发 D. 交运

29.  此图标的名称是（ ）。

A. 向上 B. 易碎物品 C. 怕雨 D. 重心

30. 贴有易碎标志的总包单件要轻拿轻放，放置时需要在快件底部低于作业面（ ）

厘米的时候才能放手。

A. 30　　B. 20　　C. 10　　D. 40

31. 运单是一种（　　）。

A. 格式合同　　B. 有名合同　　C. 单务合同　　D. 实践性合同

32. 下列对运单的填写要求和规范表述错误的是（　　）。

A. 书写要求有力，字迹工整

B. 运单内容的填写规范、完整

C. 对于“机密”“绝密”“秘密”的快件要在面单上注明

D. 国内快件运单禁止使用铅笔或红色笔书写

33. （　　）不是快件包装的原则。

A. 适合运输原则　　B. 便于装卸原则

C. 适度包装原则　　D. 美观大方原则

34. （　　）不是清单的内容。

A. 清单的号码　　B. 清单的始发地　　C. 快件的种类　　D. 清单的接受人

35. 下列对手工书写包牌、包签的要求表述错误的是（　　）。

A. 使用笔头直径在2毫米以上的油性唛头笔填写

B. 使用规范汉字和阿拉伯数字及代码填写包牌或标签

C. 填写时不得涂改或划销

D. 准确、完整填写各项内容

36. 收寄分为上门揽收和网点收寄两种形式，其任务不包括（　　）。

A. 包装快件　　B. 查看快件内容　　C. 计费称重　　D. 交件交单

37. 下列快件保险与保价分析的表述，错误的是（　　）。

A. 客户均会因物品损坏获得赔偿

B. 快件保险是个人将风险转移到快递企业的一种风险防范机制

C. 客户声明的价值均不得超过实际价值

D. 客户均需在基础资费外额外支付费用

38. 派送路线的设计，需要综合考虑派送段的路况、车流量，当班次的快件数量，快件时效要求等要素进行设计，下列（　　）不属于派送路线设计的要素。

A. 遵守道路运输及领域相应法律法规　　B. 派送路段状况及快件时效要求

C. 行车安全　　D. 收件方是否付款

39. 对于快件派送安全，以下说法不正确的是（　　）。

A. 小件不离身，大件不离视线

B. 上楼送件须让清洁工人看管

C. 零散快件集装携带

D. 使用汽车送件时，业务员应锁好汽车门窗

40. 快件业务推介方法错误的是（　　）。

A. 诋毁同行，宣扬自身优势　　B. 在写字楼发放宣传材料

C. 主动询问客户需求　　D. 利用客户向客户进行推介

## 二、判断题（每题1分，共30分）

1. 中国陆地总面积约960万平方公里；领土东西距离约5 200公里；南北距离约5 500

公里。（　）

2. 运单粘贴应尽量避开骑缝线，应粘贴在快件的最大平整的表面，避免运单粘贴褶皱等。（　）

3. 快递流程基本要求包括有序流畅、优质高效、成本节约和安全便捷。（　）

4. 快件收寄方式包括上门揽收、网点收寄和流动性服务。（　）

5. 快递服务人员应着公司统一的工装，工牌应佩戴于胸前。（　）

6. 快递员派送件回来后，应将本次无法派送的快件整理好，放在自己的包里准备明天再次派送。（　）

7. 快件彻底延误时限，是指快递企业完成快件收寄、处理、运输、派送等环节所需要的最短时间限度。（　）

8. 运单内容填写时，收件人地址可以不写。（　）

9. 国际及港澳台快递服务，快件尚未出口验关可以申请快件更址、撤回服务。（　）

10. 快递业务员可以对禁限物品加固包装后收寄。（　）

11. 支票的有效期为 7 天，从签发之日起计算，到期日为节假日时依次顺延。（　）

12. 当传送重物时，应扭动腰部而不是移动双脚。（　）

13. 装车时遵循“不大压小、重不压轻，先出后进、易碎件单独摆放”的原则。（　）

14. 业务员在回答客户关于产品的咨询时，应把握客户需求点，按照“产品特征-产品作用-产品益处”的顺序介绍产品。（　）

15. 入境的快件，应当在运输工具申报入境后 24 小时内向海关办理报关手续；出境的快件，应当在运输工具离境后 4 小时向海关办理报关手续。（　）

16. 处理流程是指快递业务员对进入处理中心的快件进行分拣封发的全过程，包括快件到站接收、分拣、总包封装、快件发运等环节。（　）

17. 总包卸载后，应区分直达和中转路向、手工与机械分拣快件，并按照堆位的要求集中码放。（　）

18. 根据处理中心在快递服务全程中所处的不同位置及所承担的功能，不包括按包配重、满包发送的快件处理方式。（　）

19. 快递业务员应能够向客户说明寄递快件的服务范围、资费标准、时限、运输方式、保价和赔偿的相关规定。（　）

20. 测量不规则或弧形快件，以测量边的直线为标准。（　）

21. 中转是指快件的运输线路不能直接到达目的地，需通过中转环节再次处理后，转发至寄件人的过程。（　）

22. 快件分拣是依据收件人地址或编码信息进行分拣的过程。（　）

23. 车辆发运时，场地人员将车辆封志交给司、押人员，办理施封。（　）

24. 目前中国有 34 个省级行政区，即 23 个省、3 个直辖市、5 个自治区和 3 个特别行政区。（　）

25. 派送段也称派送区域，是快递企业根据业务量及业务员人数，将每个派送处理点的服务范围划分成多个派送服务段，每一个段叫作派送段。（　）

26. 路由，是指根据总包不同起止点，按照快件时限要求选择符合实际需要的运输途径。（　）

27. 运单上可以写有“机密”“绝密”字样。（　　）

28. 分拣区域是根据各快递企业的发运路线、车次（航班）和流量进行划分。（　　）

29. 快件分拣分为直封和转封两种基本方式。（　　）

30. 客户维护主要就是通过拜访客户、书信电话联络和妥善处理客户异议，做好与客户的感情联络。（　　）

## 三、填空题（每题1分，共10分）

1. 职业道德的特点包括特殊性、强制性、多样性、________。

2. 快递服务是指快速收寄、________、运输、投递单独封装具有名址的信件和包裹等物品，以及其他不需储存的物品，按照承诺实现递送到收件人或指定地点，并获得签收的寄递服务。

3. 快递是快递服务组织依法收寄并封装完好的信件和________等寄递物品的统称。

4. 在礼仪中，手势要遵循规范的原则、贴切的原则、________的原则。

5. ________，是最基本的工伤预防措施。

6. 地球上有________大洲，面积最大的是亚洲。

7. ________，是由控制器和运算器共同组成的，是计算机的核心部分。

8. ________作为调整民事主题之间的交易关系的法律，是我国民法的重要组成部分。

9. 快件处理的作用包括集散作用、控制作用、________作用。

10. ________是固封在快件运输车门的一种特殊封志。

## 四、名词解释（每题2分，共4分）

1. 快递服务

2. 信息传输网络

## 五、简答题（每题3分，共6分）

1. 快递服务具有哪些特点？

2. 快递信息网络的作用表现在什么方面？

## 六、计算题（每题3分，共6分）

1. 一票由上海经航空运输寄往云南的快件，外包装长宽高尺寸分别为70厘米、50厘米、40厘米，快件实际重量为6.5千克，计费重量是多少？

2. 一票由上海采用陆路运输寄往江苏连云港的快件实际重量为10千克，外包装长宽高尺寸分别为50厘米、30厘米、25厘米，快递公司的计费方式见下表，计算其资费是多少？

| 区间 | 首重1千克 | 20千克以下 | 20千克以上 |
|---|---|---|---|
| 上海—南京 | 10元 | 3元 | 2元 |
| 上海—连云港 | 11元 | 4元 | 3元 |

## 七、论述题（每题4分，共4分）

结合自己的工作，谈谈如何做好快递业务员工作。

# 快递业务员职业技能测试题——2 答案

## 一、单选题（每题 1 分，共 40 分）

1.（A）　2.（C）　3.（B）　4.（D）　5.（D）　6.（A）　7.（D）
8.（D）　9.（D）　10.（B）　11.（C）　12.（D）　13.（A）　14.（B）
15.（C）　16.（C）　17.（A）　18.（B）　19.（A）　20.（D）　21.（C）
22.（B）　23.（A）　24.（C）　25.（A）　26.（D）　27.（B）　28.（A）
29.（B）　30.（A）　31.（A）　32.（C）　33.（D）　34.（D）　35.（A）
36.（B）　37.（B）　38.（D）　39.（B）　40.（A）

## 二、判断题（每题 1 分，共 30 分）

1.（√）　2.（√）　3.（√）　4.（×）　5.（√）　6.（×）　7.（×）
8.（×）　9.（√）　10.（×）　11.（×）　12.（×）　13.（×）　14.（√）
15.（×）　16.（√）　17.（×）　18.（√）　19.（√）　20.（×）　21.（√）
22.（√）　23.（×）　24.（×）　25.（√）　26.（√）　27.（√）　28.（√）
29.（√）　30.（√）

## 三、填空题（每题 1 分，共 10 分）

1. 稳定性　2. 分发　3. 包裹　4. 适度　5. 工程技术措施　6. 七　7. 中央处理器
8.《合同法》　9. 协同　10. 车辆封志

## 四、名词解释（每题 2 分，共 4 分）

1. 快递服务

答：快递服务是快速收寄、分发、运输、投递单独封装具有名址的信件和包裹等物品，以及其他不需储存的物品，按照承诺实现递送到收件人或指定地点，并获得签收的寄递服务。

2. 信息传输网络

答：在快件传递的过程中，始终伴随着快递相关信息的传输，这些信息包括单个快件运单的信息、快件总包的信息 、总包路由的信息 ，以及快件传递过程中每个节点产生的信息等。

## 五、简答题（每题 3 分，共 6 分）

1. 快递服务具有哪些特点?

答：(1) 快递服务的本质反映在一个“快”字上，快速是快递服务的灵魂。

(2) 快递服务是“门到门”、“桌到桌”的便捷服务。

(3) 快递服务需要具有完善、高效的服务网络和合理的覆盖网点。

(4) 快递服务能够提供全程监控和实时查询。

(5) 快递服务要求快件须单独封装、具有名址、重量和尺寸限制，并实行差别定价和付费结算方式。

2. 快递信息网络的作用表现在什么方面?

答：第一，实现了对快件、总包的信息等的事实传递。

第二，实现了企业快递信息资源最大限度地综合利用与共享。

第三，便于企业运营管理，提高工作效率，规范操作程序，减少人为差错。

第四，便于企业为客户提供更优质的服务，包括为客户提供快件查询。

第五，有利于增强企业竞争能力，促进企业可持续发展。

## 六、计算题（每题3分，共6分）

1. 一票上海经航空运输寄往云南的快件，外包装长宽高尺寸分别为70厘米、50厘米、40厘米，快件实际重量为6.5千克，计费重量是多少？

答：实际重量=6.5，取整后为7千克。

体积重量=70×50×40÷6 000=23（千克）。

体积重量大于实际重量，所以该票快件的计费重量为23千克。

2. 一票由上海采用陆路运输寄往江苏连云港的快件实际重量为10千克，外包装长宽高尺寸分别为50厘米、30厘米、25厘米，快递公司的计费方式见下：

| 区间 | 首重1千克 | 20千克以下 | 20千克以上 |
| --- | --- | --- | --- |
| 上海—南京 | 10元 | 3元 | 2元 |
| 上海—连云港 | 11元 | 4元 | 3元 |

计算其资费是多少？

答：体积重量=50×30×25÷12 000=3.125千克，取整后为4千克。

实际重量10千克大于体积重量4千克，所以该票快件的计费重量为10千克。

资费=11+(10−1)×4=47（元）。

## 七、论述题（每题4分，共4分）

结合自己的工作，谈谈如何做好快递业务员工作。

答案略。

# 快递业务员（高级）练习题

## 一、基础知识

### 基础知识

一、判断题

1. 职业道德体现了某种特定职业的职业规范和行为特征。（　）
2. 职业道德的基本范畴包括了职业荣誉的内容。（　）
3. 职业纪律是指从业者在其职业活动中所表现出来的一贯的工作态度和工作作风。（　）
4. “客户永远是对的”，永远是社会主义职业活动的宗旨。（　）
5. 快速是快递服务的灵魂。（　）
6. 贵重药材是属于禁止出入境物品。（　）
7. 口臭是一种疾病。（　）
8. 快递员按客户的门铃后，等待 3 至 5 秒后再按第二次。（　）
9. 快递员在等待开门时，应站在距门 0.5—0.8 米处，待客户同意后，方可进入。（　）
10. 对快递企业员工进行安全教育，就是为了学习安全知识。（　）
11. 企业与职工个人共同缴纳工伤保险费，否则要受到相应的处罚。（　）
12. 使用助力自行车驮载快件时，后端不宜超出车身 0.3 米。（　）
13. 泡沫灭火器适用于扑灭可燃固体以及带电设备的初起火灾。（　）
14. 化学反应式灭火器不得受烈日暴晒，因为温度过高会影响喷射性能。（　）
15. 我国领土东西距离约 5 200 公里，南北距离约 5 500 公里。（　）
16. 与我国隔海相望的国家有 7 个。（　）
17. 我国国家公路干线的编号中，0 字头表示以北京为起点的放射线状的干线公路。（　）
18. 我国把首都北京所在的东 7 区的时间作为全国的统一时间，称为北京时间。（　）
19. “姓氏”的姓，源于母系社会。（　）
20. 常用的计算机杀毒软件包括瑞星、卡巴基斯、金山毒霸等。（　）
21. 一维条形码是我国经济社会最为广泛应用的码制。（　）
22. 《快递服务》国家标准于 2012 年 3 月 1 日正式实施。（　）
23. 申请跨省经营快递业务，要求注册资本不低于人民币二百万元。（　）
24. 《快递业务经营许可证》的有效期限为三年。（　）
25. 邮政管理部门对快递企业进行监督检查时，监督检查人员不得少于三人。（　）
26. 经营省内异地快递业务的企业，其快递业务员中具备初级以上资格的人不应低于 40%。（　）
27. 同城快递件，服务时限为 24 小时之内，彻底延误时限为 24 小时之后的 3 个日历天。（　）

28. 国内异地件，索赔处理时限为 30 个日历天。（　）

## 二、单选题

1. 我国最早的信息传递形式是（　）。

A. 马传　B. 递铺　C. 声光通信　D. 鼓邮

2. 1907 年 UPS 创始人吉姆，在华盛顿州的西雅图市创建公司的注册资金是（　）。

A. 100 美元　B. 1 000 美元　C. 10 000 美元　D. 20 000 美元

3. DHL 航空快件公司最初是（　）的。

A. 德国　B. 英国　C. 日本　D. 美国

4. 1980 年（　）的公司率先与中外运公司签订了中国第一个快件代理协议。

A. 美国　B. 德国　C. 日本　D. 新加坡

5. 亚洲地区规模最大、技术装备先进的中国邮政航空速递物流集散中心落户在（　）市。

A. 广州　B. 北京　C. 上海　D. 南京

6. 近年来，快递业务中增长最快的业务是（　）服务。

A. 同城快递　B. 省内异递　C. 省际快递　D. 港澳台快递

7. 在我国，一般全国性快递企业设置（　）个层次的快件处理中心。

A. 2　B. 3　C. 4　D. 5

8. 快递员行走速度，在正常情况下，每分钟（　）步是比较恰当的。

A. 30～50　B. 40～80　C. 50～90　D. 60～100

9. 快递员到客户处，客户办公室是关闭的，若按门铃，按铃时间不超过（　）秒为宜。

A. 2　B. 3　C. 4　D. 5

10. 快递员出示工牌时，把工牌有照片的一面朝向客户，停顿（　）秒，让客户看清。

A. 1　B. 2　C. 3　D. 5

11. 快递员到客户处收件，客户还没有准备好，如果得知客户在（　）分钟内不能准备好，快递员可以礼貌地告辞。

A. 5　B. 10　C. 15　D. 20

12. 灭火器放置地点应明显，距离地面高度（　）厘米为宜。

A. 0　B. 30　C. 50　D. 100

13. 在世界各国中，我国国土面积排名第（　）位。

A. 1　B. 2　C. 3　D. 4

14. 我国的大陆海岸线全长（　）多千米。

A. 12 000　B. 15 000　C. 18 000　D. 23 000

15. 与我国陆地相连的邻国有（　）个。

A. 11　B. 12　C. 13　D. 14

16. 中国国际航空公司的代码是（　）。

A. CZ　B. MU　C. ZH　D. CA

17. 国家高速公路形成了（　）网。

A. 9718　　B. 7918　　C. 8179　　D. 8197

18. 按照地位和作用，我国的公路分为（　　）级。

A. 四　　B. 五　　C. 六　　D. 七

19. 我国的国道主干线呈（　　）。

A. 三纵五横　　B. 五纵七横　　C. 六纵八横　　D. 七纵九横

20.《百家姓》共收集到（　　）个姓。

A. 405　　B. 411　　C. 547　　D. 504

21.（　　）的最大优点是条形码长度没有限制，可以根据需求做相应调整。

A. 39 码　　B. 128 码　　C. PDF417 码　　D. EAN 码

22. 万国邮政联盟总部设在（　　）。

A. 美国　　B. 法国　　C. 瑞士　　D. 丹麦

### 三、多选题

1. 职业道德规范的最高要求是（　　）。

A. 诚实守信　　B. 奉献社会　　C. 热情服务　　D. 遵纪守法

2. 使用手势时，需要把握好（　　）原则。

A. 热情　　B. 适度　　C. 贴切　　D. 规范

3. 工伤预防措施可分为（　　）措施。

A. 管理　　B. 经济　　C. 教育　　D. 工程技术

4. 开展安全技术知识教育，包括（　　）层次的教育。

A. 管理技术　　B. 生产技术　　C. 专业安全技术　　D. 安全

5. 通常被称为计算机主机的部件有（　　）。

A. CUP　　B. CPU　　C. 内存　　D. 输入、输出设备

## 二、快件收派

## 快件收寄

### 一、判断题

1. 快递产品按快递时限，可分为即日件、次日件和三日件。（　　）

2. 快件保险费率的制定需要遵循稳定、灵活的原则。（　　）

3. 保价费，不属于快递企业的营业收入。（　　）

4. 在快件收寄时，为提高服务水平，不需要征询客户同意，应主动勾选“短信业务”，即收件人收到快递时，以短信的方式通知寄件人。（　　）

5. 很多快递企业对于保价快件的价值有一定的限额，非文件类最高声明价值不超过 2 000 元。（　　）

6. 国际快件的文件类是指在法律、法规规定予以免税，但有商业价值的文件、单证、票据及资料。（　　）

7. 国际快件的贴签费是按贴签的数量收费。（　　）

8. 国际快件的形式发票不具有约束力。（　　）

9. 填写港澳快件商业发票的价格术语时，要严格按信用证规定填制，有时不含佣金。（　　）

10. 港澳快件遇到海关扣件，如属于价值不符的申报问题，解决方法是发件人必须提供货物的发票，以便正确地向海关申报，减少清关问题。（　　）

11. 国际快件的装箱单是发票的补充单据。（　　）

12. 国际快件的报关单都有固定的编号，共15位。（　　）

13. 国际快件核销单的PB号是指信用证下议付通知书的编号。（　　）

## 二、单选题

1.（　　）不属于电子商务快件收寄的运行模式。

A. B2B　　B. G2G　　C. G2C　　D. C2C

2. 形式发票的前提是（　　）。

A. 准确　　B. 完整　　C. 简明　　D. 整洁

3. 入境快件自运输工具申报入境之日起（　　）日内，应当向海关申报。

A. 3天　　B. 5天　　C. 7天　　D. 14天

4. 出口货物的报关时限为装货的（　　）天以内。

A. 1　　B. 2　　C. 3　　D. 5

5. 为了规范对出入境检验检疫货物的通关管理，新制度是进行（　　）模式。

A. “二检合一”　　B. “三检合一”　　C. “四检合一”　　D. “五检合一”

6. 快递企业可以通过（　　）的方式申请办理报检。

A. IDE　　B. IED　　C. EDI　　D. IFD

7. 检验检疫机构对出入境快件的D类，按（　　）比例抽查检验。

A. 1%～3%　　B. 3%～5%　　C. 5%～7%　　D. 5%～10%

8. 代包装业务协议的签订，首先由（　　）提出申请。

A. 快递企业　　B. 寄件人　　C. 收件人　　D. 客户

## 三、多选题

1. 按照快递产品收费的不同，可以分为（　　）。

A. 即日件　　B. 经济件　　C. 保价件　　D. 标准件

2. 快件收寄路线的设计应遵循（　　）原则。

A. 最快时效　　B. 保证承诺　　C. 减少里程　　D. 先轻后重

3. 定时服务的类型包括限定（　　）收寄。

A. 日期　　B. 上午、下午　　C. 时间段　　D. 时间点

4. 在签单返还业务时，要求在运单备注栏标注客户（　　）的要求。

A. 打收条　　B. 摁手印　　C. 盖章　　D. 身份证复印件

5. 相比于普通快递，电子商务快递的关联方增加了（　　）。

A. 第三方支付平台　　B. 第四方支付保障与监管

C. 电子商务网站　　D. 淘宝网

6. 快递企业应收取国际快件的费用包括（　　）。

A. 燃油附加费　　B. 包装费　　C. 保险费　　D. 保价费

7. 国际件的形式发票也称（　　）发票。

A. 预开　　B. 估价　　C. 表面　　D. 汇率

8. 港澳件商业发票的本文部分包括（　　）。

A. 卖方名称　　B. 买方名称　　C. 唛头　　D. 商品描述

9. 货币汇率按制订的方法，分为（　　）汇率。

A. 固定　　B. 浮动　　C. 基本　　D. 套算

10. 港澳快件遇到海关扣仓，如果是一般申报信息与实际货物不符合的情形，可在（　　）天内向海关申请重新申报放行。

A. 1　　B. 3　　C. 5　　D. 7

## 快件派送

### 一、判断题

1. 集中派送有派送段存在无效空白里程的缺点。（　　）
2. 作业现场进行整顿的目的之一是改善和增加作业面积。（　　）
3. 节约成本是指在仅保证快递时限的前提下，力求投入最少的人力、物力、财力。（　　）
4. 网点自取件，适用于派送两次仍不成功的快件。（　　）
5. 派送路单的手工登单时，要将快件与派送路单并排放在工作台的适当位置，用右手翻看快件的派送信息。（　　）
6. 快件派送中，快件的排序复核完毕后，要做到离台“三查”。（　　）
7. 快件派送的顺序排好后，仅须按照“先派后装”的原则将快件装车即可进入下一环节。（　　）
8. 快件装运的安全原则，指的是一定要确保快件的安全。（　　）
9. 快件派送签收时，在特殊情况下，快递业务员可以代替客户签字。（　　）
10. 防御驾驶，核心步骤的第一步是预测可能发生的危险。（　　）
11. 限时快件的限时送达的保证，只限第一次派送时有效。（　　）
12. 改寄件，需要收取改寄服务费。（　　）
13. 电子商务快件退回的多数原因是收件人地址不详、信息不全。（　　）
14. 国际快件收件人姓名的拟写一律名在前、姓在后。（　　）
15. 国际快件街道名称的英语书写方式，只能是英文书写、汉语拼音书写的两种之一。（　　）
16. 国际快件中关税的收取方式只有关税记账、关税现结两种。（　　）
17. 国际快件中派送代缴关税快件，收取关税时，快递业务员代表快递企业一定要向客户开具收款发票。（　　）
18. 自取件逾期不领，也属于快件无法派送的原因之一。（　　）
19. 对于无法派送快件的原因批注，采用专业处理单批注法，便于操作人员识别，一目了然。（　　）
20. 再次派送的快件，不需上报客服部门，直接安排下一班次进行派送。（　　）
21. 快递企业将无着快件每半年一次集中到省级邮政管理部门，申请集中处理。（　　）

### 二、单选题

1. 每天平均业务量200票的派送网点，需要配置人员（　　）人与场地（　　）平方米。

A. 7，30　　B. 7，40　　C. 6，30　　D. 6，40

2. 派送网点作业现场的管理中，有（　　）的基本要求。

A. “三净三统一”　B. “三净五统一”　C. “五净三统一”　D. “五净五统一”

3. 派送网点现场管理活动的对象是现场的（　　）。

A. 人员　B. 快件

C. 派送的准备、结束活动　D. 环境

4. 派送网点作业现场改善的第一步是（　　）。

A. 安全　B. 素养　C. 整理　D. 清洁

5. 快递企业运用GIS的车辆路线模型，可以解决在（　　）个起始点、（　　）个终点的快件运输成本与质量的问题。

A. 一，一　B. 一，多　C. 多，一　D. 多，多

6. 扫描快件时，扫描设备距运单编号（　　）厘米为适宜。

A. 5～10　B. 5～20　C. 5～30　D. 10～20

7. 在制作派送路单时，必须做到“（　　）准、（　　）核对”。

A. 一，二　B. 一，三　C. 二，二　D. 二，三

8. 快件派送中，快件排序的分堆，一般分为（　　）堆为适宜。

A. 3～5　B. 5～7　C. 4～8　D. 6～8

9. 快件装载时，快件的运单及标识一律朝（　　）摆放。

A. 内　B. 同驾驶方向左侧　C. 上　D. 同驾驶方向右侧

10. 因进口国际快件报关时缴纳关税所衍生的代垫手续费，其费率一般为（　　）。

A. 1%～3%　B. 3%～5%　C. 1%～5%　D. 2%～5%

11. 进行代缴关税快件的派送，在核对税款金额时，应以（　　）为准。

A. 派送路单　B. 应收款账单　C. 税单　D. 上述金额较多者

### 三、多选题

1. 快件派送网点的选址标准有（　　）。

A. 交通便利　B. 地理位置居中　C. 合法性　D. 治安状况

2. 按照服务对象侧重点的不同，派送段的组织形式可分为（　　）。

A. 社区型　B. 大客户型　C. 工厂型　D. 综合型

3. 快件派送车辆调度工作的特点有（　　）。

A. 计划性　B. 预防性　C. 灵活性　D. 服从性

4. 快件派送的交接原则有（　　）。

A. 交接验收　B. 验收交接　C. 签字确认　D. 会同交接

5. 国际快件中，中国的正确书写有（　　）。

A. China　B. P. R. China

C. the People's Republic of China　D. R. R. C

6. 对无法派送快件的批注要求有（　　）。

A. 牢固　B. 时效　C. 连贯　D. 清晰

7. 在款项交接环节，快递业务员清点当班收取的资金，包括（　　）。

A. 现金　B. 发票　C. 支票　D. POS机收款票据

## 客户服务

### 一、判断题

1. 调查人员将问卷当面交给被调查者，由其自行填写，再由调查人员约定时间收回的调查方法，叫当面调查。（　）

2. 快递业务员的服务技巧包括准确掌握企业的快递产品。（　）

3. 加强客户信息管理，包括注重对客户静态信息的整理与利用。（　）

4. 个性化服务是一种真实服务的最高级表现形式。（　）

5. 个性化服务在改善客户关系等方面具有明显的效果，但个性化服务的价值是有限的。（　）

6. 以托运人对货物声明价值为基础收取一定附加费，并对货物在运输过程中因企业导致损失承担相应赔偿责任的增值服务，叫做保险服务。（　）

7. 快递信息服务是属于投递证实服务。（　）

8. 寻求企业利润最大化是客户关系管理的根本目的。（　）

9. 客户不满意不一定投诉。（　）

10. 快递企业应当引导客户怎样投诉，而不能方便客户投诉。（　）

11. 通常一个客户投诉问题的解决方案是唯一的。（　）

### 二、单选题

1. 客户关系管理的英文缩写是（　）。

A. MRC　　B. SCM　　C. CRM　　D. CMS

2. 关于索赔处理时限，国际快件不超过（　）日历天。

A. 90　　B. 15　　C. 30　　D. 60

3. 关于索赔的赔金支付，在相关方达成共识的情况下，快递企业应在（　）内将赔金进行支付。

A. 7个日历天　　B. 7个工作日　　C. 5个日历天　　D. 5个工作日

### 三、多选题

1. 当前快递市场发展的趋势，主要有（　）方面。

A. 专业化　　B. 综合化　　C. 自动化　　D. 网络化

2. 快递客户需求调查与分析的实施调查工作，包括（　）方面。

A. 调查实施前培训　　B. 调查前准备各项工具

C. 确定统计、分析工具与方法　　D. 整理调查结果

3. 增值服务具有（　）特点。

A. 先进性　　B. 忠诚性　　C. 发展性　　D. 动态性

4. 快递企业增值性延伸服务，向下可以延伸到（　）。

A. 市场调查与预测　　B. 快递方案的选择

C. 订单处理　　D. 库存控制决策建议

5. 特殊要求的取件与派送服务中，特殊的时间可以是（　）。

A. 上下班时间之外的时间　　B. 周末

C. 节假日　　D. 客户指定的时间段

6. 制定客户开发的策略，一般有（　）策略。

A. 分三步走　B. 亦步亦趋　C. 正向推动　D. 逆向拉动

7. 客户关系管理的目的是为企业提供（　　）作用。

A. 挖掘潜在客户　B. 留住现有客户

C. 放弃回报低的客户　D. 提高客户忠诚度

## 三、快件处理

### 快件接收

**一、判断题**

1. 处理中心现场管理中，将作业现场划分成若干个责任区域，责任到人，这属于整顿的范畴。（　　）

2. 叉车驾驶，要求持有《特种作业操作证》的司机方可开车。（　　）

3. 使用笼车，可以实现单元化管理。（　　）

4. 伸缩式带式输送机也可单独使用，完成货物的正、反方向输送。（　　）

5. 在处理总包拆解出现内件混杂的异常情况时，首先进行拍照，要在监控下三人会同封装。（　　）

6. 对保价快件总包应至少三人会同开拆处理，其接收验视应比普通总包更加严格。（　　）

7. 快件在发出之后，快件的状态是随时都在改变的，对每份快件都可以进行更址的操作。（　　）

8. 国际快件单据接收，主要是税单的接收。（　　）

**二、单选题**

1. 快件处理中心的设备之一“地牛”，也被称为（　　）。

A. 自动气压搬运车　B. 自动液压搬运车　C. 手动气压搬运车　D. 手动液压搬运车

2. “地牛”的最大载重可达（　　）吨。

A. 1.0　B. 1.2　C. 1.5　D. 2.0

3. 平板手推车最大载重为（　　）千克。

A. 100　B. 300　C. 500　D. 600

4. 手动堆高车最大起升高度为（　　）米左右。

A. 1.2　B. 1.5　C. 1.8　D. 2.0

5. 一般情况下，塑料托盘静载、动载重量最大分别为（　　）吨。

A. 4，1　B. 3，1　C. 5，1.5　D. 3，1.5

6. 快件处理中心的监控资料保存时间不得少于（　　）天。

A. 20　B. 30　C. 50　D. 60

7. 对快件处理中心的监控进行除尘、清理工作要（　　）天一次。

A. 15　B. 20　C. 30　D. 45

8. 快件在寄出且尚未投交收件人之前，该快件的所有权属于（　　）。

A. 寄件人　B. 收件人

C. 快递企业　D. 快件当时所在地的邮政管理部门

### 三、多选题

1. 快件处理中心主要负责快件的（　　）任务。

A. 集散　B. 分拣　C. 封发　D. 中转

2. 快件处理中心的主要作业区域包括（　　）。

A. 异常处理区　B. 库房　C. 办公区　D. 分包堆码区

3. 航空集装器主要分为（　　）类型。

A. 小型航空集装器　B. 中型航空集装器　C. 大型航空集装器　D. 航空集装袋

4. 交叉带式分拣机由（　　）和计算机控制系统等组成。

A. 自动下包系统　B. 主机运行系统　C. 动力电源系统　D. 条码自动识别系统

5. 总包与系统内信息不符的情况，主要包括（　　）不符等。

A. 路径　B. 包装　C. 数量　D. 重量

6. 提取总包时，发现取包破损，其包装不当的原因是（　　）。

A. 包装材料硬度不够　B. 包装材料强度不够　C. 过大包装　D. 过度包装

7. 在快件处理中心，判断是否是优先快件，是看其表面是否粘贴（　　）贴纸。

A. 优先快件　B. 即日达　C. 次日达　D. 航空件

8. 出口国际快件接收，分为（　　）接收。

A. 快件　B. 单据　C. 优先快件　D. 保价、保险快件

## 快件分拣

### 一、判断题

1. 0 是我国唯一的国内长途电话接入码。（　　）

2. 我国部分城市航空代码是该城市音标拼写的三个字母缩写。（　　）

3. 国际快递服务全部使用飞机作为运输工具，所以营运成本高。（　　）

4. 韩国的邮政编码就是由 6 个数字组成，前 3 个数字代表地区代码，后 3 个数字代表邮政代码。（　　）

5. 阿联酋的首都是迪拜。（　　）

6. 河北的“晋州”与辽宁的“锦州”，音译均为“Jinzhou”。（　　）

7. 经过特殊包装的液体，不属于航空禁运品。（　　）

8. 木炭不属于我国海关禁止出口货物目录之一。（　　）

9. 鳄鱼皮包属于美国海关禁寄物品。（　　）

10. 鲜花属于日本海关禁寄物品。（　　）

11. 茶具不属于中国台湾海关禁寄物品。（　　）

12. 每件快件差异报告均需留底存查，保存期限不少于 2 年。（　　）

### 二、单选题

1. 目前我国一级行政区划共有（　　）个。

A. 32　B. 33　C. 34　D. 35

2. 我国的邮政编码采用（　　）级六位制的编排方式。

A. 三　B. 四　C. 五　D. 六

3. 除港澳台之外，我国邮政编码前两位代码分配的大区有（　　）个。

A. 8　　B. 9　　C. 10　　D. 11

4. 国际航空运输协会的总部设在（　　）。

A. 美国　　B. 加拿大　　C. 瑞士　　D. 英国

5. 国际快递业务兴起于（　　）。

A. 美国　　B. 日本　　C. 英国　　D. 德国

6. 我国有（　　）大出口贸易国际航空航线。

A. 四　　B. 五　　C. 六　　D. 七

7. 我国有（　　）大进口贸易航线。

A. 三　　B. 四　　C. 五　　D. 六

8. 对于入境国际快件的处理，按中国海关要求，将快件分成（　　）。

A. ABCDE 五类　　B. ABCD 四类

C. 甲乙丙丁戊五类　　D. 甲乙丙丁四类

9. 缮发快件差异报告，一般一式（　　）份。

A. 一　　B. 两　　C. 三　　D. 四

10. 检验检疫机构对出入境快件实行分类管理，私人自用物品属于（　　）。

A. A 类　　B. B 类　　C. C 类　　D. D 类

11. 检验检疫机构对分类的（　　）快件，实施重点检验。

A. A 类　　B. B 类　　C. C 类　　D. D 类

12. 检验检疫机构对分类的（　　）快件，免于检验。

A. A 类　　B. B 类　　C. C 类　　D. D 类

13. 检验检疫机构对出入境快件需作进一步处理的，可以予以封存，封存期一般不得超过（　　）。

A. 15 天　　B. 30 天　　C. 45 天　　D. 60 天

14. 海关查验快件异常，导致暂扣快件，海关对暂扣快件的时限一般要求快递企业在（　　）内处理完毕。

A. 3 天　　B. 5 天　　C. 7 天　　D. 10 天

15. 日本邮政编码由（　　）位数字组成。

A. 5　　B. 6　　C. 7　　D. 8

16. 联邦快递的总部是在美国的（　　）。

A. 波士顿　　B. 肯塔基州　　C. 佛罗里达州　　D. 田纳西州

17. 大专院校的英文是（　　）。

A. College　　B. Institute　　C. Academy　　D. School

18. 快件差异报告应当按顺序编号，每（　　）换编一次。

A. 1 个月　　B. 3 个月　　C. 6 个月　　D. 12 个月

## 三、多选题

1. 按照工作环节分类，快件复核的方法有（　　）复核。

A. 人工　　B. 交叉　　C. 环环　　D. 专职

2. 国内快件复核的内容，有（　　）复核。

A. 一票多件　　B. 规格　　C. 种类　　D. 品名

3. 国际快件传递网络主要采用（　　）中心模式。

A. 口岸　　B. 保税区　　C. 直运　　D. 转运

4. 国际出口快件的复核，有（　　）类。

A. 单证的复核　　B. 申报价值的复核　　C. 包装的复核　　D. 快件的复重

5. 枪支在经过 X 射线安全检查设备时，显现的颜色是（　　）。

A. 深蓝色　　B. 绿色　　C. 橙色　　D. 红色

## 快件封发

### 一、判断题

1. 快件总包在封发前的堆码，总包应立式放置，整齐划一排列成行，高度以两层为宜。（　　）

2. 快件总包在装袋、称重和封发时，应至少有三人或以上共同进行，并在清单上共同盖章或签字。（　　）

3. 在客户的出口国际快件发出时，现场采集运单号码、目的地代码、件数等生成收件信息，是快件信息汇总比对的基础信息。（　　）

4. 快递运单也称为详情单。（　　）

5. 快递业务单据中的平衡表，是做快件信息汇总比对时填制的一种格式单据，但不叫合拢单。（　　）

6. 快递业务单据中的平衡表应按顺序编号，每 6 个月或至少每个月换编一次。（　　）

7. 快递业务档案自单据填制之日起，至少保管 6 个月。（　　）

8. 将快件总包装载拖车时，大包、重包堆在下部，袋身底部向外包口朝内，底部不超过拖车两边各 15 厘米。（　　）

# 快递业务员（高级）练习题　答案

## 一、基础知识

### 基础知识

#### 一、判断题

1.（×）　2.（√）　3.（×）　4.（×）　5.（√）　6.（×）　7.（√）
8.（×）　9.（×）　10.（×）　11.（×）　12.（√）　13.（×）　14.（×）
15.（√）　16.（×）　17.（×）　18.（×）　19.（√）　20.（×）　21.（√）
22.（×）　23.（×）　24.（×）　25.（×）　26.（√）　27.（√）　28.（√）

#### 二、单选题

1. D　2. A　3. D　4. C　5. D　6. A　7. B　8. D　9. B　10. B
11. C　12. C　13. C　14. C　15. D　16. D　17. B　18. B　19. B　20. D
21. A　22. C

三、多选题

1. BC　2. BCD　3. ABCD　4. BCD　5. BC

## 二、快件收派

### 快件收寄

一、判断题

1.（×）隔日件　2.（√）　3.（×）　4.（×）　5.（×）20 000元
6.（×）无商业价值　7.（√）　8.（×）　9.（√）
10.（×）属于无发票的申报问题　11.（√）　12.（×）18位　13.（×）BP号

二、单选题

1. B　2. A　3. D　4. A　5. B　6. C　7. A　8. D

三、多选题

1. BD　2. BD　3. ACD　4. BC　5. AC　6. ABD　7. AB
8. CD　9. CD　10. BC

### 快件派送

一、判断题

1.（√）　2.（×）整理　3.（×）安全和时限　4.（√）　5.（×）左手
6.（√）　7.（×）一般情况下　8.（×）人身和快件的安全　9.（×）
10.（×）辨别危险因素　11.（√）　12.（√）　13.（×）　14.（×）
15.（×）　16.（×）　17.（×）如果没有正本税单时　18.（√）
19.（×）“十字”标记批注法　20.（√）　21.（√）

二、单选题

1. B　2. B　3. D　4. C　5. B　6. C　7. C　8. D　9. C　10. D　11. C

三、多选题

1. ACD　2. ABD　3. ABC　4. ACD　5. ABC　6. ABCD　7. ACD

### 客户服务

一、判断题

1.（×）问卷调查　2.（×）　3.（√）　4.（√）　5.（√）
6.（×）保价　7.（√）　8.（×）最优化　9.（√）　10.（×）
11.（×）

二、单选题

1. C　2. D　3. B

三、多选题

1. BCD　2. ABD　3. ACD　4. BD　5. ABCD　6. BD　7. BCD

# 三、快件处理

## 快件接收

### 一、判断题

1. (×) 清扫　2. (√)　3. (√)　4. (√)　5. (×) 二人　6. (×) 二人
7. (×)　8. (√)

### 二、单选题

1. D　2. C　3. B　4. B　5. A　6. B　7. C　8. A

### 三、多选题

1. BCD　2. ABC　3. AC　4. BCD　5. CD　6. BD　7. ABD　8. ABCD

## 快件分拣

### 一、判断题

1. (√)　2. (√)　3. (×)　4. (×)　5. (×)　6. (√)　7. (×)
8. (×)　9. (√)　10. (√)　11. (×)　12. (×)

### 二、单选题

1. C　2. B　3. C　4. B　5. A　6. B　7. C　8. B　9. B　10. C
11. B　12. C　13. C　14. D　15. C　16. D　17. B　18. D

### 三、多选题

1. BCD　2. ABC　3. AD　4. ACD　5. AD

## 快件封发

### 一、判断题

1. (×) 一层　2. (×) 两人　3. (√)　4. (√)　5. (×)　6. (×) 一年
7. (×) 一年　8. (×) 10 厘米

# 参 考 文 献


［1］李力谋，乔桑．快递实务［M］．北京：中国商务出版社，2005.

［2］国家邮政局职业技能鉴定指导中心编写．快递业务员［M］．北京：人民交通出版社，2009.

［3］国家邮政局职业技能鉴定指导中心编写．快递业务员（高级）快件收派［M］．北京：人民交通出版社，2012.

［4］梅汉宁．快递实务［M］．长沙：湖南师范大学出版社，2015.

# 参考网页内容


[1] http：//doc. mbalib. com/view/323b2a28d13fe9a6e38b783636eae1de. html

[2] http：//bbs. sf-express. com/sfer/forum. php? mod=viewthread&tid=14460 1&page=1&from=space

[3] http：//www. unitop-apex. com/commonpro. aspx? account=28

[4] http：//wenku. baidu. com/view/

[5] http：//www. edeng. cn/s/zhongguokuaidi-33624/

[6] http：//www. spb. gov. cn/folder2381/folder2382/2010/01/2010-01-2748096. html

[7] http：//www. docin. com/p-526678532. html

[8] http：//jpjs. fjzzy. org/homepage/common/opencourse/

[9] http：//resource. jingpinke. com/

[10] http：//baike. baidu. com/view/1742106. htm

[11] http：//www. gov. cn/gzdt/2007-09/21/content__757900. htm

[12] http：//www. ems. com. cn/

[13] http：//www. sf-express. com/cn/sc/

[14] http：// http：//www. zto. cn/

[15] http：//www. yto. net. cn/cn/index/index. html

[16] http：//www. htky365. com/

[17] http：//www. gto365. com/

[18] http：//www. zjs. com. cn/

[19] http：//www. ycgwl. com/

[20] http：//www. hoau. net/

[21] http：//www. jiaji. com/

[22] http：//www. deppon. com/

[23] http：//www. xbwl. cn/

[24] http：//www. eoroo. com/

[25] http：//bbs. cea. org. cn/forumdisplay. php? fid=19

[26] http：//www. cnexpressnet. com/

[27] http：//www. doc88. com/p-9035790552497. html

[28] http：//user. qzone. qq. com/102146269/main
[29] http：//wenku. baidu. com/link？ url=858waaO0K_ 3JsFFr06BlTH46lnO1-d5usGoh NMLXfYaytrP9VQDVJxGl65nJHydxbdZ9sSfU9ZH0fXS6xrOS-tjHOcyHusrQOC00n3Ay7uC
[30] http：//blog. chinaceot. com/front/showarticle. php？ id=713210
[31] http：//www. worlduc. com/blog2012. aspx？ bid=25473539